Christina Wilkening
Ich wollte Klarheit

CHRISTINA WILKENING

Ich wollte Klarheit

Tagebuch einer Recherche

Aufbau-Verlag

ISBN 3-351-02071-6

1. Auflage 1992

Umschlag- und Einbandgestaltung Ute Henkel
Typographie Peter Birmele
Satz ComPress Fotosatz, Berlin
Schrift 10/12 p Times New Roman
Druck und Binden Clausen & Bosse, Leck
Printed in Germany

Für Bernd

Freitag, 9. Februar 90

Das dritte Tonbandprotokoll ist im Kasten. Jürgen, einer der Stasi-Offiziere, der zutiefst enttäuscht ist, enttäuscht vom Volk, das ihm, das heißt ihnen jetzt die Schuld gibt. Er sei es nicht gewesen. Nein! Nur das Beste habe er gewollt! So ungefähr hatte ich mir die Ergebnisse der Protokolle vorgestellt. Fünfundachtzigtausend sind eben nur mal einer falschen Sicherheitspolitik gefolgt. Na und?! Bedauerlich, daß es auch Opfer gab. „Ja, die müsse man rehabilitieren." Mir ist unwohl, wenn ich das Band abhöre. Der dritte der Befragten hat gleiche Antworten parat wie seine Vorgänger. Abgesprochen können sie sich nicht haben. Sie wollen anonym bleiben. Wenn ich es richtig bedenke, kenne ich die schuldvonsichweisenden Antworten, Thesen und Phrasen auch von anderen: von Journalisten, von Lehrern, von Betriebsdirektoren. Ich erinnere mich auch an eigene Überlegungen seinerzeit, als einer meiner wichtigsten Filme, „Manfred v. Ardenne", kurzfristig nicht gesendet werden durfte. Klaus R. entschied das ohne Begründung. Einfach so. Drei Tage vor Weihnachten 1986. Drei Monate Arbeit waren einfach so zunichte gemacht worden. Im kleinsten Kreis bei Ardenne wurde der Film aus Anlaß seines achtzigsten Geburtstages dennoch aufgeführt. Ich ertrug das Absetzen des Filmes mit Schmerz, kam aber nicht über Selbstmitleid, unter dem vor allem meine Familie zu leiden hatte, hinaus. Rachegedanken verpufften, ein neuer Film beschäftigte mich, irgendeiner, der irgendwo im Ausland irgendwann lief oder nicht lief. Das war alles. Was hätte ich tun sollen? Mit wem hätte ich reden können? Bernd konnte mich damals schon nicht mehr mit Theorien überzeugen, die ihm seine Partei eingebleut hatte. Unerträglich wurde nur, daß er allen Ernstes an alles glaubte. Ehrlich glaubte. Und jetzt erwarte ich im Dialog mit den Stasi-Offizieren, daß sie sich schuldig fühlen? Genaugenommen höre ich aus dem Band heraus, daß eigentlich er – der Offizier der Aufklärung – derjenige war, der sich eingesperrt fühlte, daß er derjenige war, der unentwegt zurückstecken mußte, vor lauter Arbeit seinen Sohn nicht wachsen sah. Mein Gott. Ich sehe ihn vor mir, wie er das sagt. Er ist erschüttert über die letzten Jahre seines Lebens, die er ausschließlich dem Schutz des Friedens und des Sozialismus verschrieben hatte, und nun ist er derjenige, der herhalten soll. Nein. Mit ihm nicht.

Eine Textstelle im Band gibt mir zu denken. Ich höre sie immer wieder. Meine Frage war: „Es kann doch nicht alles gut gewesen sein! Durch das MfS sind doch auch Verbrechen verübt worden!" – Und dann die Antwort: „Sicher gab es auch üble Machenschaften. Verbrechen, wie Sie das nennen – ich weiß nicht, ob man so weit gehen kann. Zum Einsatz von Psychopharmaka bei Andersdenkenden oder bei eigenen Mitarbeitern, die ausscheren wollten, weiß ich nur eines: Ein Arzt aus Teupitz, wo eine solche medizinische Einrichtung existiert, hatte sich an Herrn Wolf gewandt und machte auf dieses Problem aufmerksam. Dann hab ich mir das angehört und an die zuständigen Dienststellen weitergeleitet. Ich konnte mir das einfach nicht vorstellen, daß Leute damit gefügig gemacht werden sollten, weil das in mein humanistisches Bild von diesem Lande nicht hineinpaßte." Immer wieder stolpere ich über einen möglichen Zusammenhang zwischen MfS und Psychiatrie. Das dritte Mal schon. Solshenizyns „Archipel Gulag" drängt sich mir auf. Nein, so kann das in der kleinen überschaubaren DDR nicht vonstatten gegangen sein. – Ausgerechnet die Mediziner! Gerade die hätten sich doch nicht mißbrauchen lassen! Gerade die, die zu den am stärksten gegängelten Schichten der letzten Jahre gehörten! Das wäre in jedem Falle durchgesickert. Trotzdem, mich läßt der Gedanke einfach nicht los, daß an der Auskunft von Jürgen etwas dran sein könne. Unvorstellbar, aber ich bin inzwischen so weit, daß mich das alles nicht mehr erschüttern würde. Mal sehen, was die anderen Sündenböcke zum Thema sagen.

Mittwoch, 14. Februar 90

Kalt und grau in grau erlebe ich Borna und Espenhain. Es ist zugleich ein Stück meiner Kindheit, was mich so traurig macht. Vor mehr als fünfundzwanzig Jahren hatte ich hier den sogenannten Unterrichtstag in der Produktion zu absolvieren. Genau hier in Espenhain an den Schwelöfen. Ob nicht da schon ein Grundstein für meine angegriffene Gesundheit zu suchen ist? Das Kulturhaus in Espenhain ist heute Raum für eine Umweltkonferenz. Umweltminister und Stellvertreter sind ganz frisch im Amt und voller Versprechungen, sitzen kopfschüttelnd auf der Bühne, als die Umweltgruppe des Neuen Forums Wasserproben und ein Bündel von Analysen, die die schlechteste Luft der DDR ausweisen sollen, überreichen. Schrecklich das alles. Ein ganzer Kreis ist biologisch so gut wie tot. Wieviel Kreise gibt es in der DDR, wo die Lage ähnlich ist? Ich bin mit der Kamera da und weiß gar nicht recht, welche Textstelle ich für meine Langzeitreportage mitschneiden soll. Da meldet sich ein Arzt zu Wort. Er tritt ans Rednerpult. Ich gebe ein Zeichen, damit der Kameramann aufs Knöpfchen drückt. Die Zahlen von den kranken Kindern des Kreises schlagen mir auf den Magen. Schon bei der Geburt habe jeder zweite Säugling hier ein Hautekzem oder asthmatische Störungen. – Was die heute alles wissen! Noch vor einem Jahr ein solcher Gedanke laut geäußert, hätte Entrüstung hervorgerufen. Ich werde den Mann anschließend fragen, seit wann er das weiß. Heute sind jedenfalls alle klüger.

Eine letzte Reportage über den kranken gesunden Wald im Erzgebirge gestand zwar auch alles ein, aber hatte zugleich den großen „Ausblick". Ich entnahm den großen Ausblick einem Zahlenmaterial des Ministeriums für Land-, Forst- und Nahrungsgüterwirtschaft. Woher sollte ich die Zahlen sonst nehmen? Die Gesprächspartner wurden auch präpariert. Das stieß mir besonders auf, als ich einen smarten Oberförster in D. im Büro fragte und mir ein Interview mit entsprechender Brisanz aus den angedeuteten Äußerungen vorschwebte. Am Drehort schließlich redete der Mann im ND-Klartext alles schön. Meine Fragen hörte er gar nicht, und der Kameramann hatte schon längst ausgeschaltet, weil es schade um das Material war. Heute jedenfalls kann alles gesagt werden. Nur wenn man hört, wie es tatsächlich nach all den verpaßten Gelegenheiten und Jahrzehnten mit uns steht, kann man sich schwerlich vorstellen, wie das je zu reparieren sein wird.

Zurück nach Espenhain. Klein und scheu geht jetzt der neue Umweltminister ans Rednerpult. Er will verändern, und zwar sofort. Eine Rede durchweg im Futur. Der Flügel des Neuen Forums scharrt mit den Füßen, brüllt dazwischen, sie wollen's konkret. Der kleine Minister wird stimmgewaltiger, setzt sich dank Mikrofon durch. Was soll er denn machen, gerade erst ein paar Tage im Amt. Unterschwellig bin ich gar nicht so recht bei meiner Reportage, sondern versuche, einen Zusammenhang zwischen den Umweltschäden und der alten Staatssicherheit herzustellen. Also hätten die Leute vom Neuen Forum vor einem Jahr ihre Forderungen so schonungslos angebracht, was hätte dann die Kreisdienststelle des MfS in Borna unternommen? Zugegriffen. Das war ganz klar. Die

Angst vor Repressalien verhinderte die notwendige offene Meinung. Und mir erzählen die Stasi-Offiziere, sie hätten nichts von den Zuständen in Sachen Umweltschutz gewußt, weil wir Journalisten uns darüber ausgeschwiegen hätten. Es ist zum Verrücktwerden. Wer hat Schuld? Der oder der? Oder wir alle? Vielleicht bin ich am Ende meiner Befragungen schlauer. Jetzt nehme ich mir erst mal den Herrn Professor vor.

Er hat ein glattes Gesicht. Die schwarze Lederjacke steht im herben Kontrast zu den weichen Zügen des Medizinmannes. Die Veranstaltung löst sich auf, einige bestürmen den kleinen Minister, andere diskutieren in Grüppchen. Alexander, unser Kameramann, ist endlich startklar. Das Interview ist eines wie in alten Zeiten. Man habe immer auf die gesundheitsschädigenden Folgen hingewiesen und wurde nicht erhört. Heute freilich gibt es Pläne dank der großzügigen Hilfe aus Nordrhein-Westfalen. Wirklich, ein Fortschritt! Besonders kranke Kinder dürfen sich in westdeutschen gesunden Landen erholen, die Lungen ordentlich durchpusten lassen. Danach geht's wieder ab in die verpestete Luft. Was kann man tun? Ich bin ärgerlich über das langweilige Interview, ärgerlich, unzufrieden über alles. Auch über mich selbst. Was habe ich mir gedacht? Einfach so, wenn man alles sagen kann, würde alles auf der Stelle besser? Die Leute, die hier wohnen, haben einen Knacks fürs Leben weg. Und ehe die Luft, das Wasser und der Wald wieder clean sind, sind sie schon weggestorben.

Im Foyer sehe ich unseren kleinen Minister stehen, seine Stimme ist wirklich gut. Reden kann er. Nur Mut macht er mir nicht. Hartmut, der später als Peter in meinen Protokollen erscheinen wird (er war Oberfeldwebel des MfS und arbeitete vorübergehend als Kraftfahrer im Fernsehen), unterhält sich angeregt mit einem sehr alten hageren Mann mit ungesunder Gesichtsfarbe.

Ankunft im Nobelhotel Astoria in Leipzig. Schnell den Mief hinunterspülen und ein bißchen reden mit den Kollegen. Hartmut ist entsetzt, zweiundfünfzig Jahre sei der Mann erst alt gewesen! Der, der wie siebzig ausschaute. In Mölbis sei das Grundwasser verseucht! Warum man das alles nicht gewußt habe. „Euretwegen", nuschle ich in mich hinein. Nein. Ich habe damit nicht recht. Hartmut war Klempner bei den sogenannten Rückwärtigen Diensten (die Bezeichnungen der Abteilung versetzen einen schon in Angst und Schrecken). Nein. Ich werde mich hüten, dem Jungen den Schwarzen Peter zuzuschieben. Außerdem will ich ihn nicht verschrecken. Übermorgen soll er mir Rede und Antwort stehen, aufs Band sprechen.

Freitag, 16. Februar 90

Hartmut ist da. Das Band läuft. Er erzählt mir seinen Lebenslauf. Einer von Millionen DDR-Bürgern. Er wollte nie zur Stasi. Sie habe ihn zwar gewollt, aber ihm reichten drei Jahre Barras. Die ihm zugeschobene Verpflichtung für das MfS schob er dem Werber wieder zurück. Danach ging's mit ihm bergab. Sechs Wochen lang scheuerte er die Toiletten in der Kaserne in Adlershof. Mir wird übel bei dem Gedanken. Es ist die Methode der Nachwerbung, die wirken mußte. Dann nämlich unterschrieb Hartmut, ging also zur Stasi, hatte fortan ein eigenes Zimmer, viel Ausgang und mußte kaum noch Uniform tragen. Na bitte, warum nicht gleich so! Lange war er nicht dabei. Acht Jahre hat er dort gedient. Oberfeldwebel ist das Ergebnis, und zum Glück hat er nichts weiter auf dem Kerbholz.

Wie finde ich um Himmels willen heraus, wie viele von den 85 000 Ehemaligen ein ähnliches Schicksal hatten?

Hartmut ist froh, daß alles vorbei ist. Als ich ihn frage, mit welchem Gefühl er das erste Mal nach

Westberlin zum eben noch vorhandenen Klassenfeind gefahren sei, welches Gefühl ihn da beschlichen habe, kullern ihm die Tränen. Und mir gleich mit. Schon als Kind mußte ich bei allen traurigen Filmszenen weinen. Nie kann ich mich neben die Handlung stellen. Betrogen habe er sich gefühlt. Vor allem seiner Kinder wegen mit den hundert Mark Obolus ausgerüstet in der Spielzeugwelt des KaDeWe.

Schon wieder spüre ich eine neue Art der Verdrängung. Hartmut weint um den Konsumverlust seines Lebens. Mit der Maueröffnung wurde uns wirklich ein Schnippchen geschlagen. Seht, was ihr für ein Volk habt! Konsum will es. Nichts anderes. Bitte, den kann es haben. Nach uns die Sintflut. Ich unterstelle es heute boshafterweise den Altgenossen, weil nunmehr alle anderen Werte keine mehr sind. Die D-Mark hat das Rennen gemacht.

Hartmut weiß natürlich nicht, was Psychopharmaka sind. Geschweige weiß er etwas vom Mißbrauch der Psychiatrie. Vielleicht jage ich auch einem Hirngespinst hinterher.

Montag, 19. Februar 90

Meine Freundin Helga ist in Berlin. Ich soll mit einer Kollegin einen Film über arbeitslose Stasi-Leute machen.

Ich erzähle von meinen Protokollen, lasse etwas nebulös, weil wirklich nicht klarer im Kopf vorhanden, den möglichen Mißbrauch der Psychiatrie ins Gespräch fließen. Helgas große Augen leuchten. Das ist das Thema! Nun hat sie auch Blut geleckt, und ich habe einen ganz konkreten Recherchenauftrag. Am liebsten würde ich sofort aufstehen und den Dingen auf den Grund gehen.

Es ist ein schöner Abend. Ich bereite meine Kollegin noch etwas schonend auf die neue DDR-Realität vor, in die sie sich ab morgen stürzen will. Den gemeinsamen Plan, ein Markus-Wolf-Porträt zu realisieren, begraben wir mit einem kräftigen Schluck Wein. Alles viel zu undurchschaubar. Aber genau der soll das Problem angeblich kennen: Mißbrauch der Psychiatrie!

Dienstag, 20. Februar 90

Ich rufe Eberhard Meyer an, den Persönlichen Referenten von Markus Wolf. Wolf ist in Moskau, erfahre ich, macht Urlaub und liest die Fahnen zu seinem neuen Buch. Auch würde er in der nächsten Zeit nicht wiederkommen. Fehlanzeige, ich muß die Recherchen anders beginnen. Wozu habe ich Freunde in der Charité?

Marlies weiß auch sogleich einen kompetenten und politisch integren Psychiater, Dr. C. – im folgenden Martin genannt.

Montag, 26. Februar 90

Nervenklinik der Charité. Ich sitze mit Marlies auf der Besucherbank der Frauenstation. Martin ist noch bei der Visite. Neben uns eine kranke Patientin, die sich unterhalten will. Wie immer schlägt mein Herz für bedauernswerte Geschöpfe höher, mit dem Ergebnis, daß die junge Frau mich umarmen will. Eine couragierte Schwester jagt sie barsch davon. Mir ist ganz elend. Eine hochschwangere Frau in wirrem Zustand und schäbigem Bademantel mit aufgetrottelten Malimofäden schlurft wimmernd den Gang entlang. Was wird bloß aus dem Kind, denke ich und dämme meinen Redefluß. Die hohen Fenster geben den Blick frei in den winterlich grauen Park der Klinik, wo einige Kranke, stumpfsinnig vor sich hinblickend, spazierengehen. Können sie krank geworden sein durch die Zeit, die sie hinter sich haben? Oder sind sie einfach biologisch krank? Ich erinnere mich an den letzten Sommer, als ich ohne erkennbaren Grund schwer erkrankte. Ich fühlte mich elend, hatte kein Fieber, glaubte an das Schlimmste, sah meine an Krebs erkrankte Mutter in ihren letzten Wochen ständig vor mir und meinte, nun endgültig gleichfalls von dieser schrecklichen Krankheit befallen worden zu sein. Es war die latente Unzufriedenheit aller, die horrende Zahl derer, die das Land auf dramatische Weise verließen. Jeden Tag die ignorierenden Meldungen in den DDR-Medien, die die aufreibenden Tatsachen totschwiegen und, schlimmer noch, die die Flüchtlinge kriminalisierten. Ich hatte Angst. Angst vor der Ungewißheit, Angst vor blutigen Auseinandersetzungen, Angst vor der Zukunft. Erst mit dem 4. November schwand die Angst, und auch meine sogenannte Krankheit war von einem Tag zum anderen verschwunden.

Meine schwarzen Gedanken werden unterbrochen. Der Doktor kommt. Ganz anders habe ich ihn mir vorgestellt. Irgendwie erinnert er mich an einen Maler, der mir unverständliche Bilder schuf, aber in der Szene als renommiert galt. Er ist nicht sehr groß, dafür aber sind es seine Schritte. Enorm holt er aus, und ich versuche, mir ein Bild zu machen über diesen Mann. Der CDU habe er schon immer angehört. Praktizierender Christ sei er. Vollbart. Brille. Seine Hand in meiner. Sie wirkt klein, fest und energisch. Besonders freundlich ist er nicht. Eher skeptisch zurückhaltend. In seinem kargen Arbeitszimmer kann ich nichts entdecken, was mir Aufschluß gibt über diesen Mann. Kein Anhaltspunkt. Die Wände sind kahl, der Schreibtisch ist leer. Die Behandlungscouch ist mit einem weißen Laken bedeckt. Er behandelt vor allem neurotische und psychotische Frauen. Geplänkel. Das Gespräch muß in Gang gebracht werden. Womit fange ich an? Also um

Unregelmäßigkeiten in der Behandlung Andersdenkender in der DDR-Psychiatrie geht es mir. Der Doktor reagiert überhaupt nicht. Glaubt nicht an so was. Hirngespinste der Enthüllungsjournalisten. Ich bin aber keiner. Nein, vielmehr versuche ich, konkreten Hinweisen nachzugehen. Ich nenne ihm die Angaben aus den Tonbandprotokollen. Langsam kommt ein Gespräch in Gang. Aber nein, in der Charité auf keinen Fall. Da lege er die Hand ins Feuer. Er wird zunehmend lebhafter, nennt Namen anderer medizinischer Einrichtungen, vor allem die Johannstädter Klinik. Ja, die vor allem, da seien auch Nervenärzte der Staatssicherheit ausgebildet worden. Den zuständigen Direktor kenne er. Er komme aus der Charité. Den könne ich fragen. Weitere Namen renommierter Einrichtungen, auch republikflüchtiger Ärzte. Es kommt etwas zusammen. Eine Menge Arbeit. Ein Knäuel, das ich entwirren muß. Mein Doktor bittet noch einen Psychologen dazu. Auch der wiederholt die Hinweise auf andere medizinische Einrichtungen. Kurz vor Ende des Gespräches fällt dem Doktor doch noch eine Besonderheit ein. Er habe mal eine Noteinweisung eines MfS-Mitarbeiters gehabt, habe den kranken Mann behandelt. Und das dazugehörige Krankenblatt, die Akte, angefertigt. Dann sei dieser Mann bei Nacht und Nebel abgeholt worden. Sicher ins MfS-Krankenhaus nach Buch. Und das schönste sei gewesen, daß dann die dortige Einrichtung sämtliche Unterlagen inklusive der Akte haben wollte, was total unüblich sei. Also haben die „Organe“ doch hineindirigiert? Ihm fällt auf Befragen eine weitere Patientin ein, die ich aus der Nachbarschaft kenne. Die Frau eines OibE (Offizier im besonderen Einsatz). Die Frau sei wirklich schon seit vielen Jahren krank, erfahre ich. Er hat bestimmt recht, denn so richtig konnte ich die Nachbarin nie verstehen, sie war immer irgendwie eigenartig. Genau diesen Gedanken will mir mein Doktor noch hinter die Ohren schreiben: Es gäbe natürlich auch wirklich psychisch Kranke, bei denen man das nicht auf Anhieb erkennen würde. Wenn ich also recherchiere, solle ich da immer genau hingucken und nachfragen. Das war's. Ich danke dem Doktor, und er ist jetzt richtig aufgetaut. Jederzeit könne ich wiederkommen. Selbstverständlich.

Mit Marlies gehe ich noch essen. Sie kann sich all das nicht vorstellen, was ich da im Kopfe habe. Ich mir auch nicht. Doch irgendwas muß dran sein.

Mittwoch, 21. März 90

Für meine Tonbandprotokolle hat ein Stasi-Mann, ein Abteilungsleiter sogar, zugesagt. Als ich ihm vor drei Tagen begegnete, erfüllte er zwar auch nicht meine Erwartungshaltung. Doch er gehörte zur Krake in der Krake – so lese ich in einer Zeitschrift –, der gefürchteten Hauptabteilung XX. Politisch-ideologische Diversionen hat man da bekämpft, und zwar landesweit. Gefürchtet hat sich die Obrigkeit offensichtlich mächtig vor den zwei- bis dreitausend Oppositionellen. Selbst aus anderen Abteilungen des Repressionsapparates zeigt man jetzt mit dem Finger auf die Kollegen der HA XX. Ja, die hätten eigentlich den Ruf versaut. Hans, so werde ich den Oberstleutnant im Buch nennen, ist da. Verhalten, abwartend, wie ich auf ihn zugehe. Ich erzähle erst von mir und spüre seinen intensiven Blick mir direkt in die Augen, als wolle er mich beim Lügen ertappen. Er kommt aus dem Vogtland, man hört es, und ich resümiere, daß ich eigentlich von allen zwölf Aussagenden nur zwei Berliner habe. Keiner ist aus dem Norden. Der Süden muß also wahrhaft eine Kaderschmiede für die Stasi gewesen sein. Ausgerechnet der Süden, wo die CDU Top-Wahlergebnisse hatte, denke ich.

Über das Wahlergebnis sprechen wir auch zuerst und sind beide gleichermaßen erschüttert. Mir steht das allerdings mehr zu, glaube ich. Aber ich will nicht unfair sein. Hans ist ein Mann, der druckreif spricht, und er hat sich offensichtlich gut vorbereitet. Klug ist er und überzeugend. Wenn ich das höre, kann ich ihn sogar verstehen. Sie haben moralisch Menschenrechte verletzt. Juristisch ergibt sich nach Gesetzeslage aber kein Tatbestand. Immer wieder das gleiche. Ich bin zu weich, vermag ihn nicht anzuschreien, was er sich dabei gedacht habe, sondern höre zu. Die Krönung scheint mir, daß sie die Ziele der Oppositionellen verstanden hätten, ihre Ansichten sogar hätten teilen können. Das kann nicht wahr sein! Aber er versteht zu reden. Sie hätten mit ihrer Arbeit versucht, der Parteiführung klarzumachen, daß sich was im Lande ändern müsse. Deshalb sei auch die Szene durchsetzt gewesen. Es gibt für alles eine Begründung, und ich überlege, ob sich der Mann seine einstige Arbeit schönredet. So sieht er nicht aus. Vorm Haus steht sein Trabant. Er ist angezogen wie ein Durchschnittsbürger. Sein Privileg sei ein Dienstwagen gewesen, dafür habe er Überstunden gemacht. Was empfinde ich für Hans? Ich will ganz neutral sein. Schließlich war ich kein Opfer und darf mich jetzt nicht als solches aufspielen. Bis 1986 strotzten meine Filme auch vor politischer Überzeugung. Ich glaubte schon längst nicht mehr an diesen Sozialismus, der keiner war, log aber weiter. Ich sage es ihm, wie ich mich verhalten habe, und er erzählt mir von einem Disziplinarverfahren, das die Partei 1988 gegen ihn eingeleitet habe. So, wie er das schildert, und so, wie ich den Apparat inzwischen kenne, war das wirklich mutig. Und die Konsequenz? Schulterzucken. Was hätte sich geändert, wenn er gegangen wäre? Was hätte ich geändert, wenn ich Filme gemacht hätte, die die Wahrheit aufzeigten? Sie wären nicht gesendet worden, und ich hätte auf Grund versiegender Aufträge vermutlich Ausreiseanträge stellen müssen. 1986, nach Absetzen des Ardenne-Filmes, habe ich das auch überlegt. Ich hätte mich scheiden lassen müssen und wäre ohne meine Söhne davongezogen, wenn man mich gelassen hätte. Wem hätte ich genutzt? Ich suche genauso wie dieser Mann nach Entschuldigung für meine jahrelang geübte Anpassung. So ist es. Und das macht es mir verflucht schwer, die Stasi-Offiziere härter anzupacken. Die Psychiatrie fällt mir ein. Hält er einen Machtmißbrauch mit diesen Mitteln für möglich? Er denkt länger als üblich nach. Nein, er kann sich nicht an eine solche Sache erinnern. Er schließt es aber nicht aus. Nur sei er nicht kompetent. Das Thema gefällt ihm offensichtlich nicht. Und wieder kriecht Mißtrauen in mir hoch. Sagt er die Wahrheit, oder hat er sich eine zurechtgebastelt? Einige seiner Wahrheiten gefallen mir nicht. Sie passen nicht ins Vorstellungsmuster des Apparates, der geschurigelt, gegängelt und noch mehr gemacht hat. Alle sind jetzt Opfer der Partei. Sie waren auch nur Instrumente, Schild und Schwert. Wie oft habe ich das schon gehört! Wer war noch alles Instrument für diese von senilen Dummköpfen geführte Partei?

Mittwoch, 28. März 90

Diesen Tag werde ich so schnell nicht vergessen. Eigentlich hatte ich mir vorgenommen, jeden Tag eine Notiz zu machen, aber die Informationen überlagern sich, und ich habe wieder mal zuviel Aufträge übernommen.

Ein Nachzügler kam und wollte seinem Herzen Luft machen. Ich soll ihn Gerd nennen. Ja, er sei Psychologe gewesen im MfS. Wie er so vor mir saß, nährte ich den Gedanken immer mehr, daß er offensichtlich selbst einen Psychologen benötigte. Er erzählte, daß die Mitarbeiter im MfS längst für die Wende reif gewesen seien. Dabei schilderte er in schier nicht enden wollenden Sätzen die Befindlichkeit seiner Patienten im MfS. Mein Gott, war der Mann fertig.

Tränen quollen in ihm hoch, und ich fürchtete, schon wieder als Seelentröster auftreten zu müssen. Sein wirrer Blick. Hilflos, verzweifelt. Er als Psychologe mußte doch wissen, daß sein Apparat einen Teppich der Angst über ein ganzes Volk ausgebreitet hatte. Wie war das möglich? Ist es wirklich so, daß alle diese Männer, die mir in den letzten zwei Monaten gegenübersaßen, nunmehr selbst Angst hatten, jetzt, wo sie keine Macht mehr hatten? Als ich ihm zuhörte, war mir klar, daß es das schlimmste sein würde, wenn Haß den Aufarbeitungsgedanken begleitete. Nun sind die oben, die einst unten waren. Jetzt wird Vergeltung geübt. Werden wir Deutschen das Maß finden, daß nicht erneut Unrecht geschieht, indem Menschen pauschal und undifferenziert verurteilt werden? Ich habe wenig Illusionen. Die Deutschen können nur in der Kategorie ENTWEDERODER denken. Sie verlangen bedingungslose Anpassung, Unterordnung, und wehe dem, der aus der Reihe tanzt. So war es doch in der DDR. Auch wenn in den letzten Jahren Nichteinhaltung vorgegebener Normen nur ein Beiseitestellen zur Folge hatte. Den Finger vorsichtig zur Kritik gehoben bedeutete unter Umständen, seine Karriere frühzeitig beenden zu müssen. Man wurde nicht mehr beachtet. Das hatte man davon, also ließ man es.

Jetzt, wo der Psychologe so fertig mit den Nerven ist, frage ich nach Mißbrauch der Psychiatrie. Da wird er hellwach. Nein! Niemals! Schweigen. Natürlich sei es mal vorgekommen, daß der eine oder andere Chef ihm, dem Fachmann, gesagt habe, er solle den oder den mal wieder hinbiegen. – Also doch, es muß was geben! Es sei vor allem bei den eigenen Mitarbeitern gewesen, die ausscheren wollten, den Apparat selbst nicht mehr ertragen konnten. Kunststück, denke ich mir. Aber was ist mit denen passiert? Der Psychologe erklärt – jetzt wieder gefaßt –, die Betreffenden seien aber wirklich krank gewesen.

Als er weg ist, habe ich mich gefragt, ob mich interessiert, daß ehemalige Mitarbeiter Opfer ihres eigenen Apparates wurden. Natürlich, wenn es so war, dann heißt das doch, daß es durchaus Leute da „drin" gegeben hat, die was anderes wollten. Wieder bin ich hin und her gerissen.

Donnerstag, 5. April 90

Das Manuskript zu „Staat im Staate" ist fertig und im Verlag. Mir ist, als hätte ich zwei Seelen in mir. Ich will mich nicht mehr mit dem Stasi-Thema beschäftigen. Die Redakteurin, die mir den Auftrag dazu gab, hat es inzwischen auch schon begraben, langsam sei es genug der Stasi-Themen. Trotzdem habe ich einfach einen Termin gemacht und werde der Auflösungsbehörde einen Besuch abstatten.

Ich will den Regierungsbeauftragten sprechen?

Ich mache also doch weiter. Wie im Unterbewußtsein, ferngesteuert. Die Leute, mit denen ich in der „Behörde" telefoniert habe, sind sehr freundlich, verbindlich. Wie sie das bei dieser Arbeit können?

Donnerstag, 12. April 90

Der Besuch in der Auflösungsbehörde hat wieder alle guten Vorsätze umgeworfen. Die Leute dort haben mich ermutigt - unausgesprochen zwar -, daß man aufarbeiten müsse. Und der Zipfel, an welchem ich ziehe, sei ein wichtiger.

Im Vorzimmer des Regierungsbeauftragten empfängt mich eine Sekretärin. Sie ist freundlich, adrett, liebenswürdig. Zur Opposition kann die Frau nicht gehört haben, und am 15. Januar beim Sturm aufs MfS kann sie auch nicht dabeigewesen sein. Eine Ahnung beschleicht mich. Doch ich wische den Gedanken weg. Das Gespräch plätschert an der Oberfläche, die Kaffeemaschine brodelt. Ich frage dann doch nach ihrer Vita. Mein Gefühl hat mich nicht getrogen: sie war beim MfS Sekretärin, sogar an ganz exponierter Stelle. Das muß ich erst verdauen. Der Regierungsbeauftragte kommt herein, er ist kleiner und zarter, als ich ihn mir vorgestellt habe. Er gefällt mir. Die braunen Fingerkuppen verraten sein Laster. Er raucht unablässig. Mit der Sekretärin geht er recht locker um. Die Beziehung interessiert mich. Was tun sich da für Konfliktfelder auf! Das Gespräch hinter verschlossener Tür ist kurz und unkonzentriert, dauernd will irgendein Journalist eine Presseerklärung, ein Interview, einen Termin.

Trotzdem hat mich die Nähe dieses Mannes ermutigt, die Stasi-Problematik weiter zu verfolgen. Die Sekretärin verabschiedet mich wie eine alte Bekannte. Wenn das Manuskript nicht schon fertig wäre, würde ich sie gern befragen. Vor allem, wie sie damit klarkommt, bei der Auflösung ihres eigenen Apparates mitzuhelfen. Hatte dieser Psychologe etwa recht, daß die Mehrzahl der Mitarbeiter darauf gewartet hat, daß alles wie ein Kartenhaus zusammenbricht?

Wer weiß.

Ostersonntag, 15. April 90

Vierzehn Tage werde ich in Köln Zeit haben, mir zu überlegen, ob ich in Sachen Stasi weitermache. Ich werde das Ambiente auf mich wirken lassen. Innerlich fühle ich mich wund. Gestern liefen mir die Tränen. Grundlos. Bernd glaubt, daß ich nunmehr die gefürchtete Midlife-crisis habe. Vielleicht hat er recht. Bei Jugendlichen nennt man das Entwurzelung, in meinem Alter sollte man nicht mehr entwurzelt werden.

Die Zeitungsmeldungen über unser aller Vergangenheit machen mich fertig. Wenn das stimmt, wirklich alles stimmt, dann werde ich Mühe haben, mein Orientierungsvermögen wiederzufinden. Manchmal fühle ich mich wie in einem Raum, dem die Wände weggenommen sind. Unsicher fühle ich mich. Widersprüchlich sind meine Aussagen zur Politik. Ich höre mich einen Tag so, den anderen so reden. Ständig bin ich auf der Suche nach der Vergangenheit, die Zukunft liegt für mich ganz weit weg.

Trotzdem habe ich mich mit dem Ärztlichen Direktor, Prof. A., im Krankenhaus Johannstadt verabredet. Er sprang auf das Thema Psychiatrie sofort an. Wie immer stelle ich mir nach einem ersten Telefongespräch den Menschen vor. Ich hoffe, er hält, was er verspricht: Medienfreundlichkeit.

Doch erst muß ich meine Neugier verdrängen. Morgen fliege ich nach Köln. Elke und Helga werde ich nun in ihrer Umgebung erleben. Vierzehn Tage Abstand. Das erste Mal Schnitt eines Filmes in Köln, Abnahme, Sendung.

Gestern noch ein Anruf, daß man in Zeuthen, in einer Villa des einstigen MfS, ein Labor entdeckt habe, mit Blutspuren auf dem Fußboden. Das Bürgerkomitee meint, das könnte mich doch interessieren. Martin aus der Charité hat den Kontakt hergestellt. Morgen, wenn ich im Flieger sitze, ist eine Begehung mit Staatsanwalt und Komitee für Auflösung. Große Glasbehälter seien gefunden worden, in denen man normalerweise Tiere aufbewahrt. Sicher haben sie dort Tierversuche gemacht, davon auch die Blutspritzer auf dem Fußboden. Hoffentlich. Ich will den Kopf frei haben für meinen Film. Elkes straffe Hand verunsichert mich ohnehin schon genug, aber ich brauche sie, sonst gehe ich die Probleme zu zaghaft an.

Immer wieder der Druck vor der Abreise: ob die Familie ohne mich zurechtkommt? Immer wieder die gleichen Fragen, die meine Mutter mir gestellt hatte, die mich so kirre gemacht haben. Immer wieder die betonte Mütterlichkeit. Ich muß das abstellen und versuchen, mein Leben lockerer zu gestalten.

Dienstag, 17. April 90

Eigentlich bin ich viel zu müde, um meine Gedanken noch zu Papier zu bringen. Heute Ankunft in Köln. Alles ist anders. Wie oft hatte ich mir in den letzten Jahren, seit ich Elke und Helga kenne, vorgestellt, wie sie leben und arbeiten würden. Mit Phantasie ist da wohl nicht viel zu machen, wenn man aus einer ganz anderen Welt kommt, anders erzogen und verbogen wurde. Trotzdem bin ich nicht fremd. Die Vertrautheit mit den beiden Kolleginnen mag es sein, daß ich keine Defizite empfinde. Dennoch, mein Selbstbewußtsein von früher ist weg. Ich bin unsicher. Ich habe sogar Angst vor Begegnungen mit Leuten, die ich nicht kenne. Elkes Vorhaben, mich mit vielen Leuten bekannt zu machen, versetzt mich in Angst und Schrecken. Was denken die Leute? Schon wieder dieses Gefühl, daß sie hier ebensolche Feindbilder eingetrichtert bekamen wie wir. Nur eben in einer Demokratie, wo sich jeder aussuchen konnte, ob er sich in den Sog ziehen läßt oder nicht.

In den nächsten Tagen werden wir unsere Reportage zum Thema arbeitslose Stasi-Offiziere schneiden. Am 1. Mai ist Sendung.

Elkes Haus ist traumhaft schön. Ihr Arbeitspensum ist enorm, die Eltern nehmen ihr alles ab. Ein Glück für sie. Kai ist völlig anders als mein großer Sohn, und dennoch hat er gleiche Verhaltensweisen. Elke lebt anders, hat aber ähnliche Probleme mit Haushalt, Kind und Mann. Kleine Probleme, die uns tröstliche Übereinstimmung finden lassen. Lästig ist mir, daß sie immer beschließt, wir reden, und dann ist sie schon wieder bei der Arbeit zum nächsten Projekt. Sie denkt schneller als ich. Ich merke deutlich, daß ich in vielen Dingen phlegmatischer bin, alles mit Ruhe angehen will. Aber vielleicht ist das auch wieder eine Art Unsicherheit. Ich muß ihr nur beibringen, daß ich mir Köln gern selbst erschließen möchte. Sie rast mit mir im Schweinsgalopp durch die Straßen, ich kann mich nicht mehr orientieren, habe einen Konsumschock und verliere die Lust. Schonend muß ich ihr das beibringen, schließlich will sie nur mein Bestes. Ihre Mutter gefällt mir. Eine engagierte Frau, obwohl schon über achtzig Jahre. Die Dynamik muß Elke von ihrer Mutter haben. Vom fünfundachtzigjährigen Vater offensichtlich den Charme. Er ist hinreißend mit seinen blanken Augen.

Ich bin müde, morgen will Helga schon erste Gedanken zur Reportage über den Psychiatrie-Mißbrauch durch die Stasi haben. Es ist noch zu wenig Greifbares. Nun werde ich noch mit diesem Gedanken einschlafen.

Mittwoch, 18. April 90

Wie immer nach einem Abend mit Helga geht es mir gut. Sie hat am ehesten Verständnis für die Ostdeutschen. Trotzdem, wir haben nur über die Stasi gesprochen. War die wirklich so böse? Was waren das für Menschen, die diese Tätigkeit ausgeübt haben? Nach meinem Buch müßte ich doch Erfahrungen haben, meint sie. Natürlich habe ich sie. Doch die, die ich kenne, unterscheiden sich in ihren Anschauungen wenig von den anderen DDR-Bürgern, nur daß sie alles noch weniger verarbeitet haben. Ich erzähle Helga, daß die Stasi-Leute auch auf eine Wende gewartet hätten. – Ein bedrückender Anachronismus, und ich höre mir an, daß ich sicher viel zu sanft mit ihnen umgegangen sei und sie mir die Taschen vollgehauen hätten. Ich ziehe es in Zweifel, denn alle zwölf Mitarbeiter kennen einander nicht, und ihre

Aussagen haben doch inhaltlich alle einen ähnlichen Tenor: sie glaubten, einer guten Sache gedient zu haben. Immer wieder dasselbe. Helga und ich kommen zu der Übereinstimmung, daß das nur bei den Deutschen so sein könnte. Doch wie kann man das beweisen? Durch Aufarbeitung? Oder soll man unter dem Motto DAS LEBENISTSOSCHÖN alles ruhen lassen? Also konkret: Was haben wir in der Hand, daß die Stasi die Psychiatrie mißbrauchte? Daß politisch Unbequeme in Anstalten gesperrt wurden? Nichts, nur einige ominöse Verdächtigungen. Die Printmedien haben es schon immer leichter gehabt, sie mutmaßen etwas, schreiben dies auf. Wir Fernsehjournalisten brauchen sichtbare Beweise.

Gleich, wenn ich wieder in Berlin bin, recherchiere ich weiter, und dann halten wir uns auf dem laufenden.

Morgen habe ich ein straffes Programm. Elke will, daß wir den Film im Gerüst fertig haben. Der Anfang ist ganz originell. Eine aufgewühlte Menschenmenge vor der Volkskammer und am Alexanderplatz demonstriert gegen Stasi-Spitzel in der neuen jungen Regierung. Unsere Umfrage dazu, was denn mit den Stasi-Leuten geschehen sollte, reflektiert Haß, abgrundtiefen Haß. Es müssen wirklich alle tierisch unter dem Druck des Regimes gelitten haben. Doch wer war das Regime? Wer alles hat es getragen? – Ich auch.

Donnerstag, 26. April 90

Aufruhr in der Redaktion: Der „Stern“ berichtet in Schlagzeilen von dem Mißbrauch der psychiatrischen Einrichtung in Hochweitzschen durch die ehemalige Kreisdienststelle der Stasi. Es ist bedrückend, was da alles enthüllt wird. Was waren wir eigentlich für ein Staat? Was waren wir für gutgläubige Schafe? Gleich wenn ich nach Hause komme, werde ich im Verlag darum bitten, mein Vorwort für mein Buch ändern zu dürfen. Ich habe es viel zu verständnisvoll formuliert. Rache soll zwar nicht obenan stehen. Doch mir ist im Augenblick nach Rache, vor allem bin ich wütend über mich und meine Milde. Außerdem, nach den Enthüllungen werden sich doch alle anderen auf das Thema stürzen und uns in Zugzwang bringen. Helga und ich schließen einen Kompromiß: nur dann weiterzumachen, wenn wir etwas Außergewöhnliches herausfinden. Trotzdem, ich will Klarheit für mich. Was dann daraus wird, ist egal.

Der Film ist fast fertig. Wir haben ihn in Komplexe aufgeteilt, werden im Wechsel sprechen. Mein Teil führt unter anderem den Psychologen des MfS vor, der schon für mein Buch aussagte. Sein Nervenkostüm ist noch ramponierter. Warum und wovor hat er Angst? Er hat sich doch nichts vorzuwerfen, betreute ausgediente Kundschafter, wie man sie in der DDR gern nannte, weil das Wort Spion so etwas imperialistisch Gefärbtes an sich hatte, half ihnen, sich nach einem Leben im Westen wieder im Osten zurechzufinden. Bei denen war nämlich genau das passiert, was mit allen anderen DDR-Bürgern am 9. November geschah. Ihnen war das Weltbild zusammengebrochen und bei den Kundschaftern im besonderen das Feindbild dazu. Dem Psychologen stehen die Tränen in den Augen. Offensichtlich hat er auch Angst vor seinen alten Vorgesetzten. Er gehörte zur sagenumwobenen HVA, der Elitetruppe des MfS. So sahen sie sich zumindest selbst. Die Offiziere der Aufklärung, die ich in Erarbeitung meines Buches kennenlernte, setzten sich schon von den anderen sogenannten Diensteinheiten ab: deren augenfälliger, zuweilen lächerlich erscheinender Provinzialismus haftete den Aufklärern nicht an. Sie waren oder erschienen mir irgendwie weltmännischer. Fast alle kannten sie den Westen und konnten sich somit über alle anderen Schafe erheben.

Doch von der Weltmännischkeit des Psychologen ist nicht viel geblieben. Kläglich, fast jammernd weist er auf die Gefahren hin, die entstehen, wenn man sie, alle über einen Kamm scherend, ausgrenzen würde.

Da hat er recht. Die Gefahr sehe ich auch. Momentan haben zwar viele resigniert, doch Druck wird bei ihnen Gegendruck erzeugen. Innenminister Diestel tönt ebenso. Frischgebacken, wie er ist, will er Maßstäbe setzen. Diestel beschäftigt mich in Gedanken: einmal erinnert er mich an meinen ersten Verlobten vor fünfundzwanzig Jahren, zum anderen hat er eine in sich unstimmige Biografie. Vom Sohn aus gutem sozialistischem Hause zum Spitzenkandidaten der DSU. Rechter geht's nicht mehr. Doch vielleicht ist das normal, und was weiß ich, welchen politischen Weg unsere Söhne irgendwann einschlagen werden. Doch Diestel redet mir für seine Partei zu links. Das ist es. Der Aufruf an alle, behutsam mit dem Stasi-Potential umzugehen, imponiert mir. Woher hat er seine Erfahrungen? Im Bürgerkomitee, so weiß ich, sucht man fieberhaft nach einer Akte Diestel. Nichts.

Mutmaßungen reichen nicht für Verunglimpfungen.

Montag, 30. April 90

Der letzte Tag in Köln. Die Sprachaufnahme war für mich ein Fiasko: Elke saß neben mir, ich hatte einen Frosch im Hals, und der Tonmeister erkannte sofort meine sächsische Herkunft. Doch der Film ist rund. Und objektiv. Das Ende des Films ein Gespräch mit einem Kreisdienststellenleiter, einem zunächst sympathisch wirkenden Mittvierziger. Doch allein wie er redet! Er habe eine operative Sprache, sagt er, er könne nicht anders. Er meint, er hat alles so gut gemacht, wie er konnte, viel zuwenig Leute seien sie gewesen, in Berlin hätten sie alle übereinander gehockt. Hier in der Provinz seien die Oppositionellen nur schwer unter Kontrolle zu halten gewesen. Gott sei Dank! Vielleicht ging es gerade deshalb nicht in Berlin los, sondern im Süden? Trotzdem, ich habe keinen Frust auf diesen Mann. Anders Elke. Elke kann seine Haltung nicht verstehen. Ich schon, zumindest versuche ich es: er war immer unter seinesgleichen, war nie im Westen, las, was es im Buchhandel gab, und hatte von Kindesbeinen nichts anderes kennengelernt. Der Disput darüber mit Elke bringt mich auch nicht weiter.

Wie soll man jemanden, der nie mit diesen Zwängen gelebt hat, klarmachen, wie man sich unter Zwängen fühlte. Anpassung war schließlich eine Lebensnotwendigkeit. Die Welt war nun mal eingeteilt in Ost und West und nicht in Gut und Böse.

Elke bringt mich zum Flughafen Köln/Bonn. Alles in allem - es war eine schöne Zeit.

Am Flugplatz entdecke ich ein Rudel mir bekannter und unbekannter Leute: Die CDU hat in Bonn beraten über die Entwicklung des Gesundheitswesens im geplanten geeinten Deutschland. Martin aus der Charité ist dabei. Er wedelt schon mit dem „Stern“. Tatsächlich, das sei ein Ding! Ob ich schon gelesen hätte? Ich werde mit einem anderen Arzt aus Buch bekannt gemacht. Dr. Christian Z. Er hat ein offenes sympathisches Lachen, und im Flieger studiert er eine Zeitung mit barbusigen Damen. Nach der Lektüre wendet er sich mir zu. Man müsse sich unbedingt mal treffen. Wenn das so weiterginge mit den Enthüllungen, käme die ganze Zunft in Bredouille. Da müsse man reagieren. Er werde in Zukunft von Amts wegen das Gesundheitswesen Berlins in seine Hände nehmen. Bis zur Einheit zumindest.

Wir tauschen Visitenkarten. Abschied.

Meine Familie hat mich wieder. Ich bin froh. Ich bin zu Hause.

Morgen habe ich Geburtstag, der nicht gefeiert wird. Ich brauche Abstand von meinem Ausflug, der mir Vorgeschmack auf mein künftiges Leben in der großen Bundesrepublik gewesen war. Doch noch lebe ich in der DDR. Und ich will, solange es geht, aufräumen und wissen, was ich mir vorzuwerfen habe, was ich mit meiner angepaßten Haltung angerichtet habe.

Mittwoch, 2. Mai 90

Wieder bin ich hin und her gerissen. Heute hatte ich den ersten Recherchentag zum Thema Psychiatriemißbrauch. Was habe ich eigentlich erwartet? Daß ich zu einem Arzt komme, der mir sagt, ja, ich habe Andersdenkende zwangseinweisen lassen, habe Krankenakten an die Stasi weitergegeben?

Im renommierten Fachkrankenhaus für Psychiatrie und Neurologie Johannstadt erwartet mich der Ärztliche Direktor, Prof. A. Er ist sichtlich aufgeregt und erklärt sich ungefragt zum Thema. In der heutigen Tageszeitung sei ein diffamierender Artikel über seine Klinik veröffentlicht gewesen. Er könne dazu absolut nichts sagen, denn er habe erst vor zwei Jahren die Klinik übernommen. Sein Vorgänger sei durch eigene Hand aus dem Leben geschieden. Prof. A. ist ein beeindruckender Rhetoriker. Er gefällt mir, doch genau den Eindruck muß ich verdrängen, wenn ich objektiv recherchieren will. Ich habe beschlossen, mich nicht einwickeln zu lassen. Aber - wie schon immer - im Umgang mit Psychiatern fühle ich mich unsicher, einkalkulierend, daß sie Gedanken lesen können und vermögen, mir in die Seele zu blicken. Dennoch: Prof. A. ist entschlossen, sich gegen die beginnende Schlammschlacht zu wehren. Er würde eine Untersuchungskommission einberufen, eine Pressekonferenz abhalten. Er selbst erzählt, daß er an der „Wende" noch ganz schön zu knabbern habe und die Disharmonien im Krankenhaus belastender seien denn je. Meine Erklärung, daß ich keine Enthüllungen will, sondern Aufarbeitung auf weniger reißerische Weise, wie es die Medien tun, daß ich ein Buch schreiben will über die gesamtgesellschaftliche Schuld am Scheitern der DDR, schien ihm zu gefallen. Er ist ein großer, fast jungenhafter Mann um die Fünfzig, nicht besonders charmant und galant: Er gießt zuerst Kaffee bei sich nach, vergißt ein mögliches Bedürfnis, das ich haben könnte. Doch irgendwie paßt auch das zu ihm. Über Kollegen spricht er nicht schlecht, nennt aber auch Namen von komplizierten Mitarbeitern, die auf irgendeine Weise ein Ventil suchen würden. Mit einem Blick auf die Uhr - er muß sicher pünktlich zu Hause sein - stellt er den Plauderton ab und kommt zur Sache: Er will mir gern helfen. Einen Psychiater des MfS, einen Dr. Knorr, habe er eingestellt. Mein konsternierter Blick muß ihn meine Gedanken erraten lassen haben. Nein, nein, keine Seilschaften. Dieser sei nur ein außerordentlich guter Gerichtsmediziner, den brauchte die Klinik. Und außerdem, solange man dem Mann nichts nachweisen könne, gebe es keinen Grund, ihn beim herrschenden Ärztemangel abzuweisen. Natürlich bringe das Spannungen mit sich, besonders eine Kollegin unterstelle ihm nun Böses. Ich höre ihm schon nicht mehr richtig zu, will den Stasi-Doktor sprechen. Prof. A. verspricht, die Weichen zu stellen, erhebt sich, was einem besseren Rausschmiß entspricht, und strahlt mich mit seinen blanken blauen Augen an, sich für das Gespräch bedankend.

Auf dem Nachhauseweg durch den Klinikpark sehe ich erbarmungswürdige Gestalten. Doch sie machen einen ungezwungenen, heiteren Eindruck. Hingegen, wenn ich mich in den letzten Monaten im Spiegel betrachtete, hatte ich den Eindruck, verkrampft und verbissen auszusehen. Diese Menschen hatten vermutlich kein Weltbild, also müssen sie sich kein neues zurechtbasteln. - Blödsinn.

Ich habe mir ein Konzept gemacht, wo überall ich Nachforschungen anstellen werde. Ich muß mir meine Zeit genau einteilen. Mein Buch ist zum Glück vom

Tisch, meine Serie wird gedreht, eine neue habe ich in Arbeit. Ein Glück, wird mich dieses Thema - eine Liebesgeschichte in wunderschöner Landschaft - mit weniger Unbehagen erfüllen als meine Stasi-Recherchen.

Montag, 7. Mai 90

Die Woche sollte eigentlich frei bleiben, damit ich erste Gedanken zu Papier bringen kann, doch plötzlich sind die Zeitungen voll vom Thema Psychiatrie. Ich frage mich, ob es Sinn hat, daran weiterzuarbeiten. Ehe ein Buch fertig ist, haben die Blätter alles an den Tag gebracht, und wer interessiert sich dann überhaupt noch dafür bei der ständig wachsenden Informationsflut.

In meiner Familie gibt es Spannungen. Ich sei gereizt, nur mit dem bewußten Thema beschäftigt. Dauernd kämen Leute. Bernd unkt, daß wir bestimmt schon wieder Wanzen in den Räumen hätten. Wie der sich das vorstellt. Ich versuche, mich selbst zu beobachten. Habe ich wirklich mein heiteres Naturell eingebüßt? Ich habe mir vorgenommen, mich nicht erdrücken zu lassen. Zumal mein Schreibtisch überquillt von unerledigten Sachen.

Sonntag, 13. Mai 90

Ich fühle mich wie im Recherchenfieber. Unterm Strich ist aber bei all den Gesprächen in der vergangenen Woche nichts rausgekommen. Nur soviel: die Verstrickungen zwischen Stasi-Medizin und allen anderen gesellschaftlichen Bereichen sind vermutlich enorm. Inzwischen melden sich bei mir Leute, denen das Thema am Herzen liegt wie mir. Beim Gespräch kommt aber heraus, daß sie auch nur mutmaßen.

Eine Sozialpädagogin aus Prof. A.s Krankenhaus war da. Eine beeindruckende Person, die offensichtlich viel weiß. Ob sie in der Opposition vor der Wende war, habe ich nicht in Erfahrung bringen können. Sie hat einen ungeheuren Rochus auf Prof. A., der Stasi-Ärzte decken würde. Mein Versuch, Prof. A. zu verteidigen, wird mit weiteren Anschuldigungen gegen ihn zunichte gemacht. Ich fühle mich nicht wohl. Alle wissen mehr als ich, weshalb schmeiße ich nicht einfach alles hin? Aber was wissen sie wirklich? Haben sie etwas in der Hand? Die Stasi habe ja alles vernichtet. Ich frage mich nur, wenn die Stasi alles vernichtet hat, woher dann die Aktenberge kommen. Die Sozialpädagogin - sie ist wirklich beeindruckend - hat offensichtlich auch Akten, die belegen können, was in den von der Stasi dirigierten Krankenhäusern geschehen ist. Die hätte ich natürlich auch gern. Spätestens jetzt weiß ich, daß ich als Journalistin dem Druck der Marktwirtschaft ausgesetzt bin wie jeder andere Berufszweig auch. Informationen sind Geld wert. Geschichten werden verkauft. Was ist, wenn sie nicht stimmen, wird dann das Geld wieder eingeklagt? Vermutlich nicht, das geht unter. Hauptsache der Effekt.

Sie erzählt mir noch von dem gewissen Stasi-Arzt, Dr. Knorr. Ein übler Typ. Er war Psychiater im Haftkrankenhaus. Das erregt auch mich. In einem Krankenhaus, wo politische Häftlinge untergebracht waren! Ich bin der resoluten Frau dankbar. Sie ist ein herber Typ, der schön wird durch kluge Sätze. Die Art zu sprechen verleiht ihr eine gewisse Aura. „Vielleicht arbeitet man zusammen?" - So verabschiedet sie sich. Eigentlich hätte ich nichts dagegen, wenn ich nicht ein ausgemachter Alleinarbeiter wäre und darüber hinaus immer mißtrauisch, ob sich einer nicht meines Wissens bediente. Ja, ich muß umdenken, darf nichts mehr erzählen. Autorendiebstahl ist an der Tagesordnung.

Als sie weg ist, rufe ich Prof. A. an: er möge doch sein Versprechen halten und den Kontakt zu Dr. Knorr herstellen.

Mittwoch, 16. Mai 90

Heute, 15.00 Uhr, hatte ich den ersehnten Termin mit Dr. Knorr. Groß, schlank, fast hager von Gestalt ist er. Das Gesicht schmal, blaß, kantig. Das Haar dunkel. Die Brille verleiht ihm noch strengere Züge. Ein Stasi-Arzt. Ja, so habe ich ihn mir vorgestellt. Seine Lippen sind schmal, sein Gesicht läßt keinerlei Regung erkennen, als wir uns begrüßen. Schweigend gehen wir in sein Dienstzimmer. Ob ich Kaffee will? Ich will. Es ist Kaffee türkisch, und ich habe gleich nach dem ersten Schluck unangenehme Krümel im Mund. An einem kleinen runden Tisch sitzen wir uns gegenüber. Seine Stimme in mittlerer Tonlage läßt mich vertraute Klänge hören: Richtig, er kommt aus Leipzig. Erste Gemeinsamkeiten. Um die Situation zu entkrampfen, schlage ich vor, erst ein wenig von mir zu erzählen. Während der ganzen Zeit sieht er mir unverwandt in die Augen. Hoffentlich beherrscht er nicht die Kunst der Hypnose. Ich höre mich irgendwas reden. Mich beschleicht ein Gefühl der Angst. Die Tür geht auf, ein junger Arzt, mit dem er sich das Zimmer teilt, kommt herein, hat Feierabend und tauscht seinen weißen Kittel gegen seinen Mantel aus. Mit dem Mantel reißt er aus dem Spind etliche leere Wein- und Sektflaschen. Ich pruste los. Dem Doktor ist das mehr als peinlich. Die Verlegenheit paßt so gar nicht zu meinem Bild von ihm. Der junge Kollege ist raus, und er sagt unvermittelt, daß die Flaschen nicht von ihm seien, das sei zwar MfS-typisch gewesen, der hohe Alkoholkonsum, und er habe die Leute auch behandeln müssen . . . Er redet plötzlich von seiner Arbeit, das Gesicht hat weichere Züge angenommen, wir sind mitten im Gespräch. Das heißt, er hat es in der Hand. Die Tür geht wieder auf. Eine Schwester und ein Mann kommen herein. Es geht um das Befinden eines Patienten und dessen Entlassung. Dr. Knorr ist jetzt ganz Arzt in einem zivilen Krankenhaus. Engagiert, an alles denkend. Den Gedanken, daß ich ihn sympathisch finde, verdränge ich ganz schnell, es paßt nicht in mein Bild. Ein zweites Mal haben wir den Faden verloren. Ich frage ihn, wie es ihm heute geht, heute, nach der Wende. „Beschissen", höre ich, einfach und klar. Wenn nur diese Brille nicht wäre, vor der ich mich irgendwie fürchte. Das düstere Zimmer. Und meine Phantasie, was der Mann alles gemacht haben könnte.

Ich erfahre, daß er hier in diesem Krankenhaus seine Facharztausbildung gemacht habe und vom MfS ausgewählt wurde. Er sei von der Sache überzeugt gewesen, und es gab für ihn damals keinen Grund, nein zu sagen. Übrigens sei er auch heute noch Mitglied der PDS. Er könne nun mal nicht anders. Immerhin ist er kein Wendehals. Ich will ihn zur Sache drängen. Ob er mir sagen kann, was an den jüngst erhobenen Angriffen gegen die Psychiatrie berechtigt sei. Schulterzuckend sagt er, daß er alles für möglich halte. Im übrigen sei er schon 1988 aus dem Haftkrankenhaus ausgeschieden und habe an der Sektion für Kriminalistik unterrichtet.

Ein Widerstandskämpfer in den eigenen Reihen? Nein. Er war angepaßt, hat einen Frust auf die Generäle, auf all jene, die seinen Kindheitstraum von einer besseren Welt im Sozialismus zerstört haben. Eine zweite Gemeinsamkeit zwischen ihm und mir.

Es ist zum Verzweifeln. Ich will und brauche für meine Geschichte Fakten. Wer kann mir wirklich sagen, was passiert ist, und vor allem, was illegal war. Wo wurde gegen Menschenrechte verstoßen?

Der Doktor beginnt zu erzählen von Verstößen gegen die Menschlichkeit, die ihm bekannt sind und die sich gegen ehemalige Mitarbeiter und Agenten richteten. Ja die habe es gegeben. Er habe die zum Tode Verurteilten begutachtet. Ein Hauptmann und ein Kapitän seien es gewesen, die im Verdacht der Spionage und der Fahnenflucht im schweren Fall standen und ein Sicherheitsrisiko bildeten. Er schildert mir die Umstände. Ob ein Mißbrauch von Psychopharmaka vorgelegen habe, will ich wissen. Das schließt er nicht aus, weil die Frage nach den Möglichkeiten psychopharmakologischer Beeinflussung immer mal gestellt wurde. – Plötzlich kommt Leben in ihn: er würde gern seine Gutachten haben, dann könne er mir viel mehr zu jedem einzelnen Fall erzählen. Diese würden zugleich belegen, daß er nichts Unrechtes im Sinne einer Straftat begangen habe. Über die moralische Seite, einfach dem falschen Guru hinterhergelaufen zu sein, darüber gäbe es keine Zweifel. Mir gefällt die Idee mit den Gutachten. Das ließe sich filmisch auch gut machen. Man könnte dann den Spuren der brisantesten Fälle folgen. Todesstrafe für Abtrünnige! Das wäre *die* Geschichte. Auf die Frage, ob er versucht habe, Andersdenkende mit Psychopharmaka zu anderen Aussagen zu bringen, wehrt er sich. Er habe das nicht getan. Im Gegenteil. Mitunter seien ihm Politische vorgeführt worden, die einen seelisch sehr instabilen Eindruck gemacht haben. Da habe er sich als Arzt gegen Medikamente entschieden, die die Aussagefähigkeit der Betroffenen beeinflußt hätten. Die von ihm angefertigten Gutachten hätten also ungewollt eher *für* die Inhaftierten gewirkt, auch dann, wenn aus psychiatrischen Gründen die Zurechnungsfähigkeit eingeschränkt oder aufgehoben worden war. Die DDR wollte psychisch Kranke schnell loswerden, und die BRD wollte die Leute nicht haben. Das war das Problem.

Ob das so stimmt, oder ob das seine nachträgliche zurechtgebastelte Wahrheit ist? Der Mann weiß viel, das ist klar. Ob ich ihm trauen kann? Ich werde mir Zeit für ihn nehmen. Einen halben Notizblock habe ich vollgeschrieben. Nach dem heutigen Gespräch müßte ich ... zig Spuren folgen.

Als er mich zur Tür bringt, auf dem Flur der Station, hat er wieder die steinernen Züge angenommen. Beim Abschied erklärt er dann kategorisch, daß er vor keine Kamera geht und bitte nicht in der Zeitung erscheinen möchte. Ob er das verhindern kann? Bei seiner spannenden Biografie?

Am Abend treffe ich noch auf einen Westberliner Produzenten, K. Er ist sehr sympathisch und ganz wild auf Stasi-Geschichten. Er hat offensichtlich beste Kontakte zur Szene und würde gern mit mir arbeiten. Wie mache ich ihm nur klar, daß ich lieber allein für mich arbeiten würde?

Montag, 21. Mai 90

Ein wunderbarer Nachmittag mit einem langjährigen Freund und Verleger. Bei F. erscheinen die Tonbandprotokolle. Er redet nicht viel darüber. Natürlich ist mein Buch für ihn eines von vielen Büchern. Ich habe den Hintergedanken, über ihn einen Film zu machen. F. hat die Wende durchgestanden. F. macht sich Sorgen um seinen Verlag, ist in der traurigen Situation, ehrenwerte Mitarbeiter entlassen zu müssen. Traumatisch sei das für ihn. Doch anders ginge es nicht weiter.

Ich kenne ihn seit 1979, und er hat mich immer beeindruckt. Als wir nach einem gemeinsamen Essen doch wieder beim Stasi-Thema sind, bleibt mir fest in Erinnerung, was er sagt: Das schlimmste sei, daß man den Menschen die Kultur zerstört habe. Er muß das schon lange wissen. Doch wer hat diese Zerstörung eingeleitet und betrieben? Wer ließ die Leute nicht über den Zaun schauen, weil sie dann ihr Feindbild hätten korrigieren müssen und aufmüpfig geworden wären? Wieso haben sich dann international bekannte

Schriftsteller und bildende Künstler entwickeln können? Allein, weil sie über den Zaun sehen konnten? Ich erinnere mich an ein Gespräch, es muß mein Geburtstag 1988 gewesen sein. Ganz unterschiedliche Leute aus den verschiedensten Arbeitsbereichen mit und ohne Parteibuch kamen zu der Auffassung, daß es so mit der DDR nicht weitergehen konnte. Jeder brachte den Grund seiner Bauchschmerzen ein. Doch ich erinnere mich auch, daß es allen Anwesenden irgendwie gut ging. Mir und meiner Familie auch. War es dieser kleine Wohlstand vielleicht, der uns hinderte zu verändern? Jetzt, hinterher, jetzt, wo alles zusammengebrochen ist wie ein Kartenhaus, jetzt sind wir alle mutig und suchen nach Schuld und Schuldigen.

Morgen will Dr. Knorr zu mir nach Hause kommen. Er hat sich - so sagte er am Telefon - überlegt, mit mir ins Gespräch zu kommen.

Dienstag, 22. Mai 90

Der Doktor hat mich versetzt. In der Klinik sagt man mir, er habe schon den ganzen Tag gekränkelt und sei früher nach Hause gegangen. Immerhin hätte er anrufen können. Ob ihn jemand bearbeitet hat, sich nicht mit mir einzulassen? Was ist dran an dem Funktionieren der alten Seilschaften? Es wäre auch zu schön gewesen, wenn er mein Kronzeuge geworden wäre und mich bei der Spurensuche unterstützt hätte. Ein Kollege vom ZDF arbeitet am gleichen Thema, ob ich kooperieren wolle? Auch er hat nur vage Spuren und nichts Greifbares.

Die Zeitungen sind voll von Stasi-Untaten, und ich glaube, ich muß meine allzu moderate Haltung überprüfen. Nur, ich kann doch nicht auf Grund von Vermutungen mit spitzer Feder die Leute gegen die einst Allmächtigen aufhetzen. Kann ich nicht.

Ralph Giordanos Buch „Über die Last, ein Deutscher zu sein“ ist für mich atemberaubend. Er schildert die acht kollektiven Affekte der Deutschen im Dritten Reich. Das Ergebnis meiner Tonbandprotokolle ist insgesamt sehr ähnlich: Sie haben alles nur im besten Gewissen getan. Es waren doch alle, bis auf wenige, *dafür.* Sie haben doch nicht nur Schlechtes gemacht und und und. Liegt es in uns Deutschen, so schnell und ohne zu hinterfragen, einem Führer und dessen Idee bedingungslos zu folgen und unser eigenes Gefühl so oft dabei auszuschalten? Spätestens seit 1986 wußte ich doch auch, daß die Politik der DDR sich verändern mußte. Doch was habe ich getan? War es ein unglücklicher Umstand, daß ich Oppositionelle nicht kennenlernte? Nein. Ich habe sie nicht gesucht, weil ich keine Notwendigkeit sah. Was wollten diese Leute ändern? War nicht alles unabänderlich? Insgeheim bewunderte ich schon ihren Mut, das ist wahr. Aber ihnen hinterherlaufen mochte ich nicht. Veränderung von oben. Darauf verließ ich mich. Alle unsere Freunde und uns nahestehenden Kollegen waren unzufrieden mit der politischen Entwicklung, aber gab es schon einen dynamischen, weltzumgutenverändernden Gorbatschow, würde es auch irgendwann ein Pendant in der DDR geben, und dann würde alles anders. Dann würden die Leute endlich anders denken dürfen.

Was hätte dann eigentlich die Stasi gemacht? In meinen Begegnungen mit Stasi-Leuten erfuhr ich, daß sie auf die Wende ebenso warteten. - Aber sie waren es - und das ist der Hauptvorwurf, den ich diesen Leuten mache -, die eine Glocke der Angst über die DDR-Bevölkerung legten. Wenn sich heute jeder von der Stasi bespitzelt und bedroht fühlte, ist das Unsinn, aber die Mär über ihre Allmacht wurde nun mal aus eklatanten Beispielen geboren. Leider. Und davon gab es genug. Nur, warum machen sich heute so viele gar keinen Kopf darüber, daß sie zu den Stützen dieser Gesellschaft gehörten?

Mein Psychoanalytiker spricht von Verdrängung der eigenen Schuld. Vielleicht braucht man diese Verdrängung, um sich im neuen Leben zurechtzufinden. Den Ballast über Bord werfen. So, als sei nichts gewesen? Nein. Kann ich nicht. Ich muß noch mal mit dem Doktor reden. So einfach kommt er mir nicht davon.

Samstag, 26. Mai 90

Mein harmonisches Familienleben ist gestört. Tatsächlich habe ich schon das zweite Wochenende benutzt, um meinen Recherchen nachzugehen. Die Familie ist sauer. Versteht den Sinn meiner Arbeit nicht. Belastend scheint für sie zu sein, daß ich auch unentwegt von dieser Arbeit rede. Bernd ist dabei, die Auflösung seiner Abteilung einzuleiten. Er sieht elend aus und liegt nachts wach neben mir. - Ich schlafe auch schlecht. Der geringste Funke genügt, und er reagiert unwirsch. Seine Art, alles mit Humor zu tragen, vermisse ich immer mehr. Vielleicht verstehe ich seinen Humor auch nicht mehr, weil ich mich nur noch ernst und wichtig dünke? Wer weiß. Heute jedenfalls habe ich Prof. A. in der Klinik besucht. Er hatte Wochenenddienst. Ungestört verbrachten wir drei Stunden miteinander. Ich höre ihm wirklich gern zu. Ihm fällt immer mehr ein: Vor dem Selbstmord seines Vorgängers hat sich schon ein Chefarzt der Klinik, wo heute Dr. Knorr arbeitet, umgebracht. Dr. Knorr sei auch sein Schüler gewesen.

Gleich nachdem meine Augen über diese Enthüllung zu leuchten beginnen, dämpft er mich gleich wieder. Psychiater seien zuweilen schwierige Menschen und kämen - offensichtlich ob ihrer tiefgründigen Einsichten - mitunter schwer mit ihrem eigenen Leben zurecht. Leute, die für sich in den Tag leben, haben es sicher leichter, nur ohne tiefere Einsichten wird man immer an der Oberfläche leben. Ich wollte schon als Kind alles wissen, den Dingen auf den Grund gehen.

Prof. A. also schildert die komplizierten Verstrickungen in dieser Klinik. Sein Vorgänger, ein mir gut bekannter Professor, den ich schon 1983 interviewte, müßte mehr über die beiden Suizide wissen. Das ist ein guter Tip. Prof. Dornbusch ist heute Rentner. Vielleicht erinnert er sich noch an mich.

Prof. A. nennt noch die Schwierigkeiten mit seiner Kaderleiterin, die ihm in den letzten beiden Jahren vor der Wende übel mitgespielt habe. Jede Karte aus dem Westen habe man melden müssen. Schrecklich sei das gewesen! Reinstes Mittelalter. Doch wer kennt nicht solche Typen? Mächtig hereindirigiert habe bei allen angestrebten Veränderungen der zuständige Arzt des Stadtbezirkes. Doch Prof. A. hat keine Zeit für Rachegedanken. Er muß versuchen, im Sinne seiner Mitarbeiter das Krankenhaus „hinüberzuretten". Neue Konzepte, neue Träger, weniger Personal, weniger Betten, weniger Geld. Mit Entlassungen kann er noch nicht umgehen. Außerdem würden ihn selbst einige Leute gern gehen sehen. Eine Frau besonders schürt Feuer gegen ihn, im Verbund mit der Sozialpädagogin, mit der er partout nicht zurechtkommt. Ihm wird vor allem die Einstellung des Stasi-Arztes Knorr vorgeworfen. Wie ich ihn denn finde. Ich sage ihm, daß ich mich noch in Zurückhaltung übe. Doch ich habe Hoffnung, daß ich Zugang zu ihm und seinem Wissen finde.

Wieder steht Prof. A. unvermittelt auf und meint, daß er nun keine Zeit mehr habe. Ich zwar auch nicht, doch es ist immer so plötzlich. Als ich draußen bin, ziehe ich Bilanz: wenn ich mit meinen Ergebnissen weiter so schleppend vorankomme, wird das eine Bandwurmrecherche. Ab Montag muß ich unbedingt mein Exposé von „Herz und Robe" beginnen. Ich muß. Vor allem brauch ich Abstand zum Stasi-Thema, um das unaufhörlich meine Gedanken kreisen.

Freitag, 1. Juni 90

Es wird das erste Wochenende, auf das ich mich freue. Seit langem. Von Montag bis Freitag habe ich die ersten vier Folgen meines Exposés geschafft. Ich konnte mich wieder in meine Hauptfiguren hineinversetzen, wie sie mit sich und der Wende im vermutlich bald geeinten Deutschland zurechtkommen werden. Hoffentlich habe ich nicht zu viel spekuliert. Außerdem: Dr. Knorr hat sich gemeldet. Er sei wirklich krank gewesen. Und er habe Zeit gehabt zum Überlegen. Das Ergebnis: Er will mit mir zusammenarbeiten. Abwehrhaltung von mir: Hoffentlich ist er kein Geschickter. Blöd. Ich hatte mir vorgenommen, Mißtrauen abzubauen durch Vertrauen. Also freue ich mich über seine Zusage. Christian Z., der Arzt aus dem Flieger, möchte mich sprechen. Er würde eine Untersuchungskommission ins Leben rufen zum Mißbrauch der Psychiatrie. – Der Fall Poppe in Hochweitzschen würde Wogen schlagen. Also Termin für nächste Woche. Er hofft auch auf Neuigkeiten von mir. Darauf hoffe ich auch. Prof. Dornbusch erwartet mich und ist schon ganz neugierig. Mir muß der Ruf von Wissen vorausgehen, der mir Angst macht. Ich suche Leute auf, um von ihnen etwas zu erfahren, diese aber warten offensichtlich darauf, daß ich ihnen etwas ganz Pikantes, Reißerisches erzählen kann.

Ich habe eine Gesprächswoche vor mir.

In jüngster Zeit klingelt häufig – zuweilen sogar spätnachts – das Telefon, und nichts als ein Atmen ist zu hören. Irgendwie gespenstisch. Bernd meint, daß ich ja wissen müsse, worauf ich mich bei meinen „Ermittlungen“ eingelassen habe. Ich solle das doch lieber den zuständigen Organen überlassen. Da ist es wieder!

„Die zuständigen Organe!“ Wir werden wohl noch Jahre brauchen, bis in unserer Sprache derartige Ungetüme ausgemerzt sind. Nein, ich will aufklären, den Finger auf die brüchige Stelle legen, daß nichts vertuscht wird.

Vielleicht habe ich auch nur einen absonderlichen Verehrer?

Mein Freund Klaus war noch da mit seinem Setter namens Hanna. Ich glaube, er lebt für diesen Hund. Ist vernarrt in ihn. Sein Auto ist auf Hanna eingerichtet. In seinem Pullover ist ein Loch, gerissen von Hannas Zähnen. Selten habe ich solche Übereinstimmung zwischen Mensch und Tier wie bei ihm gesehen. Klaus ist ebenfalls mit der Aufarbeitung beschäftigt. Doch im Gegensatz zu mir von Amts wegen. Er weiß viel mehr als ich, schließlich sitzt er im Komitee für Auflösung. Ein sachlicher Mann mit Durchblick. Vor der Wende hat er auch Filme gemacht. Ich habe Vertrauen zu ihm, er tratscht nicht, mit ihm werde ich mich austauschen können.

Mittwoch, 6. Juni 90

Ich komme voran. Dr. Knorr hat sich einen freien Tag genommen, und wir sind von „Objekt zu Objekt“ gefahren, wo Politische und Spione vernommen worden sind. Allesamt Grundstücke in bester Lage. Der Doktor ist richtig zugänglich und aufgetaut gewesen. Wenn nicht immer dieser hintergründige Blick gewesen wäre, der beobachtende Röntgenblick, der mich irritiert und nicht mehr frei sprechen läßt. Ich baue mir selbst unentwegt Hürden auf. Da ist wieder das Gefühl der Wut auf die Vergangenheit: Wir lebten mit Furcht vor unsichtbaren Größen, die in den meisten Fällen sich gar nicht für uns interessierten. Uns fehlte die berühmte Gedankenfreiheit, die uns auch unter DDR-Bedingungen den aufrechten Gang hätte gehen lassen.

Wir wurden gebeugt und haben uns beugen lassen. Wie soll ich dieses Gefühl, das meinen Charakter geprägt hat, loswerden nach dreiundvierzig Lebensjahren? Schaffe ich das überhaupt?

Der Doktor also führt mich zu piekfeinen Villen am Wasser und im Grünen. Sehr gepflegt. Heute in gemeinnützigen Händen. Recht so. Er erklärt mir, daß hier Leute, die unter Spionageverdacht standen, ins Kreuzverhör genommen wurden. Man nahm sich Zeit für ein langes Gespräch. Wer MAN war, will ich wissen. Unterschiedliche Abteilungen der Spionageabwehr. Meist ein Vernehmer aus der Untersuchungsabteilung (IX), und er habe hin und wieder zugehört und seine Gedanken über die Glaubwürdigkeit bzw. Zurechnungsfähigkeit des Delinquenten gegeben.

Mich interessiert, ob man denn bei allen Andersdenkenden dachte, daß sie verrückt seien? Der Doktor überlegt. Andersdenkende seien in der Regel natürlich normal gewesen. Aber es habe, wie überall, auch Spinner gegeben. Doch ihm ging es in erster Linie darum, daß der Mensch während des Verhörs keinen Schaden nahm.

Das Gespräch ist zäh. Immer, wenn ich schärfer frage, igelt er sich ein. Er hat doch nicht etwa Angst? Immer wenn ich sanft mit ihm umgehe, plaudert er los, als sei seine Arbeit die normalste der Welt gewesen. Doch so komme ich nicht weiter. Also bluffe ich: In den Objekten wurden Andersdenkende und mögliche Spione verhört, und wenn sie nicht so recht wollten, wurden denen Psychopharmaka eingetrichtert, daß sie ihre Gedanken und Worte nicht mehr unter Kontrolle hatten und redeten. Der Doktor wird kreidebleich. Bei ihm nicht. Das könne er mit Bestimmtheit sagen. Nein und nochmals nein. Die Art der Befragung, ja, die wurde ihm zunehmend unsinniger. Je weniger er mit der politischen Entwicklung des Landes klarkam, desto mehr verstand er die Leute, die in Widerspruch gerieten zu der Gesellschaft und den geltenden Gesetzen, die sich nun wirklich nicht die Stasi ausgedacht hatte. Da hat er auch wieder recht. Es ist zum Verrücktwerden! Es muß an mir liegen, daß die von mir befragten Stasi-Leute immer sagen, sie hätten das System inklusive der Sicherheitspolitik selbst unzumutbar bescheuert und lächerlich gefunden. Weshalb recherchiere ich eigentlich?

Wir setzen uns schließlich auf eine Bank. Ich sage dem Doktor, daß wir so nicht weiterkämen. Er sagt fest: strafrechtliche Verstöße könne er sich nicht anlasten. Die Gutachten, die brauche er. Das einzige vielleicht, was er immer wieder feststellen mußte in all den Jahren, daß die Leiter immer ihre Täter brauchten. Schrecklich sei das gewesen. Natürlich, sie hätten mit Stimmanalysen gearbeitet. Eine Art Lügendetektor, allerdings ungeeignet als Beweismittel. Doch den Vernehmern hat es geholfen. Ich möchte gern so einen Vernehmer kennenlernen. Sicher seien das die Schlimmsten gewesen? Der Doktor erklärt, daß es solche und solche gegeben habe. In allen Abteilungen. Vor allem, je höher der Posten, desto anmaßender seien die Herrschaften gewesen. Doch er kann mal mit einem Vernehmer reden. Mit ihm hat er viel zu tun gehabt. Mal sehen, ob der etwas sagen will. Ich bin gleich wieder Feuer und Flamme. Warum erhoffe ich mir immer, daß ein anderer mehr wisse? Zaghaft frage ich den Doktor, ob er was von Folterungen wisse während der Vernehmungen. Sein Gesicht wird starr. Nein. Ob es überhaupt Folterungen gegeben habe? Er verneint kategorisch. Bestimmt nicht, dann wäre er schon eher ausgeschieden. Trotzdem, schränkt er ein, er könne nur für sich sprechen.

Als wir in seinem Trabi weiterfahren Richtung Kallinchen, wo es ein besonders großes Objekt gegeben habe, winkt an der Bushaltestelle ein älteres Ehepaar. Der Doktor hält an, und die beiden quetschen sich auf den Rücksitz. Es sind Italiener, die an einem See Zelturlaub verbringen. Der Doktor schweigt, während ich versuche, mich ein wenig zu verständigen. Der Doktor fährt, sein Gesicht ist regungslos. Vor der Wende, noch im Amt, hätte beim Oberstleutnant Knorr die Disziplinarabteilung erbarmungslos zugeschlagen, wenn Bürger eines NATO-Landes, eingequetscht in seiner Pappe, sich nach einer Einkaufsmöglichkeit erkundigt hätten. Mir kommt in den Sinn, daß diese Abschottung doch zur totalen Isolation geführt haben muß. Ich glaube, ich weiß jetzt, warum der Doktor manchmal so merkwürdig intensiv guckt und ernst ist: er ist unsicher. Unsicherheit mir gegenüber habe ich bei seinen anderen Kollegen oft gespürt. So mir nichts, dir nichts wurden sie entmachtet. Mit einem Kainsmal auf der Stirn müssen sie nun von vorn beginnen. Ganz von vorn, und keiner will sie. Geschieht ihnen recht, höre ich alle sagen, das ist die gerechte Strafe für die Büttel. Doch wer straft die anderen: Lehrer, Journalisten, Kombinatsdirektoren ... Mir ist das alles zu einfach. – Aber vielleicht kann ich auch nur so denken, weil ich die Büttel nie im Kreuz hatte. Bis jetzt habe ich noch keinen Täter gefunden, nur Mittäter.

Das andere Objekt ist in Motzen am See. Dort haben die hohen Offiziere der Stasi, die, auf die Dr. Knorr einen Frust hat, ihre Wochenendgrundstücke. Idyllisch gelegen, privilegiert. Wut steigt in mir auf, doch sie ist anders als die des Doktors.

Wir klingeln an dem „Objekt". Eine Familie mit zähnefletschendem Schäferhund kommt heraus. Auf einem besonders kitschigen Namensschild aus Holz, wie es Kunstgewerbeläden gern verkaufen, steht der Name der Familie. Der Mann diente der MfS-Abteilung als Hausmeister, die Frau war Köchin. Ein schönes Leben. Täter waren die beiden bestimmt nicht. Bieder und treu ergeben, hätten sie jegliches Tun ihres Dienstherrn akzeptiert. Wie viele gab es davon? Sie wissen nicht, was aus dem Objekt und was aus ihnen wird. Tja, die Zeiten. Ich frage, ob sie auch von Vernehmungen etwas gewußt haben. Nichts, die Männer da drin haben doch auch nur ihre Arbeit gemacht. Ich muß hier weg, sonst schlage ich um mich. Der Doktor beobachtet mich. Die Einfalt des Ehepaares erinnert mich an die drei Affen: nichts sehen / nichts hören / nichts sprechen.

Im Rat der Gemeinde, ich gehe allein dorthin, sitzt ein älterer Übergangsbürgermeister, der nicht weiß, was aus den ganzen Stasi-Objekten wird. Wenn ich dort filmen wolle, müsse ich mich an den und den aus der Bürgerbewegung vom Neuen Forum wenden. Als mich der Doktor zu Hause absetzt, habe ich mich an ihn und seinen Blick gewöhnt. Die Mauer ist weg. Einfach weg.

Donnerstag, 7. Juni 90

Der Amtsarzt Christian, mein Freund aus dem Flieger, hatte nur kurz Zeit. Wir gingen miteinander um, als kennten wir uns schon Jahre. Jetzt nach der Wende näherte man sich viel direkter, wartete nicht erst ab, was ein Mensch politisch dachte, er könnte ja . . .

Was Christian will: eine Untersuchungskommission für alle Berliner Krankenhäuser, die wie die Kommission in Waldheim nach ähnlichen Vergehen und Mißbräuchen forscht. Ob ich darin mitarbeiten wolle. Ich bin kein Mediziner. Wie er sich meine Funktion darin vorstelle.

Christian ist schlau: Ich hätte immerhin Drähte zu Ehemaligen. Vielleicht kann man das nutzen. Das ist einleuchtend. Doch warum bindet man Ehemalige nicht in irgendeiner Form ein? Ohne sie ist meines Erachtens eine Aufklärung nicht möglich. Ich erzähle von Dr. Knorr und einigen Spuren, die ich verfolge. Christian findet das wunderbar. Ob er mal mit dem Doktor reden könne? Ich verspreche, ihm einen Kontakt herzustellen.

Schon in der Tür frage ich nach seinen Amtsgeschäften. Christian winkt ab, sein Vorgänger (leider bin ich ihm vor der Wende auch begegnet: ein besonders widerliches Exemplar, das mit Hemdsärmligkeit jegliche Kreativität im medizinischen Bereich niederknüppelte, stets mit der SED im Rücken) dirigiere immer noch hinein. Wie das ginge? Christian erklärt mir, daß dieser durchaus noch seine Leute hier sitzen habe, die mithelfen, einen Neubeginn zu boykottieren.

Am Nachmittag bei Prof. Dornbusch. Bis 1985 leitete er das Krankenhaus in Johannstadt. Vor sieben Jahren interviewte ich ihn und stelle fest, als er mir gegenübersteht, daß er sich überhaupt nicht verändert hat. Vielleicht ist seine Gestalt ein wenig gebeugter. Groß, schlank, volles rotblondes Haar. Fast siebzig Jahre alt muß er sein und von großer Ausstrahlung. Psychiater strahlen meist Vertrauen und Herzenswärme aus. Muß wohl so sein. Waren sie deshalb für die Stasi interessant, weil man über sie „abschöpfen" konnte? Ich frage ihn danach.

Er ist entrüstet: Nein, das könne er sich nicht vorstellen. Dazu hätten sich Ärzte nie mißbrauchen lassen. Nie. Nein. Pause. Er scheint zu überlegen, ob er mir etwas erzählen soll oder nicht. Ich baue ihm eine Brücke: Waren Ärzte aus seiner Klinik bei Vernehmungen von Andersdenkenden und Spionen dabei? Prof. Dornbusch erzählt von den Verflechtungen der Krankenhäuser zu den Amtsärzten der jeweiligen Stadtbezirke. Was die für eine Rolle gespielt haben, sei ihm schon immer nebulös erschienen, natürlich auch die Suizide von Dr. S. und Prof. J. Vielleicht haben die unter Druck gestanden? Durchaus möglich. Es wurde über beide immer so etwas gemunkelt. Munkeln mag ich nicht mehr hören. Ich brauche Beweise. Die Augen des Professors beginnen plötzlich zu blitzen. Er weiß, daß ein Psychologe – der war mit Sicherheit bei der Stasi – hin und wieder einen Mann zur Behandlung gebracht habe. Wie? Ich verstehe nicht. Also, der

Patient war wirklich krank, hatte einiges hinter sich, war vermutlich lange Zeit im Ausland und hat die konspirative Arbeit nicht mehr verkraftet. Jetzt kommen wir der Sache näher. Der Patient ging nicht mit seinem Klarnamen auf die Station und wurde nur von ausgewählten Mitarbeitern betreut. Hm. Inoffizielle Mitarbeiter? Dornbusch hält es für möglich. Die Akten gingen nach Abschluß der Behandlung wieder zu dem Psychologen. Warum gerade seine Klinik diese ehrenwerte Aufgabe bekommen hatte? Dornbusch verweist wiederum auf seinen Vorgänger in den sechziger Jahren. Das begann schon viel früher und wurde übernommen. Ungefragt übernommen. Wie immer.

Ein bißchen schlauer fahre ich weg, doch unzufrieden deshalb, weil jeder Befragte auf seinen Vorgänger verweist und der auf einen anderen Kollegen, von dem er gehört habe. Mittlerweile kenne ich einen Haufen Stasi-Leute und Psychiater, die zum Thema, insgesamt gesehen, wenig gebracht haben.

Abends habe ich noch den Psychologen Gerd, den aus meinen Tonbandprotokollen, angerufen. Ich will ihn sprechen, ob er vorbeikommen kann.

Er kann und kommt sofort. Ich konfrontiere ihn mit meinem Wissen und spinne noch ein wenig hinzu. Ich habe die Erfahrung gemacht, daß ehemalige Stasi-Leute einem Sympathie und Hochachtung entgegenbringen, wenn man etwas, wovon sie glaubten, es sei perfekt abgedeckt, doch herausbekommt. Er sieht mich an wie „gute Arbeit geleistet", grinst und korrigiert ein wenig meine Ausführungen. Ja, er habe den einen oder anderen - nicht mehr als eine Handvoll Kundschafter seien es gewesen - dorthin zur Behandlung gebracht. Es sei etwas völlig Legales gewesen, schließlich habe ein kranker Kundschafter genauso das Recht auf ärztliche Behandlung wie jeder andere, bedürfe aber einer besonderen Vertrauensperson. Denn was passiert, wenn der Kranke plötzlich hochbrisante Quellen und Informationen im Krankenzimmer preisgibt? Gerd sieht mich bedeutungsvoll an. Ob jene Ärzte und Schwestern denn IM gewesen seien, will ich wissen. Gerd schüttelt den Kopf. Es waren schlichtweg Leute, die vertrauenswürdig waren. Ein ganz kleiner Personenkreis sei das gewesen. Ins Bockshorn jage ich ihn vollends, als ich wissen will, ob Prof. J. Suizid begangen habe oder ob er umgebracht worden sei. Nein. Dieser Mann sei in einer Beziehungskrise gewesen und hatte an dem Tag seines Suizides gerade den medizinischen Befund erhalten, daß er todkrank sei. – Jeder erzählt etwas anderes. Ein Filz aus Gerüchten, Halbwahrheiten und Mutmaßungen.

Ich erkläre ihm nochmal, daß ich gern wissen möchte, wie die Verflechtungen zwischen Stasi und normalem gesellschaftlichem Leben waren. War's die Stasi allein, oder haben alle kräftig mitgeholfen?

Mit Gerd komme ich nicht weiter. Er will nicht reden, er hat eine neue Arbeit, fürchtet die Medien. Ich denke, er fürchtet seine alten Kollegen.

Wenn ich wirklich aufarbeiten will, brauche ich Verbündete. Doch wie finde ich sie? Es müßten Insider sein.

Bernd rät mir auszusteigen, es brächte doch nichts, ich solle die Dinge ruhen lassen. Und nach vorn denken.

Geht das überhaupt, ohne über Vergangenheit nachzudenken?

Samstag, 9. Juni 90

Heute morgen beim Wochenendeinkauf – *die* Idee. Warum bin ich nicht eher darauf gekommen: Fünf Minuten von mir entfernt wohnt ein ehemaliger SED-Funktionär, zuständig für gesundheitspolitische Fragen. Was ich von ihm weiß, ist, daß er ein hervorragender Mediziner ist, leider nur in die politische Szene rutschte. Warum, weshalb, es wird viel darüber erzählt.

Was ich noch weiß, ist, daß ihm nach der Wende übel mitgespielt wurde. Ich kannte ihn bislang nur vom Sehen, weiß, daß er eine sympathische Frau hat. Am Samstagvormittag, mit vollen Einkaufstaschen, läute ich einfach an der Tür. Die Frau grüßt freundlich, ich stelle mich vor und falle mit der Tür ins Haus, werde sofort eingelassen und sitze alsbald dem Professor gegenüber. Ich werde seinen Namen nicht nennen, er hat genug von der Presse, aber es scheint ihn zu interessieren, was ich mache, vielleicht will er – der einst im Mittelpunkt vieler Aktivitäten stand – einfach nur mit einer neutralen Person reden. Ich erkläre mich ihm. Er ist ein Mann der kurzen Entschlüsse, wenn es mir passe, könne ich am Nachmittag kommen.

Schelte zu Hause prallt an mir ab, ich packe zur vereinbarten Zeit meine Aufzeichnungen und gehe zur Verabredung. Bereits nach wenigen Minuten weiß ich, daß der Professor der richtige Mann ist. Er ist eine faszinierende Persönlichkeit. Zwischendurch, wenn er erzählt, frage ich mich, wie dieser Mann ins Räderwerk der Partei kommen konnte. Wie er es zwischen den dümmlichen Apparatschiks ausgehalten haben mag. Wollte er die Gesundheitspolitik verbessern? War er überzeugt von der Sache? Wollte er einfach am Rad der Geschichte drehen? Er mußte doch die Vergreisung und Verdummung der Politbüromitglieder hautnah gespürt und unerträglich gefunden haben. Ich frage ihn danach und ärgere mich gleich drüber. Was erwarte ich eigentlich? Heute sind wir alle schlauer, auch ich.

Doch er steht zu seiner Arbeit.

Aber warum soll er allein die Rechnung zahlen? Nein, er will nicht denunzieren, bei weitem nicht, er will nur helfen bei der Klärung eines Sachverhaltes.

Der Skandal in der Psychiatrie ist ihm nicht verborgen geblieben, sicher, doch wo will man da ansetzen?

Die Verflechtung habe doch auf einer sehr hohen Ebene stattgefunden und setzte sich nach unten in all die kleinen Fürstentümer fort. Ich solle doch mal an Schalck denken, an seine Bindung zum MfS, an die zu Wirtschaftskapitän Mittag und zu Honecker. Richtig, Schalck, der Glücksbringer und Goldesel, heute gehaßt und bespien. Ja, die Medizin habe eng mit ihm auf kommerziellem Gebiet zu tun gehabt. Nichts ging an den Kliniken ohne ihn. Keine devisenabhängige Investition ohne ihn, aber er forderte auch seinen Tribut. Dabei habe Schalck eine besondere Vorliebe zu Medizinern gehabt, erzählt der Professor mit einem schelmischen Lachen, denn er habe nicht jeden an seinen durch mannigfaltige Sünden geschändeten Körper herangelassen. Auch heute noch ließ er nicht jeden ran.

Jetzt müssen wir beide grinsen. Der Professor erzählt noch eine ganze Menge zu Schalcks Arbeitsstil und zu seinen Geschäften. Tja. Dem Professor scheint etwas einzufallen: Er habe natürlich einen Ansprechpartner im MfS gehabt. Das war im ZK so üblich. Ja, wenn ich den zum Reden brächte, der könnte mir sicherlich mehr erzählen, falls er die Karten auf den Tisch lege.

Beglückt bin ich nicht. Ich habe keine Lust noch mehr Stasi-Leute zu mir nach Hause zu holen. Schon gar nicht solch große Tiere wie der, den mir der Professor vorschlägt. Dennoch, die Telefonnummer mit besten Empfehlungen vom Professor, so verabschiede ich mich von ihm, und er würde sich freuen, wenn ich wiederkäme.

Zu Hause werde ich weniger freundlich empfangen. Ein anonymer Anruf mit bösen Beschimpfungen hat meinen Mann erreicht. Ich solle aufhören mit meinen Schnüffeleien, wenn mir mein Leben lieb sei. Der Abend ist somit gelaufen, ich traue mich nicht aufzumucken, schleiche schuldbewußt durch die Wohnung. Keiner spricht mehr mit mir. Was eigentlich ist so verwerflich an meinem Tun, daß nicht mal mehr meine Familie zu mir hält? Ich hätte mich total verändert, sagen sie.

Dienstag, 12. Juni 90

Dr. Knorrs Fürsprache habe ich es heute zu verdanken gehabt, daß ich einen Vernehmer sprechen konnte. „Vernehmer" - ein furchterregender Begriff, wie sich vieles in der operativen Sprache der Stasi furchterregend anhört und sich bei näherer Betrachtung als lächerlich erweist. Mit ihm habe Dr. Knorr zuweilen zusammengearbeitet, dann, wenn sie vermeintliche Spione bearbeiteten. Herbert heiße er und sei arbeitslos. Als er mich anrief, überraschte mich die etwas rüpelhafte Stimme. Doch Stasi-Leute sind telefonscheu. Sie haben beste Erfahrungen und werden nun Opfer ihres Berufes.

Als es zum vereinbarten Termin klingelt, denke ich, es kommt unverhofft ein älterer Malerfreund von mir zu Besuch. Ein mittelgroßer, kräftiger, rotblonder Wuschelkopf mit gleichfarbigem Wallebart und Intellektuellenbrille, in Turnschuhen, Seemannsnicki und Jeans steht im Garten. Er muß mir meine Verwirrung ansehen und sagt, daß er Herbert sei. Aha. Er erklärt seinen Bart; den habe er sich während seiner Dienstzeit nie wachsen lassen dürfen. Er erfüllt sich damit offensichtlich einen Jungmännertraum. Ich bin ihm gegenüber befangener als sonst, versuche mir vorzustellen, wie er wohl im Anzug ausgesehen haben mag, hinter seinem Schreibtisch, ein armes Würstchen vor sich, das er ausquetschen konnte. Der harmlose Eindruck verwischt sich ein wenig, und ich konzentriere mich auf meine Fragen. Er lacht sofort. Eine groteske Situation sei das, früher habe er die Leute gefragt, jetzt sei es umgekehrt. Ich reagiere spitz: er fühlt sich doch nicht etwa als Opfer? Keineswegs. Bescheuert seien sie gewesen. Stillgehalten bis zuletzt, obwohl sie es lange gewußt hatten, daß die DDR kaputt war und sie die Prügelknaben sein würden. Zum Verrücktwerden sei das. Finde ich auch. Trotzdem. Warum hat er mitgemacht? Nach seinem Rechtsverständnis - und dazu stehe er - habe er kein Unrecht begangen. Dem Straftatbestand nach habe er immer nur wirkliche Spione zur Vernehmung gehabt. Bestimmt. Ich merke schon, auch ihm ist nicht beizukommen. Aber moralische Schuld gilt es nachzuweisen. Also muß ich präziser danach fragen.

Tatsächlich, moralisch sieht er schon seine Schuld ein, doch er habe sich da vor allem vorzuwerfen, daß er nicht früher ausgestiegen sei, wegen der Scheu vor Konsequenzen et cetera. Im Gegenteil, er habe sich um humane Vernehmungsmethoden bemüht, von seinen Vorgesetzten (Major sei er gewesen) habe er sich oft wegen seiner allzu menschlichen Vernehmerrolle Rügen eingehandelt. Mit einem tiefgründigen Augenaufschlag und einer zarten Gesichtsröte erzählt er mir, daß er vor allem bei Frauen immer ganz sanft gewesen sei. Ich glaub's ihm. Doch mein Recherchenziel rückt schon wieder in weite Ferne. Ich bitte ihn, mir zu erklären, wer denn nun überhaupt zu belangen sei oder wer „die Leiter" sind. Wen kann ich greifen?

Herbert erklärt mir, daß ab Abteilungsleiter aufwärts diejenigen gesessen hätten, die zu Menschenrechtsverletzungen angestiftet haben, diejenigen, die sich bereichert haben, diejenigen, die verhindert haben, daß ein frischer Wind im Ministerium wehte. Ich will nicht, daß er schon wieder pauschal seine Chefs verurteilt, und frage ihn nach Differenzierung. Ausnahmen habe es auch gegeben. Aber die Leute seien es gewesen, die es in der Hand gehabt hätten, eine Veränderung von oben herbeizuführen. Also gut. Wir reden noch ein bißchen über die politische Entwicklung. Er findet, wie fast alle seiner Zunft, das „Bündnis 90“ am besten und bedauert, daß die DDR-Bürger deren Mut und Leistung nicht durch entsprechend hohes Stimmenvotum belohnten. Die einst Andersdenkenden werden von ihren Verfolgern bewundert. Ist das alles schizophren!

Also ab Abteilungsleiter aufwärts soll ich suchen. Das seien die Hauptwisser. Einen, den vom Professor benannten, habe ich soeben angerufen, nicht ohne innere Spannung. Er war sofort am Telefon, als habe er in Bereitschaft daneben gesessen. Die Stimme ist die eines Immer-noch-im-Dienst-Generals. So stelle ich mir einen Holzkopf vor, der seine Untergebenen geschurigelt hat. Er ist alles andere als freundlich, ich dagegen um so mehr. Schließlich will ich etwas von ihm. Er scheint darauf hereinzufallen, vielleicht hat er einfach nur Langeweile, und sagt dem Treffen zu. Er diktiert den Termin. Der Professor hat zwar gesagt, daß der Raupenschlepper nett sei. Ich kann nichts davon feststellen.

Bei der alltäglichen Zeitungslektüre habe ich heute abend noch erfahren können, daß Michael aus der Charité in der Waldheimer Untersuchungskommission langsam zu Ergebnissen kommt. Die Berliner Kommission dagegen beginnt nur zögerlich. Ich habe gar keine Zeit mitzumachen, will aber zuarbeiten, sofern ich konkrete Hinweise habe. Möglicherweise werden mich die Printmedien überrollen, und ich bleibe in den Recherchen hängen.

Bernd rief mich dazwischen aus dem Nebenzimmer. Soeben ging eine spektakuläre Meldung über den Bildschirm: Die DDR hat einstigen RAF-Terroristen Unterschlupf gewährt. Die erste – Susanne Albrecht – sei aufgespürt. Es ist nicht zu fassen! Die Stasi. Was wird noch alles ans Tagelicht gebracht? Diestel habe die Sache aufgedeckt. Damit hat sich der Innenminister seine jüngst so hoffnungsvoll begonnene Karriere, die von vielen angefochten, umstritten, geneidet und bezweifelt wurde, sicher um Monate verlängert. Mein Argwohn gegen ihn bleibt.

Donnerstag, 14. Juni 90

Ich weiß nicht, ob ich lachen oder heulen soll.

Heute war der große Tag. Der vom Professor vermittelte wichtige Mann war da. Ich soll ihn bei eventuellen Aufzeichnungen Bernhard nennen.

Das erste Bemerkenswerte an ihm war, daß er im Verhältnis zu seinen Kollegen, die auf die Minute genau kamen, eine viertel Stunde später erschien. Leiterprivileg. Und wie er kam! Ein Anfangfünfziger im hellblauen Jeansanzug mit Handgelenktäschchen, seinen Körper mit großen Schritten vorwärtsschiebend. Er hat eine merkwürdige Art zu laufen, als klebe er mit den Schuhen am Boden fest.

Er steht vor mir. Seine Haare blond und korrekt gescheitelt. Die Hand ist groß, fast prankenhaft. Er streckt sie mir entgegen. Ich bleibe kühl, bitte ihn ins Haus. Seine Stimme ist wie am Telefon: hart, eckig, unverbindlich. Er nimmt Platz, sieht sich taxierend im Zimmer um und sagt, er habe den Professor gefragt, ob er mit mir reden könne. Plump ist er auch noch. Ich hatte zwar keinen Vertrauensvorschuß erwartet, doch dieser Mann ist noch ganz und gar in seinem Geheimdienst. So selbstsicher, wie er dasitzt, verstehe ich die bisherigen Mitarbeiter durchaus, die auf ihre Leiter verwiesen, wenn es um Schuld ging. Mir ist kalt. Den Faden für das Gespräch habe ich verloren. Ich frage, wie es ihm geht. Normal, sagt er. Man müsse sich abfinden. Ich frage, ob er auch nachdenke. Natürlich. Nachts liege er wach. Könne nicht schlafen, suche nach Fehlern. Ich lasse ihn reden und versuche, an ihn ranzukommen. Doch ich beobachte ihn, um vor allem etwas Negatives an ihm zu finden. Das ist nicht gut. Ich ermahne mich innerlich zur Objektivität. Gleiches Recht für alle. Seine Stimme hat ein bißchen den Holzhackerton verloren. Er schildert, wie er zum Ministerium kam: Achtzehn Jahre war er gerade. Der Vater war Polizist, die Mutter Hausfrau. Er kommt aus Thüringen. Er erfüllt für mich die Klischeevorstellung vom Stasi-Offizier: glatt, selbstbewußt, distanziert, kalt.

Was ich eigentlich von ihm wolle, fragt er mich unvermittelt. Vor Schreck habe ich es vergessen. Um Zeit zu gewinnen, nehme ich meine Klemmappe und blättere wichtigtuerisch darin. Dann frage ich ihn, was er zu den Vorwürfen gegen die Mediziner, speziell gegen die Psychiater, zu sagen habe. Nichts, natürlich. Alles Nonsens. Hirngespinste, weil man die Sündenböcke suche. Ich versuche es jetzt auf die sanfte Tour, rasple Süßholz und hülle mich in die Aura einer Allwissenden, mache es spannend und werfe ihm ein paar Namen und Fakten von Verhören Andersdenkender und solche von Spionen an den Kopf.

Es scheint ihm ein Stein vom Herzen zu fallen. Da suche ich aber bei dem Falschen. Das habe die 2 (Spionageabwehr) bearbeitet, und die Vernehmungen habe die IX gemacht. Weiß ich doch alles.

Er nun von der XX (der politisch-ideologischen Diversion) müsse doch den Befehl zum Verhör Andersdenkender gegeben haben, und er speziell müsse doch wissen, welche Mediziner außerhalb des MfS für die Stasi gearbeitet haben. Inzwischen hat er seine große, unmoderne Brille aufgesetzt. Die Gläser sind ziemlich stark, vermutlich hat er mich bislang nur schemenhaft gesehen. Mit dieser Brille verändert sich der Eindruck, den ich von ihm habe. Jetzt wirkt er lächerlich. Ich bitte ihn, die Brille abzusetzen, sie würde mich irritieren, weil ich ihm nicht in die Augen sehen könne. Das bringt ihn wieder total durcheinander, und er setzt sie ab, strahlt mich jetzt an. Die Situation ist total verfahren. Am liebsten möchte ich abbrechen. Ich bin dem Gespräch nicht gewachsen.

Was dachte ich eigentlich? Es kommt endlich ein Täter und legt ein Geständnis ab?

Ob er nicht finde, daß er pausenlos gegen Menschenrechte verstoßen habe. Ich frage ihn unerwartet scharf. Er lehnt sich zurück, entspannt sein Gesicht und wird ein ganz anderer. Larmoyant. Elend fühle er sich, daß er in seinem Alter nicht den Durchblick gehabt habe, um die Fehler früh genug zu erkennen. Fünfunddreißig Jahre seines Lebens habe er dem Ministerium geopfert. Nur gearbeitet! Ich werfe ein, daß er verflucht gut gelebt habe. Schließlich hatte er Privilegien, und nicht zu knapp. Für welchen Preis, fragt er sich selbst, heute, wo er ein verpfuschtes Leben habe und nicht wisse, ob er jemals wieder eine Arbeit finden würde. Er hat vor allem Mitleid mit sich selbst, und das ärgert mich. Ich bitte ihn, doch wenigstens jetzt, wo das Kind in den Brunnen gefallen ist, mir zu helfen, die Wahrheit zu finden, der vielgepriesenen Aufarbeitung wegen.

Ob ich meine, daß er Quellen aufdecken solle? Ich nicke, und er setzt wieder die abscheuliche Brille auf und fragt nur, ob ich wisse, was wir da für ein Spielchen miteinander trieben. Miteinander schon gar nicht, denke ich mir und sage ihm, daß er sich vielleicht einmal meine Überlegungen anhören, sie bestätigen oder dementieren solle. Wenn er mitsamt seinen IM-Medizinern eine reine Weste habe, habe er ja auch nichts zu befürchten.

Er blickt mich durch die dicke Brille eulenhaft an und hört mir zu.

Ob mit Hilfe von Ärzten aus Krankenhäusern, vor allem psychiatrischen Kliniken, Patienten, Spione, Andersdenkende, Leute, die im Konflikt zum Staat standen, bearbeitet wurden, das heißt, ob ihnen Psychopharmaka mit persönlichkeitsverändernden Stoffen verabreicht wurden. Ob sie stillgehalten wurden et cetera. Nicht daß er wüßte. Punkt. Ich frage ihn, was er eigentlich gemacht hat in den fünfunddreißig Jahren.

Er habe vor allem, was den medizinischen Bereich betrifft, Informationen zur katastrophalen Lage im Gesundheitswesen erarbeiten lassen, um auf das ZK einzuwirken, damit Veränderungen herbeigeführt würden. Ich sage ihm, daß er sicher, wie viele seiner Kollegen, für den Papierkorb gearbeitet hat. Das bestätigt er. Aber hin und wieder sei schon was rausgekommen. Man habe Schalck notwendige, devisenfressende Apparaturen ertrutzt. Schalck - schon wieder dieser Name. Ob er mit ihm zu tun hatte. Bernhard verneint. Schalck sei allein dem Minister und Mittag unterstellt gewesen.

Außerdem habe er ja nicht nur die Medizin bearbeitet. Ich weiß das. Er habe Spione in der Regierung, im Ministerrat gejagt. Die hatten ja nun am wenigsten Grund, gegen ihr Schlaraffenland zu spionieren. Diese Leute hatten doch nichts auszustehen. Da sei ich aber mächtig auf dem Holzweg, läßt er sich aus der Reserve locken. Doch weiter geht er nicht. Das war's dann. Immer dann, wenn ich denke, ich erfahre etwas von ihm, fällt eine Jalousie. Er meint, daß ich mich da einer wichtigen Aufgabe gestellt habe. Doch ich solle nicht zu viel von ihm erwarten. Es folgen noch ein paar Sätze, im operativen Sprachstil, ich habe ihren Inhalt vergessen. Er erhebt sich und bietet mir an, wiederzukommen, wenn ich noch Fragen habe. Damit hatte ich nun gar nicht gerechnet. Ich bringe ihn zur Tür und bin froh, daß er weg ist.

Mittwoch, 20. Juni 90

Heute ist mir richtig bewußt geworden, daß ich nur noch vorübergehend in der DDR lebe. In vierzehn Tagen ist unsere Währung nichts mehr wert. Wie so vieles nicht mehr. Die Menschen haben sich schon daran gewöhnt, befinden sich in einer ungeheuren Aufbruchstimmung. Ich auch. Augenscheinlich ist, daß man heute ganz offen sein Begehren nach Devisen zeigen kann, nicht klammheimlich etwas tauscht. Heute macht man sich nicht mehr strafbar. Der Druck, in eine strafbare Handlung zu schlittern, ist weg. Verstoß gegen das Devisengesetz gibt es nur noch auf dem Papier. Devisenmanipulation wird zwar noch geahndet, doch keiner guckt mehr hin. Das Geld, das einem den Weg zum Land der unbegrenzten Möglichkeiten öffnete, dem Intershop, wird ab 1. Juli in mehr oder weniger großen Mengen unsere Brieftaschen füllen. Jetzt sind wir wer, jetzt können wir uns jeden Wunsch erfüllen. Sofern wir genug davon haben.

Vor den Wechselstuben am Bahnhof Zoo versucht mich jemand beim Wechseln von DDR-Mark in Westmark aufzuhalten. Es ist ein Pole, der gern dieses Geschäft machen will, in aller Öffentlichkeit. Ich schlage das Geschäft aus. Der Pole beschimpft mich und geht. Hinterher frage ich mich, warum ich ihm den Gefallen nicht getan habe. Ich habe noch immer Angst vor Illegalem. Angst vor Ärger mit den Behörden oder Organen. Ich könnte ja beobachtet werden. Das ist es. Wann werde ich es lernen, nicht mehr ängstlich und angepaßt zu reagieren. Das Problem erzähle ich am Nachmittag einem Professor der Charité, der mir etwas über Mißbrauch von Psychopharmaka erzählen soll. Bei Niederschriften soll ich ihn Professor Schönrock nennen. Am Telefon erklärte er mir, daß er Spätdienst habe und Zeit genug für mich. Ich solle durch die Männerstation der Nervenklinik gehen und nach ihm fragen.

Auf der Männerstation werde ich von einer Gruppe sichtbar kranker Männer begrüßt. Jeder will mir die Hand geben. Einer verwechselt mich offenbar mit seiner Liebsten. Eine Schwester befreit mich aus der peinlichen Situation. Der Professor muß die Szene beobachtet haben und kommt kichernd auf mich zu.

Prof. Schönrock ist mittelgroß. Die Ärmel seines weißen Kittels sind zu lang, so daß ich nur seine

Finger sehen kann. Ich bin unsicher und belustigt zugleich. Bevor wir zum Sitzen kommen, zeigt er mir stolz einige Gemälde und einen alten Schrank; und er erzählt Geschichten dazu. Er bemerkt meine Verunsicherung und scheint sich daran zu weiden. Ich habe den Eindruck, Patientin bei ihm zu sein. Ganz abrupt wechselt er das Thema, fragt, was ich eigentlich wolle. Ich erkläre mich, will wissen, ob in dieser Klinik Patienten mit Psychopharmaka gegen ihren Willen behandelt worden sind und auf Geheiß der Staatssicherheit. Schönrock erzählt mir seine Biografie, und das auch noch weit ausholend. Als er schließlich bei seinem Onkel anlangt, versuche ich zu unterbrechen. Er erzählt unbeirrt weiter. Das Telefon klingelt, und er muß auf die Unfallstation. Sorry. Bis bald. Schnell legt er mir einen dicken Wälzer über Psychopharmaka hin. Ich solle mal ein bißchen drin lesen. Raus ist er.

Nach einer mir schier endlos erscheinenden Stunde steht er strahlend in der Tür. Ob ich denn gar keinen Whisky wolle. Sehe ich denn wie ein Alkoholiker aus? Er lacht und fragt, was ich doch gleich noch mal wolle. Alles in einem freundlichen, liebenswerten Ton. Ich frage ihn jetzt direkter danach, ob er in seiner Funktion von der Stasi tangiert wurde. Er erzählt mir, wie schrecklich diese ganzen Verdächtigungen seien. Hier an der Klinik würden Gerüchte über ihn gestreut, weil er häufig gereist sei. Neid, nichts als Neid würden die Kollegen unverhohlen zeigen. Jeder versuche, den anderen zu belasten. Schrecklich sei das. Als er meine Unruhe bemerkt, sagt er dann, daß er Berührung mit der Stasi hatte, die aber ganz offiziell funktionierte: Nämlich Dr. Knorr aus dem Haftkrankenhaus der Stasi habe bei ihm ganz einfache Laboruntersuchungen machen lassen. Ich horche auf. Das könnte etwas Greifbares sein. Doch meine Freude ist kurz. Er erklärt mir, daß das völlig gegenstandslos gewesen sei, sie hätten ein teures Neurobiologisches Labor, das wurde von vielen genutzt. Was ist dabei? Ich weiß es nicht. Ja, und dann – so erzählt er – haben sie natürlich Medikamente, Psychopharmaka, für bedeutende westliche Konzerne getestet. Wieder horche ich auf. Warum gerade sie? Prof. Schönrock amüsiert meine Unbedarftheit. Die Charité benötigte Devisen, und von den Testreihen blieben 50 % für den Klinikbedarf hängen. Das Geschäft hatte Schalck eingefädelt. Schon wieder dieser Mann. Drahtzieher offensichtlich aller ominösen Geschäfte. Was war nun ominös daran? Schönrock zuckt die Schultern. Wenn sie es nicht getestet hätten, dann hätten andere das Geschäft weggeschnappt. Ich will wissen, warum westdeutsche Firmen und die anderer westeuropäischer Länder die DDR für solche Testreihen nutzten. Schönrock grinst mich unsicher an. Weil sie's hier ein bißchen billiger gekriegt haben. Logo. Marktwirtschaft. Mittendrin fragt er, warum ich so nervös sei. Ich sage ihm, daß er mich nervös mache. Damit habe ich ihm eine sichtliche Freude bereitet. Am liebsten würde ich gehen. Doch er erzählt mir ungefragt von seiner Frau, seinem Sohn und seinem Hund. Dann von seiner Sekretärin, die ihn sehr mag. Ich habe Kopfschmerzen. Er erzählt von Kollegen und Konkurrenten, von Untersuchungskommissionen und Verleumdungen. Ich möchte wissen, welche Medikamente getestet wurden. Er nennt sie mir, schreibt mir die komplizierten Namen auf. Ich kenne keines davon. Mich interessiert, ob Patienten nach den Versuchen Schaden genommen hätten. Er schüttelt den Kopf. Er könne sich an keinen Fall erinnern. Das würde bei Tierversuchen und im Labor zuvor schon ausgeschlossen. Zaghaft frage ich ihn, was denn für die Ärzte dabei herausgesprungen sei. Nichts. Der Klinik sei es zugute gekommen.

Fünf Stunden währt das Gespräch. Was habe ich eigentlich herausgefunden? Immer wenn ich eine Schlagzeile ahne, erweist sie sich nach Erläuterung der Hintergründe und Zusammenhänge als unhaltbar. Ich fische im trüben. Das immer maroder werdende

System brauchte Geld, um sein Sterben in die Länge zu ziehen. Ein pfiffiger, mit allen Wassern gewaschener Mann, Schalck, verlängert den Sterbeprozeß mit immer neu sprudelnden Quellen. Wem nützte er damit? Sich selbst? Den Politbürogreisen? Dem System? Den Menschen doch am allerwenigsten. Das, was sich gegenwärtig vollzieht, hätte doch schon längst vollzogen sein können. Ich verstehe das alles nicht.

Kurz vor Mitternacht entläßt mich Schönrock in die laue Sommernacht. Mir ist schwindlig. Vielleicht sieht man sich wieder? Er winkt mir nach wie einer guten alten Bekannten.

Donnerstag, 21. Juni 90

Das erste Gespräch mit Dr. L. aus dem Krankenhaus Johannstadt. Er wurde mir von Prof. A., von Christian Z., von Michael als absolut integrer Mann wärmstens empfohlen. Ein guter Ausgangspunkt für ein erstes Gespräch. Dr. L. leitet die Berliner Untersuchungskommission. Durch die Empfehlungen fällt das gegenseitige Taxieren weg, man kann gleich zum Thema kommen. In der Kommission sind nur Mediziner und Psychologen. Ich möchte aber, daß meine Erkenntnisse nicht in die Presse gehen, denn ich will ein Tagebuch schreiben und eventuell einen Film drehen, sobald der Stoff dicht genug ist. Dr. L. versteht das. Wir legen gegenseitig auf den Tisch, was wir wissen. Es ist nicht viel. Unsere Verbindung hat einen Vorteil: er „ermittelt“ offen, ich verdeckt. Ich versuche, über ehemalige Stasi-Leute der Aufarbeitung nützende Dinge zu erfahren. Wir haben eine Menge Namen von Ärzten, die uns von mehreren Seiten genannt sind, doch wir haben keine Beweise. Die stehen allein in den Akten. Und die sind unter Verschluß, und das nicht mal mehr vollständig. Dr. L. berichtet noch von Michael, der in Waldheim auf schlimme Dinge gestoßen ist. Doch man sei noch mitten in der Arbeit. Ich erzähle Dr. L. von meinem Gespräch mit Schönrock. Er kennt ihn und weiß, daß er ein Kauz ist. Medikamentenversuche wurden in anderen Kliniken auch gemacht. Das sei normal. Sofern er das beurteilen könne. Aber er kann nur für sich sprechen. Und natürlich, daß man 50 % und manchmal noch mehr an Schalck oder auf eines der Bonzenkonten habe abführen müssen. Obwohl der mittelalterliche Zustand der Krankenhäuser das Geld bitter nötig gehabt hätte.

Überhaupt: Sollten wir nicht bei Schalck ansetzen? Der Doktor nickt. Doch wie käme man da heran? Ich verwerfe den Gedanken. Da sind längst andere Kollegen dran. Wir versprechen, uns auf dem laufenden zu halten, doch jetzt ist erstmal Urlaubszeit. Im September geht's weiter.

Auf dem Rückweg schaue ich noch bei Dr. Knorr auf der Nachbarstation herein. Er freut sich. Es gibt wieder Krümelkaffee. Eine Hamburger Reporterin will ihn sprechen. Was ich ihm rate? Ich sage ihm, daß das seine Sache sei, er möge aber bitte nicht über unser mögliches Thema sprechen, sonst würde ich arbeitslos. Er sei es ohnehin bald. Den Druck, den eine Ärztin hier auf ihn ausübe, hielte er psychisch nicht mehr aus. Ein Aussätziger sei er für manche. Wenn er nur seine Gutachten bekäme. Doch er habe mit einem Rechtsanwalt gesprochen, mit Christian Z., mit einem Mann des Bürgerkomitees. Nichts. Absolut nichts zu machen. Vielleicht später, wenn es Gesetze zum Umgang mit den Akten gäbe. Seine Augen blicken abwesend. Alles habe sowieso keinen Sinn mehr, er habe manchmal keine Lust weiterzuleben.

Erschrocken über dieses Bekenntnis, versuche ich, ihn mit tröstenden Worten aufzurichten. Als ich im Park bin, überdenke ich das Ganze. Grotesk ist das: Ich bin zu Dr. Knorrs Vertrauten geworden. Ich tröste ihn, will nicht, daß er sich was antut. Was mache ich eigentlich. Ich bin innerlich total konfus.

Zu Hause liegt der Andruck meines Buches „Staat im Staate". Ich lese Korrektur und habe plötzlich Angst vor der Veröffentlichung: Psychogramme von ehemaligen Stasi-Offizieren. Alle haben von nichts gewußt, haben das Beste gewollt und verstehen nicht, weshalb sie heute die Schuldigen sind. Die Summe dieser Einsichten und Bekenntnisse scheinen mir interessant. Anpassung um jeden Preis, ihre demutsvolle Unterwerfung unter eine Sache, an die schon keiner mehr glaubte, die längst überholt und schal war. Doch die alle, bis auf wenige, mitgetragen haben. An uns Deutschen muß es liegen. Die Polen sind viel aufmüpfiger gewesen, schon vor zehn Jahren haben sie sich zur Wehr gesetzt, allerdings, besser ging es ihnen nicht dadurch. Höchstens ihrem Selbstbewußtsein.

Was kann man tun, überlege ich unentwegt, daß man nicht schon wieder in die nächste Anpassung schlittert? Ich zum Beispiel werde lernen müssen, öfters nein zu sagen und vor allem meine Sanftmut abzustellen. Habe ich nicht schon wieder zu zaghaft gefragt, war ich nicht schon wieder zu verständnisvoll bei meinen Tonbandprotokollen? Das Vorwort habe ich auch nicht geändert. Aber ich hatte doch gar nicht das Recht, über Leute herzufallen, von denen ich nicht wußte, ob sie außer der Zugehörigkeit zum Apparat irgendwas auf dem Kerbholz hatten. So denke ich zumindest. Außerdem wären sie im Winter 1990, unmittelbar nach dem Sturm auf das MfS, Angst und Schrecken noch in den Knochen, gar nicht bereit gewesen auszusagen.

Morgen legt mir der Hersteller den Einband vor, den er sich für das Taschenbuch ausgedacht hat.

Freitag, 22. Juni 90

Im Aufbau-Verlag liegen zwei Entwürfe zum Einband „Staat im Staate" vor. Einer, der die Macht mit der Mauer stürzen sieht, der andere, mit dem ich zunächst nichts anzufangen weiß. Ähnlich einer Karikatur, sind ein großes Auge, zwei riesige Ohren und ein viereckiger Mund mit spitzen, scharfen Zähnen miteinander kombiniert. Darüber ist ein Hut gestülpt. Ich weiß nicht recht. In der Runde hat man sich für die Karikatur entschieden. Vermutlich sind die Kollegen schon viel weiter in ihren Auffassungen über die Stasi. Sie haben recht, heute betrachtet, war der „Apparat“ nicht nur gefährlich, er war auch lächerlich. So, wie ich mich immerzu fragte, warum man Angst hatte vor diesen ganz stinknormalen DDR-Bürgern, die bei mir aussagten.

Als ich draußen bin, kommen mir schon wieder Zweifel: Die zahlreichen Opfer werden den Apparat aber ganz und gar nicht lächerlich finden. Verhöhne ich nicht auch die Opfer damit? Ist meine durch Einsicht gewonnene Erkenntnis über das „Organ“ Grund für mein Verständnis und meine Milde? Sind es nicht doch alles Täter? Nein. Alle nicht. Höchstens Mittäter und Stützen der Gesellschaft, wie ich es als Journalistin ebenso war. Dennoch! Die Stasi-Mitarbeiter wußten, wem sie dienten. Sie haben alle ihre Arbeit gern gemacht, weil sie ihnen wichtig erschien. Wer hat sie ihnen wichtig erscheinen lassen? Wer hat das Ganze so aufgeblasen? Einige von ihnen erzählten mir, wie stolz sie waren, als ihr Staatsoberhaupt Honecker mit Pomp 1988 in der Bundesrepublik empfangen wurde. Das hat sie doch motiviert. Wieso eigentlich? Mir erschien das verlogen. Paßte das zu unserem eingetrichterten Feindbild, zur Mauer, zu den Ausreiseanträgen, zur Zensur? Sicher nicht. Zwei Monate nach dem spektakulären Staatsbesuch wird der „Sputnik“ verboten. Da hätte es doch reichen müssen! Ich drehe mich im Kreis. Die Recherche nimmt kein Ende.

Vielleicht hilft Urlaub.

Sonntag, 1. Juli 90

Für viele wird das ein Feiertag. Währungsumstellung. Eine Epoche geht zu Ende. Die Deutschen sind nicht mehr in zwei Klassen geteilt. Zumindest nicht mehr nach ihrer Währung. Ab morgen können wir alle richtig draufloskaufen. Nach Herzenslust. Mal sehen, wie lange das Konsum-Fieber anhalten wird. Eines ist mir jetzt schon klar: das Geld hat einen anderen Wert bekommen. Hoffentlich halten wir Noch-DDR-Bürger die Belastungsprobe aus und erinnern uns auch anderer Werte.

Meine Recherchen sind im Augenblick so aufwendig, daß ich es abends nicht mal mehr schaffe, sie alle aufzuschreiben und festzuhalten. Was gab es Spektakuläres?

Fünf längere Gespräche hatte ich mit Ärzten und Stasi-Leuten, die mir hätten weiterhelfen können. Wollen sie nichts wissen, oder wissen sie wirklich nichts? Wer weiß dann etwas? Ich frage und frage, laufe von einem zum anderen. Wenig neue Erkenntnisse. Drei neue Hinweise auf Schalck allerdings. Am spannendsten war das Gespräch mit Martin. Er kombiniert absolut logisch und gibt Gespräche in wörtlicher Rede wieder. So, daß ich sie wirklich nacherleben kann. Vermutungen, Verdächtigungen, an allem könnte etwas dran sein. Eines ist klar: Die Stasi hat hineindirigiert, zum Beispiel dann, wenn landesweit ein Feiertag war, Gäste erwartet wurden. Eine verhaltensgestörte oder verrückte Person, die psychische Defekte aufwies, wurde dann schon mal über die Feiertage oder Festtage in die Klinik eingewiesen. Da muß es ein stillschweigendes Abkommen gegeben haben. Wer waren da die Aufnahmeärzte? Wer erhielt von wem den Auftrag, Paul X oder Marta Y vorübergehend auf Station zu legen, damit sie nicht während der Rede des kleinstädtischen Großfürsten plötzlich laut „Heil Hitler" schrien? Wie war das Zusammenspiel? Ich muß

General Bernhard nochmal holen. Darüber muß er doch Bescheid wissen.

Martin meint auch, daß ich diesen Kontakt ausbauen sollte. Das wäre die Quelle! Der macht mir Spaß. Martin und Dr. L. wollen Dr. Knorr befragen, ganz offiziell. Martin hat inzwischen ihm gegenüber auch keine Berührungsängste mehr. Dabei ist Martin seit 1983 in der Friedensdekade in Pankow engagiert gewesen. Er müßte eigentlich größeren Frust auf das MfS haben. Doch Martin ist durch und durch Christenmensch. Er hätte ebensogern wie ich die Verantwortlichen auf der Anklagebank.

Am Abend habe ich Bernhard nochmal angerufen. Wieder schien er neben dem Telefon zu sitzen, wieder dieser Befehlston. Als er mich hört, wird er softiger. Ja, natürlich würde er gern kommen. Ob es was Neues gäbe? Was denkt sich dieser Mann? Glaubt er, daß man ihm noch alles sagt, jetzt, wo man nicht mehr muß und weiß, daß er bestimmt zu jenen gehört, die vertuschen wollen. Für wie blöd hält er mich eigentlich?

Doch ich will etwas von ihm und dünke mich wissend. Er sagt zu. Gern komme er und freue sich schon drauf. Mir bleibt die Spucke weg, und ich lege auf.

Dienstag, 10. Juli 90

Bernhard war da. Ob ich ihm trauen kann, weiß ich nicht. Ein Mann, der fünfunddreißig Jahre lang in diesem Ministerium an seiner Karriere bastelte und noch zu weitaus Höherem berufen war, wird doch seine Überzeugung nicht einfach über Bord werfen. Bei ihm kann ich noch nicht mal einschätzen, ob er zu den intelligenten Chefs gehörte. Im Ansatz schon, denke ich, wenn nicht dieser Provinzialismus gerade bei ihm so dominant wäre.

Geld muß er nach seiner Dienststellung ausreichend gehabt haben. Heute trug er ein Sakko, das farblich völlig neben der Hose lag. Das Handgelenktäschchen hatte er durch einen Damen-Attaché-Koffer ausgetauscht mit aufgedruckter DFD-Werbung. Was haben diese Leute mit ihrem vielen Geld gemacht? An welchem Geschmack haben sie sich orientiert? Doch vielleicht hat Bernhard einfach keinen. Seinen Dienstton hat er abgelegt, er zeigt sich kooperativer. Umständlich erklärt er mir, daß er seinen Beitrag zur Aufarbeitung leisten will. Die Gelegenheit scheint günstig, und ich schlage ihm vor, daß er Quellen nicht zu nennen brauche, das würde ich nicht wollen. Nur, daß er mir bei meinen Vermutungen sagt, ob ich auf dem Holzweg sei oder richtig liege. Bernhard meint, das komme auf dasselbe raus. Ich beginne mit dem Frage-Antwort-Spiel. Er macht mit, und ich glaube, daß er mich dabei auch nicht in die Irre geführt hat. In seiner Holzköpfigkeit ist er auch irgendwie geradlinig. Verstellung halte ich für ausgeschlossen. Zu den raffinierten Typen gehört er nicht, eher zu den plump-vertraulichen.

Wider Erwarten reagiert er auf ganz wenige der von mir genannten Namen zögernd und auch nicht mit einem klaren Ja. Zustimmung bedeutet bei ihm ein Kopfwiegen, verbunden mit einem angedeuteten Grinsen. Als wir die Liste durch sind, erklärt er, daß aber all jene Mediziner freiwillig bereit gewesen seien, mit ihnen zusammenzuarbeiten. Und daß die Motivation der wenigsten die Bespitzelung von Kollegen zur Folge gehabt habe. Vor allem stand im Vordergrund die Verbesserung des maroden Gesundheitswesens. Viele versprachen sich vom MfS eine Kraft, die verändern könnte. Und – Bernhard wird munter – sie hätten auch versucht, Einfluß zu nehmen auf die Partei. Kenne ich alles, hört sich vernünftig und einleuchtend an. Doch ich verdränge positive Argumente, es paßt nicht in mein Konzept. Außerdem, was gibt es nicht alles für Gründe, den Stasi-Leuten zu mißtrauen? Was er von RAF-Leuten zum Beispiel wußte?

Totale Entrüstung. Bernhard schnappt fast nach Luft. Das sei für ihn genauso unvorstellbar gewesen wie für mich. Hm. Bernhard hat einen Zwang, sich zu erklären: Ich solle mir bitte einmal vorstellen, daß das MfS wie jeder andere Geheimdienst arbeitete, nämlich jeder Mitarbeiter wußte nur über sein ureigenes Gebiet Bescheid, verfügte nur über einen kleinen Ausschnitt des gesamten Apparates. Deshalb sei es auch für sie schwer gewesen, Zusammenhänge zu erkennen. Ob er denn erst nach der Wende aufgewacht sei, will ich wissen. Bernhard überlegt lange. Manchmal habe er sich mit seiner Frau darüber ausgetauscht, die als Sekretärin auch dabeigewesen sei, manchmal seien ihnen Zweifel gekommen. Aber an der Sache hätten sie nie gezweifelt. Dafür - erfahre ich - gehörten sie zu den ersten, die aus der SED austraten.

Es ist nicht wie bei Dr. Knorr. Bernhard wird mir auch durch Zugeständnisse seiner Schwächen nicht sympathischer. Ich fürchte mich nicht mehr vor ihm. Er ist einfach lächerlich.

Bernhard fragt beinahe zaghaft, was ich denn denke, was aus ihnen würde? Ob die Hexenjagd weiterginge? Ich weiß es nicht. Sage ihm, daß es nur besser würde, wenn sie endlich mal reinen Tisch machten. Solange sie vertuschten und andere - die Presse zum Beispiel - ihre Untaten aufdeckten, würde immer neues Mißtrauen gesät. Er nickt. Er wäre schon bereit. Er würde sich gern mit den von ihm überwachten Personen aussprechen, den Kontakt nicht scheuen. Doch seine Leitung sei gegen solche Aufarbeitungspraktiken. Ich horche auf. Also doch noch funktionierende Strukturen? Es sei nicht so, wie ich mir das denke, aber man würde sich schon noch austauschen.

Mißtrauen kriecht wieder in mir hoch. Verstärkt sich noch, als er wissen will, zu welchen Ehemaligen ich noch Kontakt hätte. Ich sage ihm unumwunden, daß ihn das nichts angehe. Wenn ich giftig reagiere, freut er sich. Aus dem Mann werde ich nicht klug. Vom Kaffee hat er kaum etwas getrunken. Ich biete ihm Weintrauben an. Er rührt sie nicht an. Will sie niemandem wegessen.

Über Schalck habe er nochmals nachgedacht.

Will er etwa von seinem Tun ablenken, mich auf eine andere Spur locken, um mich abzuschütteln? Er guckt mich erschrocken an. Nein, nur gebe es in seinem Bereich wenig Spektakuläres.

Ich will es mir überlegen. Er solle sich selbst mal ein paar Gedanken machen, wie man Schalcks Machenschaften enthüllen könnte. In ein paar Tagen ist mein Buch da, dann könne er sich ein Exemplar abholen und über Schalck reden.

Bernhard erhebt sich und hält mir seine Pranke hin. Er würde gern mit mir reden. – Das sagen sie mir alle. Und ich weiß nicht, ob ich darauf stolz sein soll.

Als er geht, dreht er sich noch mal am Gartenzaun um und winkt vertraulich. Vielleicht spielen sie mit mir das berühmte Katz-und-Maus-Spiel. Wer weiß.

Überraschend unangemeldet stand Dr. Knorr mit Blumen vor der Tür. Ich erkenne ihn zuerst gar nicht. Er trägt eine neue Brille, die ihn freundlicher gucken läßt. War's die Brille, die mich abschreckte, oder meine innere Einstellung? Ich weiß es nicht mehr, weshalb ich mich vor ihm so ängstigte. Meine Überraschung über die Blumen sieht er. Ja, ich hätte ihm neulich geraten, auf die Kollegin, die sich so konsequent gegen ihn stellt, einfach zuzugehen. Das habe er gemacht, sich mit ihr ausgesprochen, und nun sei das Klima auf der Station erträglicher. Er möchte mir für den Rat danken. Deshalb die Blumen. Mit Dr. Z. habe er auch gesprochen, und er könne vorerst in Brot und Lohn bleiben. Ja, alles in allem ginge es vielleicht doch aufwärts, meint er. Das hoffe ich auch. Wir verabreden uns für die Zeit nach dem Urlaub, die Untersuchungskommission hat auch Pause. Als er weg ist und ich die Blumen in die Vase stelle, fühle ich das erste Mal bewußt, daß ich keinen Frust mehr gegen ihn habe.

Mittwoch, 18. Juli 90

Martin war wieder da. Obwohl er erst in Urlaub gehen wollte, ist er voll in dem Thema aufgegangen. In Waldheim ginge es mühsam voran, erzählt er. Auch sei die Berliner Untersuchungskommission dem Hinweis des Stasi-Offiziers aus meinem Buch gefolgt, der seinerzeit von einem Arzt aus Teupitz angesprochen worden sei, daß es Unlauterkeiten in Behandlungen von Patienten gegeben habe. - Ich bin ganz gespannt. Sie hätten alles genauestens abgeklopft. Aber der Arzt habe schon vor einiger Zeit aus dem medizinischen Dienst ausscheiden müssen. Nicht etwa aus politischen Gründen, sondern deshalb, weil er selbst psychisch krank sei. - Ein ganz schwieriger Fall. Wirklich, ich könne ihm glauben, sie hätten es sich nicht leicht gemacht. Aber der Kollege sei schon immer außerordentlich kompliziert gewesen, und das habe sich durch die Krankheit noch potenziert.

Martin selbst sei sogar ins Gerede gekommen: Er habe vor Jahren eine Frau psychiatrisch begutachten müssen. Sie lebte in Scheidung. Ihr Mann war ein Stasi-Offizier. Er habe das erst später erfahren. Es ging darum, wem die Kinder zugesprochen werden sollten, und Martin entschied sich für den Mann, gegen die Frau, weil die Frau tatsächlich manisch-depressiv gewesen sei. Und das sei zu belegen gewesen. Aber jetzt, wo der Beruf des Geschiedenen plötzlich zum Politikum wurde, bekam dieses Gutachten plötzlich einen anderen Stellenwert.

Wenn ich mir das alles genau überlege, stelle ich meine Recherche immer mehr in Frage. Ist die Psychiatrie wirklich mißbraucht worden? Martin bejaht das, jedoch sei Konkretes sehr schwierig nachzuweisen, weil viele Unterlagen vernichtet worden seien. Viele wirklich Kranke versuchen, ihr Schicksal in ein politisches umzuwandeln. Trotzdem: Opfer gab es. Martin meint, daß er sich vor Journalisten nicht retten könne. Sie suchen immer nach Schlagzeilen, doch die gibt es nicht in dem Umfang wie erhofft.

Ich sage Martin, daß ich auch nichts Greifbares für eine Story in den Händen hätte und am liebsten alles hinwerfen würde. Martin kann das verstehen. Ihm ginge das ähnlich. Zumal er sich immer klarer darüber wird, daß man den Verflechtungen zwischen Partei, Stasi und alltäglichem Leben nicht Herr wird. Ich schildere Martin noch das Gesprächsergebnis mit Bernhard. Einiges scheint ihm interessant. Ob ich dem Typen trauen würde? Ich weiß es nicht, doch ich kann nicht mit Haß und Mißtrauen aufarbeiten. Das versteht Martin. Und er sagt mir, daß er inzwischen auf ganz andere Leute Frust hat: auf die großen, die schon wieder oben schwimmen ...

Dienstag, 24. Juli 90

Als frühmorgens alle aus dem Haus sind, bringt der Bote ein Telegramm. Bernds Vater ist gestorben. Mein Schwiegervater. Einundachtzig Jahre alt, ein kluger, dynamischer Mann. Ich muß Bernd verständigen. So mir nichts, dir nichts kam der Tod zwar nicht, doch ich weiß, wie sehr Bernd seinen Vater liebte. Als ich Albert vor zwei Monaten das letzte Mal sah, sprach er immer von der Französischen Revolution und dem danach. Er suchte nach Parallelen zur Gegenwart. Sein Weltbild war nie ein starres. Albert war immer offen. Und er kannte die Welt. Die politischen und gesellschaftlichen Vorgänge seit der Wende haben ihn irgendwie entwurzelt.

Bernd nahm die Mitteilung über den Tod des Vaters hin. Leise. Er war darauf vorbereitet, hatte er ihn doch erst vor wenigen Tagen gesehen, schon ganz kraftlos.

Gefühle zu zeigen war nie Stärke meines Mannes. Ich habe gelernt, damit zu leben. Er sicher auch mit mir. Ich, die ihre Empfindungen immer exhibitionistisch zur Schau stellt. Unsere Söhne zeigen sich erschrocken über den Tod des Großvaters, doch der bevorstehende Urlaub beschäftigt sie mehr.

Ich war noch im Verlag und habe die ersten Bücher abgeholt. Wenn ein Film fertig war, ging er über den Sender, und es wurde ein neuer gedreht. Mit einem fertigen Buch ist es für mich ganz ungewohnt. Wird es angenommen oder nicht? Wie reagiert die Presse? Wie die Kritik? Wird es gelesen? Wird es gekauft? Ich bin sehr unsicher, möchte mich am liebsten verkriechen. Die beiden Public-Relation-Damen des Verlages vermitteln erste Interviews mit Journalisten, Pressekonferenz zum Buch ist am Tag nach meinem Urlaub.

Erste Lesung zwei Tage später. Ein Ring schließt sich um meine Brust. Ich habe Angst. Berührungsangst. Ich bin dem nicht gewachsen. Kalter Schweiß auf der Stirn. Mein Leben verlief bislang ohne größere Kämpfe, relativ normal. Jetzt muß ich mich dem Publikum direkt stellen. Der Bildschirm flimmerte anonym in den Stuben, die Resonanz war an Zuschauerbriefen und Kommentaren von Freunden und Kollegen abzulesen. Den direkten Kontakt, das Gegenüber, gab es so gut wie nicht.

Margit S., die Lektorin des Verlages, lacht über mein Unbehagen. Ich solle mich mal im Urlaub entspannen. Es würde schon alles gut gehen. Zu Margit S. fühle ich mich immer mehr hingezogen. Eine aparte und kluge Frau. Imponierend aber ist für mich ihr unbestechlicher Blick und ihre schonungslose Kritik an der Sache, dem literarischen Gegenstand, den sie bearbeitet. Eine Frau, die ohne Schnörkel redet.

Ich trage die ersten Belegexemplare stolz nach Hause. Auch die Söhne zollen mir Respekt. Georg beginnt zu lesen.

Dienstag, 31. Juli 90

Übermorgen endlich Urlaub! Ich muß es schaffen, mich für Tage auszuklinken, denn seit der Pressenotiz über das Erscheinen meines Buches läutet unentwegt das Telefon. Voranmeldungen für Interviews und so weiter. Selbst meine Erklärung, daß das Buch kein Enthüllungsbuch ist, sondern Psychogramme, fußend auf Originalaussagen von Stasi-Offizieren, beinhalte, läßt die Leute nicht ihre Erwartungshaltung herunterschrauben. Was habe ich mir eigentlich vorgestellt?

Bernhard hat sich nochmal angesagt. Er möchte mein Buch lesen. Sicher macht er davon seine Entscheidung abhängig, ob er auspackt oder nicht, falls er überhaupt etwas auszupacken hat. Als er kommt, erbittet er sich noch ein zweites Exemplar und gebärdet sich wie ein Zensor. Bernhard schwebt noch immer in seiner einstigen Macht. An einigen Äußerungen spüre ich, daß er glaubt, es könne nochmal so werden, wie es war. Vielleicht ist er ein Träumer. Augenblicklich hat er keine schlechte Arbeit: Unterschlupf im medizinischen Bereich bei einem, mit dem er gut zusammengearbeitet habe. Alte Seilschaft also. Kann ich mir durchaus vorstellen: Ein ehemaliger inoffizieller Mitarbeiter hilft seinem Stasi-Offizier lieber, als daß er ständig in der Angst leben muß, verpfiffen zu werden. Bernhard belehrt mich: Er habe in seiner Leitungsfunktion kaum noch mit IM zu tun gehabt. Er habe sein Wissen aus dem Wissen seiner Mitarbeiter gebündelt. Natürlich habe er zu wichtigen Vertretern des medizinischen Bereiches direkt Kontakt gehalten.

Klar: Die Obrigkeit blieb unter sich, hat die Untergebenen nicht an die große Politik gelassen. Ich habe, seit ich diesen Mann kenne, den Eindruck, daß nirgendwo so wie im Staatssicherheitsdienst die Hierarchie funktioniert hat. Ich sehe Bernhard förmlich vor mir, wie er vor seinen Mitarbeitern schwadroniert und sie zu Erfüllungsgehilfen macht. Trotzdem ist dieser Mann ein Opfer seiner eigenen Arbeit. Er ist ein durch Macht aufgeblasener Kleinbürger. Das ist es, was ihn mir so unsympathisch macht. Plötzlich bricht es aus ihm heraus: Er wolle zwar keine Quellen preisgeben, aber die Blockflöten kenne er genau. Viele sogar persönlich. Er wisse, wie geflissentlich sie ihnen - der Stasi - zugearbeitet hätten, und heute - er könne es nicht glauben - würden sie sich wendehalsig in der Volkskammer auf Kosten der Stasi profilieren, indem sie sie für die Misere verantwortlich machten. Ich horche auf. Bernhard hat sich in Rage geredet. Dabei kommt sein Thüringer Dialekt durch. Er habe sich fest vorgenommen, falls der und der nochmal so auftrete, dann würde er ihm eines vor den Bug schießen. Das erschreckt mich aber, und ich sage es ihm. Sofort sackt er wieder in sich zusammen. Nein, nein, nicht, was ich denke, es sei nur so über ihn gekommen.

Später, als er weg war, habe ich darüber nachgedacht, daß es eigentlich verwunderlich ist, daß noch keiner der Stasi-Leute zum Amokläufer geworden ist. Viele von den Kleinen, die sich keiner Schuld bewußt sind, mag es wohl ähnlich wie Bernhard ergehen, wenn sie die Zeitungen aufschlagen.

Als ich Bernhard verabschiede, wünscht er mir einen schönen Urlaub und macht mir ein Kompliment. Dann geht er mit weitausholenden Schritten davon.

Was soll ich damit anfangen? Manchmal habe ich das Gefühl, mit meiner Aufarbeitung mehr zu schaden, als zu nützen. Wenn ich Schuldige suche und glaube, sie gefunden zu haben, stelle ich fest, daß diese auch nur Werkzeug oder allenfalls Mittäter, Mitläufer waren.

Je höher die Position, desto höher der Schuldanteil. Jeder - fast jeder - war auf irgendeine Weise verstrickt im gesamtgesellschaftlichen Gefüge. Wo will ich denn nun die Elle anlegen? Ich fühle mich innerlich zerrissen, bin unentschlossen und nervös

Freitag, 3. August 90

So schön habe ich das Meer noch nie empfunden. Immer wieder schwamm ich hinaus, um meine Kräfte zum Vorjahr zu vergleichen.

Vor einem Jahr genau machten wir in Wustrow (Fischland) Urlaub. Es war extrem heiß, kleine Fliegen tummelten sich am Strand und verursachten Allergien. Die Versorgung im Strandbad war miserabel. Die Wirtsleute konnten nicht genug klagen. Nette Leute, die die Stimmung der DDR-Bürger konkret reflektierten. Dabei ging es ihnen nicht schlecht. Es war nicht die unglaubliche Hitze allein, es schwelte von innen. Bei jedem. Ungarn hatte immer mehr DDR-Flüchtlinge in Behelfslagern untergebracht. Doch das Wort Flüchtling stand für mich immer für politisch Verfolgte und Unterdrückte. Oder für Flüchtlinge aus wirtschaftlichem Desaster, das sie in ihren Ländern nicht überleben ließ. Aber diese Flüchtlinge - allesamt aus unserer Mitte - flohen nicht, weil sie Hunger hatten. Und die wenigsten spürten tagtäglich die Stasi im Nacken. Sie flohen doch viel mehr vor dem unerträglichen Staatsgebilde aus Lug und Trug, vor der Lächerlichkeit eines greisenhaften Politbüros und deren durch nichts zu übertreffender Dümmlichkeit. Sie ahnten die Morbidität ihres Staates kurz vor dem Untergang. Im Sommer 1989 drohten die Menschen an dieser Regierung und der eigenen Ohnmacht, die sicher auch Angst vor der Staatssicherheit implizierte, zu ersticken.

Ich wurde krank, wir reisten einige Tage eher ab. Doch was fehlte mir wirklich? Ich weiß heute, daß es die Angst davor war, den Niedergang der DDR nicht mehr aufzuhalten. Doch wenn mir jemand gesagt hätte, daß ich ein Jahr später im Legoland Dänemark Urlaub machen würde, ich hätte es nicht geglaubt. In meinem Bewußtsein gab es nur die Alternative, eine Änderung in den Grenzen der DDR herbeizuführen. Alles andere war unvorstellbar, sicher nicht nur für mich. Von der wirtschaftlichen Misere ahnte man nur etwas an der Oberfläche, aber es würde sich mit anderen Leuten an der Macht schon zum Besseren wenden. Dachte ich. Dachte, daß andere DDR-Politiker das Land retten könnten. Das Verlassen auf ANDERE. Ich selbst glaubte, nichts tun zu können. War passiv, obwohl ich ein aktiver Mensch bin. Für uns war alles von OBEN geregelt.

Heute, am Strand von Rörvik, schwimme ich mir die Wut über mich selbst aus dem Körper. Je weiter ich mich vom Ufer entferne, desto freier fühle ich mich. Wir genießen in Familie die neue Erfahrung eines Landes, das weit weg ist vom Schuß, begreifen, daß Deutschland nicht alles ist. In den Zeitungen, die wir zeitversetzt einen Tag später erhalten, lesen wir vom Treffen der ost- und westdeutschen Politiker am Wolfgangsee. Bernd und mir bleibt nicht verborgen, daß Lothar de Maizière nach seiner Rückkehr nicht mehr der alte ist. Irgendwie gewendet, dringt er jetzt auf schnelle Einheit und ist in seinen Reden nur noch wenig den Bedürfnissen der DDR-Bürger verbunden.

Bernd fragt mich, ob man in Bonn etwas gegen de Maizière in der Hand habe. Vorwürfe, er käme aus Stasi-Reihen wie Schnur und Böhme, gab es genug. Vielleicht. Ich halte es für möglich.

Meine Unterlagen zu den Recherchen habe ich mitgebracht, doch auch versprochen, mich ausnahmsweise nicht mit dem „Kram“ zu beschäftigen. Ich hab’s versprochen, doch nachts, wenn ich wach liege, denke ich an nichts anderes.

Donnerstag, 9. August 90

K., der sympathische Westberliner Produzent, hat seine Mitarbeiterin Tanja in unser abgelegenes Domizil geschickt. Sie hat es auf abenteuerliche Weise gefunden. Sie ist eine pfiffige und handfeste junge Frau. K. habe mit dem ZDF verhandelt, die unbedingt das Thema der abtrünnigen Kundschafter realisiert haben möchten. Dr. Knorr als Zeitzeugen dazu. Ich fühle mich überrumpelt. Alles geht mir zu schnell, und ich ahne, daß mein Urlaub zu Ende ist. Mit Tanja sitze ich in lauer Sommernacht und schreibe Gedanken zu einem Exposé, das K. dann entsprechend der Auflage formulieren will. Er braucht konkrete Angaben. Drei ehemalige MfS-Mitarbeiter beziehungsweise Spione im Auslandseinsatz erhielten die Todesstrafe. Waren sie wirklich Verräter? Wer hatte seinerzeit mit ihnen zu tun? Wer hat sie auf dem Gewissen?

Ich bin unzufrieden, weil ich gern Honecker und Mielke befragen möchte, ob sie wenigstens Scham empfinden. Doch sie sind krank, spielen verrückt und sind es vielleicht schon lange gewesen. Ihnen ist nicht beizukommen. Ich möchte nicht von unten nach oben anfangen, sondern von oben nach unten. Trotzdem, ich stehe zu dem Versprechen, mit K. zu arbeiten. Tanja fährt wieder weg, ich blicke in grimmige Gesichter. Bernd und die Söhne kennen mich und wissen, daß ich ab sofort wieder den Motor angeschaltet habe. Ich tröste sie und versuche, die Sache mit Alberei zu retten. Noch eine Woche Urlaub. Der gehört meiner Familie. Bestimmt.

Samstag, 18. August 90

Wieder zu Hause. Das Dilemma in deutschen Landen stimmt einen gleich wieder auf Krawall. Die Menschen hier scheinen wie im stets wechselnden Zustand zwischen Euphorie und Depression. Mir geht es selbst so.

Zu Hause liegen etliche Briefe mit Einladungen zu Foren und Lesungen. Von der Pressesprecherin des Verlages höre ich: Das Interesse an dem Buch und der ersten Lesung sei groß. Mir wird ganz flau im Magen. Die Leute stellen sich etwas Konkretes zum Innenleben der Stasi vor. Doch ich habe nur die Stasi-Offiziere reden lassen, um deren Situation unmittelbar nach dem Zusammenbruch festzuhalten. Später würden sie – jeder auf seine Weise – sich entweder völlig zurückgezogen, um des Überlebens willen angepaßt haben. Ob sie dann noch reden würden, habe ich im Januar 1990 bezweifelt. Für mich kam es auf die Summe der Aussagen an, die deutsches Kleinbürgerdenken reflektieren. Das wollte ich.

Ich habe Angst vor einem Fiasko. So schlimm war nicht mal Prüfungsangst. Ich muß mich zwingen, ruhig zu schlafen. Niederschmetternd ist, daß zwei Ehemalige (Franz und Hans) ihre Zusage, mit zur Pressekonferenz zu gehen, zurückgezogen haben. Die Medien würden die Hexenjagd anstacheln. Das sei unfair, und sie hielten nicht die Rübe für sämtliche Verfehlungen des MfS hin. Sollen sich doch die Herren Generäle stellen. Denen würden sie den Volkszorn gönnen. Ich muß also allein durch.

Dienstag, 21. August 90

Pressekonferenz in der Mielke-Suite. Neben mir sitzen Klaus Grehn und Gotthard Erler, der Programmdirektor des Verlages. In der Runde mein Freund Klaus und eine Menge Journalisten von Fernsehen, Rundfunk und Presse. Wie oft war ich als Journalist zu Pressekonferenzen und habe die Hauptperson des Geschehens gefragt und gefilmt. Wie gern wäre ich jetzt wieder einer der Journalisten.

Nach der Vorstellung durch Dr. Erler eigene Worte zum Thema und zur Absicht. Ich bin von einem Gedanken beseelt: Ich muß da durch. Dann Fragen über Fragen. Ich merke, daß die Kollegen vor allem interessiert, wie ich die Stasi-Leute gefunden habe und wie ich sie empfunden habe. Wie ich es aushalten konnte, ihnen ruhig gegenüberzusitzen. Unter anderem sage ich einen Satz, daß ich den Eindruck habe, die Stasi-Offiziere seien in diesem ihrem Ministerium immer drin gewesen, auf eine gewisse Art eingesperrt, und konnten so nicht zu einer anderen Lebensanschauung kommen. Sie seien noch stärkeren Zwängen unterworfen gewesen als der Normalbürger DDR.

Genau dieser Satz wird im „Heute-Journal" gesendet, und daß die Autorin vor allem mit Hilfe der Stasi-Mitarbeiter an die wirklichen Täter herankommen will. Auch in den Zeitungen sind das die wesentlichen Gedanken.

Mittwoch, 22. August 90

Dieser Tag erfüllt mich immer mit besonderer Traurigkeit. Es ist der Todestag meines Vaters. Fast jedes Mal habe ich Depressionen. An die morgige Lesung mag ich noch gar nicht denken.

Der Verlag erkundigt sich nach meinen Wünschen. Ich habe keine. Mir ist zum Heulen. Als ich im November vor einem Jahr am Steinbruch in Kleinbeucha bei Leipzig stand, brach ich in Tränen aus. Ich stehe meinem Interviewpartner, einem Leipziger Bildhauer, gegenüber, einer schillernden Figur der unangepaßten DDR-Kunst. Er will mir etwas über sein Bebel-Denkmal erzählen. In diesem Steinbruch sucht er die Steine dafür aus. Genau in dem Moment sind die Bilder aus der Kindheit wieder da. Sechs Wochen verbrachte ich im Kinderheim „Starenhof", unmittelbar in der Nähe des Steinbruches. Der Grund: Mein Vater wurde am

16. Juni 1953 in Leipzig verhaftet. Mein Vater, der Antifaschist und Genosse, verschwand. Meine Mutter hatte bereits am Vortag bei hochsommerlichen Temperaturen den Kachelofen angeheizt und Briefe und Papier verbrannt. Die Akte, die seinen Aufenthalt in Konzentrationslagern belegte, separierte sie fürsorglich, man würde sie brauchen können. Irgendwann später mal fürs Kind.

Ich verstand gar nichts. Ich war gerade sechs Jahre alt geworden, litt am meisten darunter, daß ich nicht in die geheimnisvollen Vorgänge eingeweiht wurde. Fragen nach Vaters Tun, ob er vielleicht gestohlen habe, trieben Mutter noch heftigere Tränen in die Augen. Also hielt ich den Mund und wartete auf Großvater.

Opa Georg holte mich in seiner feschen Adler-Limousine ab und fuhr mich gen Starenhof nach Kleinbeucha. Er spielte die Sache herunter, das seien alles Mißverständnisse mit Vater und ich solle mich erholen, schließlich käme ich im Herbst zur Schule. Nach sechs Wochen kehrte ich zurück vom Starenhof. Vater war wieder zu Hause. Er war ein anderer. An den Abenden war er nun immer zu Hause. Die Partei hatte ihn ausgeschlossen, ein Glück für mich, er hatte Zeit. Nach Westberlin fuhr er fast überhaupt nicht mehr. Leider, die kleinen Geschenke, für die ich sehr empfänglich war, und die Leckereien fielen weg. Was geschehen war, erfuhr ich viel später. Er hatte nach seiner Entlassung aus dem KZ Buchenwald stets noch Kontakt zu Mithäftlingen, Deutschen, Spaniern und Engländern. Es muß ihm zum Verhängnis geworden sein. Man habe ihm zwar nichts nachweisen können, daß er zu den Drahtziehern des Aufstandes um den 17. Juni gehörte, aber immerhin, der Verdacht reichte aus. Vielleicht hat er dazugehört? Ich weiß es bis heute nicht. Ich weiß nur, daß er danach ein ziemlich zurückgezogenes, unpolitisches Leben bis zu seinem Tode führte. In meiner Kindheit wurde immer alles von mir ferngehalten, wohlbehütet sollte ich aufwachsen.

Großeltern und Eltern liebten mich. Erst am bewußten 4. November 89, die Wende war gerade vollzogen, ich lief inmitten von Kollegen zum Alex, und mir wurde meine durch Verdrängung gelebte Anpassung bewußt. Zwei Tage später am Steinbruch habe ich begriffen, daß ich bereits viel früher für mich hätte Weichen stellen müssen. Aber ich wurde angepaßt erzogen zu einem freundlichen Kind. Ich lebte im Sozialismus und nicht im Kapitalismus. Ich hatte mich an die Normen des Sozialismus zu halten. Ganz einfach war das, wenn ich nur mitmachte.

Dieser 22. August 1990 verpflichtete mich beinahe um meines Vaters willen, dieses Mal genauer hinzugucken, wenn es darum geht, Geschichte aufzuarbeiten.

Gegen 18.00 klingelte es an der Tür. Fritz K. aus der Nachbarschaft steht vor der Tür. Ich kenne seine Tochter Irina. Bislang wußte ich nur, daß ihr Vater bei der Kripo war. Fritz K. kommt mit Schwung durch den Garten. Er habe gestern die Sendung im „Heute-Journal" gesehen und völlig neue Töne gehört. Er hätte gern ein Buch, schließlich sei er auch dabeigewesen. Das sagt er heute ganz leicht und locker. Ihn hätte ich auch befragen können. Ja, wenn ich's gewußt hätte. Im letzten Jahr habe ich nur bemerkt, daß er auf mich nicht mehr so freundlich wie früher reagierte.

Geahnt habe er das, daß es so kommen würde. Mein Gott! Man müsse miteinander reden. Er verspricht, am nächsten Tag zur Lesung zu kommen. Ich freue mich. Wenn die Leute aus dem Buch nicht kommen, so wenigstens ein anderer.

Als ich oben ankomme, sieht Bernd kreidebleich aus. Ein anonymer Anruf von einer Frau mit wilden Beschimpfungen gegen mich, die sich schämen sollte, auf dem Kreuz der genug geplagten Stasi-Leute auch noch Geld zu verdienen. Die Stasi-Offiziere müssen hinter der Publikation offensichtlich eine Beschimpfung ihrer Zunft wittern. Ich wollte eigentlich mit den

Protokollen die Zunft entdämonisieren, ich will zum Dialog auffordern. Ich fühle mich ohnmächtig wütend, weil ich nun zwischen die Stühle gerate. Zwischen Opfer und Täter. Wie immer in solchen Situationen wirkt Bernd beruhigend auf mich. Ich müsse schon verstehen, daß die Leute übersensibilisiert sind, vor allem die Kleinen, die selbst nichts von dem Machtmißbrauch der Obrigkeit wußten. Wußten sie wirklich nichts? Ich glaube es nicht! Sie ahnten es, schickten sich aber drein, verdrängten es, weil sie meinten, es nicht verändern zu können. ANPASSUNG auf der ganzen Linie. Die meisten von ihnen sahen nicht ein, daß die Abteilungsleiter mit teuren Westautos sich durch die Gegend kutschieren ließen, während das Geld für andere Dinge gebraucht wurde. Doch machten sie den Mund auf? Wenige. Zu wenige.

Ich werde versuchen zu schlafen, damit ich den morgigen Tag überstehe.

Donnerstag, 23. August 90

Am liebsten würde ich nach Dänemark in Urlaub fahren. So fühle ich mich. Es ist kurz vor Mitternacht, und ich bin wie aufgezogen.

Die Lesung war interessant, und sie verlief störungsfrei. Viele Kollegen und Freunde waren da, wohltuend und beruhigend zugleich. Aus meinem Buch war nur Jürgen, der HVA-Major, da. Im Publikum saßen Bernhard, wieder im Jeansanzug, Herbert und Franz K. mit Frau. Ein Kamera-Team und Fotografen. Das Licht des Fernsehteams machte mich nervös, und ich dachte, wie lästig ich mit meinem Team früher gewesen sein muß. Meine gute alte Freundin Marianne, Buchhändlerin, deren Sohn zu den Opfern gehörte, blinzelte mir aufmunternd zu. Es gab Fragen und Meinungen, keiner war aggressiv. Häufig verlief die Diskussion zwischen dem Publikum, zuweilen pro und contra. Doch das wichtigste an diesem Abend geschah vor der Lesung.

Vor Aufregung fuhr ich mit meinem Freund Klaus schon eine Stunde vor Beginn zum Kulturbund. Als ich den leeren Raum auf mich wirken lassen wollte, bemerkte ich einen alten Mann von imponierender Ausstrahlung. Nachdem ihm jemand vom Verlag sagte, daß ich die Autorin sei, erhob er sich. Um die achtzig Jahre schien er mir. Trotz des Alters noch fast schwarzes volles und langes Haar. Brille. Eine durch und durch imposante Erscheinung. Schlurfend, am Stock gehend, kam er auf mich zu. Geheimnisvoll tat er: Allein wolle er mich dringend sprechen. Wir redeten miteinander. Erwin R. sei er, der dienstälteste Staatsanwalt der DDR. Ja, und er habe mir etwas Wichtiges mitzuteilen. Ob ich nicht zu ihm nach Hause kommen könne. Er wisse sehr viel. Als er in der Zeitung die Ankündigung meines Buches gelesen habe, habe er sich entschlossen, sich mir anzuvertrauen. Ich bat ihn, mir seine Adresse zu geben, und versprach, gleich nach meiner Rückkehr aus London mich mit ihm zu treffen. Erwin R. erzählte noch eine Menge Sachen, mit denen ich nichts anzufangen wußte. Vielleicht war er nur ein wirrer alter Mann? Er habe die NS-Prozesse des Landes Brandenburg durchgeführt, das war das einzige, was von dem Gespräch haftenblieb.

Nach der Lesung, als der Saal schon ziemlich leer war, kam Bernhard mit Einkaufsbeutel auf mich zu, beugte sich am Lesetisch zu mir herunter und dankte mir. Tapfer hätte ich mich geschlagen, er sei wieder mal zu feige gewesen. Ich dachte mir, daß es gut gewesen sei, daß er nichts gesagt hat. Denn Bernhard ist alles andere als ein Sympathieträger für die ehemalige Staatssicherheit.

Bernd ist nicht mitgewesen. Ich war zwar traurig, sah aber ein, daß ob der anonymen Telefondrohung vom Vortage es besser war, wenn einer im Hause bei den Kindern bliebe. Ich glaube aber auch, daß Bernd der ganze Rummel um mich lästig ist. Der Mann seiner Frau, das paßt ihm nicht. Jetzt schläft er, und ich empfinde noch immer keine Müdigkeit. Morgen früh will mich ein Chefredakteur einer neuen Wochenzeitschrift, die soeben die erste Nummer auf den Markt gebracht hat, sprechen.

Das Psychiatriethema ist fast aus meinem Kopf, aber der Gedanke, daß man sich schon wieder an den Kleinen schadlos hält und die Großen laufenläßt, stachelt an meinem Rechtsempfinden.

Stasi, ein Thema ohne Ende.

Sonntag, 26. August 90

Die Koffer sind gepackt; Gregor ist endlich eingeschlafen. Morgen früh geht es nach London. Da Gregor partout in kein Flugzeug steigen will, fahren wir mit dem Bus. So sehen wir wenigstens etwas von der Landschaft. Aus irgendeinem Grund verspricht sich mein Kind etwas ganz Besonderes von London. Vielleicht, weil die Stadt Ursprung vieler Kriminalgeschichten ist. Filme um Scotland Yard, das ist für ihn das größte. Entgegen meinem Vorsatz, wichtige Dinge jeden Abend zu Papier zu bringen, komme ich nur noch dazu, Wichtiges mehrerer Tage zusammenzufassen.

Die Auswirkungen des Buches „Staat im Staate" zogen eine Menge Öffentlichkeitsarbeit nach sich. Abends fühlte ich mich erschöpfter denn je. Mir ist nach Pause zumute. In London will ich mir endgültig darüber im klaren werden, ob ich mich an Schalck und Co. heranwage. Von einer illustren Wochenzeitschrift, die soeben in der DDR erschienen ist, habe ich ein „tolles" Angebot. Ich soll die Rubrik Stasi übernehmen. Das Tolle daran für mich wäre ein fester Job zu ausgemacht günstigen Bedingungen. Doch was dieses Blatt möchte, sind Sensationen und Enthüllungen. Enthüllungen, die in die Landschaft passen, versteht sich. Abgesehen davon, daß ich das einfach nicht kann, was passiert, wenn es nichts mehr zu enthüllen gibt? Die Frage stellte ich dem smarten Typ, der zu den Vätern des neuen Blatts gehört. Er erklärt mir unumwunden, daß das Thema Stasi noch lange nicht vom Tisch sei, mindestens zehn Jahre würde uns das noch beschäftigen! Bloß das nicht. Ich vermute nur, daß er unter Aufarbeitung etwas völlig anderes versteht als ich, und darum sage ich nein. Höflich, aber bestimmt. Schade, findet er. Doch jetzt erstmal Urlaub.

Ich freue mich auf Werner, einen langjährigen Freund und Verleger in London, und vor allem auf die Zeit mit meinem Sohn, dem ich fest versprochen habe, nur für ihn dazusein. Er wird davon uneingeschränkt Gebrauch machen, wie ich ihn kenne.

Dienstag, 4. September 90

Wieder in Berlin.

London ist eine Stadt, in der ich leben könnte. Warum, kann ich nicht mal erklären. Gregor schwelgt in Erinnerungen, vor allem an das angeblich größte Spielzeuggeschäft der Welt auf der Oxford Street. Heavle. Zweimal war er allein dort, während ich mit Werner essen war. Dafür konnte er mich dann mit seinen Erwerbungen schocken: Ein Fotoapparat, mit dem er knipsen wollte, spritzte mich mit Wasser voll. Ein Kugelschreiber, den er mir schenkte, explodierte, als ich ihn öffnete. Beim Guten-Tag-Sagen hatte ich plötzlich ekelhaften glibberigen Schleim in der Hand. Gregor hatte sich mit Scherzartikeln eingedeckt und schmiedete Pläne, wie er seine Lehrer damit überraschen könnte. Mich hat die Reise abgelenkt. Obwohl, die Gespräche mit Werner haben mich nicht gerade aufgebaut. Im Gegenteil, man hat in Großbritannien Angst um Deutschland. Das geeinte Deutschland würde das politische Gleichgewicht in der Welt zerstören. Gespräche mit Werner haben mich immer nachdenklich, zuweilen traurig gestimmt. Ich kenne nur wenige Begegnungen in den letzten fünfzehn Jahren, bei denen ich zusammen mit Werner lachen konnte. Vor Jahren schon meldete er seine Bedenken an, daß der Sozialismus kaputt sei. Das muß etwa 1980 gewesen sein, anläßlich der Buchmesse in Leipzig, wo ich ihn immer traf. Ungläubig sah ich ihn damals an. In Polen war damals auch noch alles im Lot. Nicht etwa, daß ich dachte, der Sozialismus würde sich in angekündigter Blüte entfalten, nein, ich hatte einfach keine Vorstellung, wie es anders sein könnte. Vor zehn Jahren hat mich Politik auch recht wenig interessiert, allenfalls Kulturpolitik. Ja, da kannte ich mich aus. Biermann war ausgebürgert, und eine Gruppe Anhänger – zu der auch von mir gern gelesene Schriftsteller gehörten – folgte Biermann in den Westen. Das hat mich zwar belastet, doch was hätte ich tun können? Aber immer, wenn ich unzufrieden war mit der politischen Entwicklung im Land, vor allem, als die Umwälzungen in Polen stattfanden, erinnerte ich mich an die Worte meines weisen Freundes Werner. Immer wenn ich ihn zur Messe traf, versuchte ich dahinterzukommen, woher er eigentlich seine Überzeugung vom Niedergang des Sozialismus nahm. Als ich es begriffen hatte, war es zu spät. Da lag der Sozialismus à la DDR in den letzten Zügen.

Doch zurück zu meinen Reiseeindrücken: Faszinierend, wie inmitten Londons das Stadtviertel Soho die Ausländer integrierte. Nahtlose Übergänge. Die Farbigen brachten Farbe ins Londoner Leben. Wie wird sich das in der künftigen bundesdeutschen Großrepublik vollziehen? Würden die Ex-DDR-Bürger Gefallen an dieser für sie neuen Farbigkeit finden? Bislang hatte die DDR eine verordnete Solidarität mit Ländern der Befreiungsbewegungen. Andererseits gab es aber genügend Frust auf Ausländer aller Couleur (Europäer und Amerikaner ausgenommen), weil jene aus den armen Ländern angeblich auf ihre Kosten lebten und zur Belohnung auch noch die begehrenswerten Devisen besaßen. Sie lagen ihnen zwar nicht auf der Tasche, aber durch die Devisen waren sie dem DDR-Bürger gegenüber privilegiert. Daran werden sich vermutlich viele Leute erinnern.

Ich bin sehr ungern von London weggefahren. Es war eine Draufsicht auf die beiden Deutschland, die bald eins sein würden. Ich hatte immer noch kein Gefühl, wie das sein würde, mit den Bundis unter einem Dach zu leben. Die Vielzahl der bevorstehenden Veränderungen war noch nicht zu übersehen.

Mittwoch, 5. September 90

Das Ziel meiner Recherchen wird immer diffuser. Die Aufarbeitung in der Psychiatrie wird von gestandenen Untersuchungskommissionen im Verbund mit der Presse geschehen. Zu Schalck habe ich einiges zusammengetragen, doch nur Fakten, die andere auch haben. Mit Antiquitäten hat er geschoben. Milliarden werden gesucht, Koffer mit Papieren sind verschwunden.

Seit ich heute vormittag vier Stunden mit dem alten Staatsanwalt zusammensaß, gibt es neue Spuren, die die Geschichte der DDR in einem völlig neuen Licht erscheinen lassen. Ob ich das alles ernst nehmen kann, was mir der dreiundachtzigjährige Mann erzählt hat, weiß ich nicht. Ansatzpunkte für die Richtigkeit seiner Behauptungen gibt es: Honecker sei ganz und gar nicht ein solch aufrechter Kommunist gewesen. Er, Erwin R. und Mielke gehörten zusammen zur bewaffneten Weddinger Arbeiterjugend, und das seit 1929. Mielke nahm eine steile Karriere im KPD-Apparat. Er wurde Abwehrmann. Erwin R. erzählt, daß er über die Kommunisten wachte wie ein Schießhund. Mielke kannte kein Erbarmen mit Verrätern. Zum Beispiel habe

Mielke als Vizepräsident bei der Berliner Polizei 1946 alle NS-Akten zusammentragen lassen, wichtige Dokumente habe er direkt an sich genommen.

Das Gespräch mit Erwin R. verläuft zäh. Er kommt vom Hundertsten ins Tausendste. Ich bitte ihn, den roten Faden nicht zu verlieren. Erwin R. erzählt unbeirrt weiter, alles. Die Geschichte des Dritten Reiches und die Entwicklung der DDR, speziell auch die der Stasi, hingen unmittelbar zusammen. Wie meint er das? Erwin R. meint, daß ich das schon selbst herausfinden müsse. Dann fragt er mich, ob wir die Honecker-Biografie kennen. Ich habe sie gelesen und festgestellt, daß es darin einige Unregelmäßigkeiten gibt. Warum türmte Honecker 1945 aus Brandenburg, um anschließend wieder freiwillig hineinzugehen? Nicht mal eine Strafe für seine Flucht habe er erhalten. Jetzt, wo R. mich so durch seine dicken Brillengläser anfunkelt, stößt mir das im nachhinein auf. R. erklärt, Honecker habe sich ganz gut verstanden mit den KZ-Aufsehern in Brandenburg. Eine Behauptung? Sicher sei das eine Behauptung. Aber Honecker sei nicht sauber gewesen. Mir schien das alles ungeheuerlich. Doch wie ist er an die Macht gekommen? R. weiß dazu nicht viel zu sagen, und ich überlege, ob R. vielleicht nur eine alte Rechnung mit Honecker zu begleichen habe. Vielleicht.

Doch dann wird's spannend: R. ging nach dem Erscheinen der Honecker-Biografie, das muß so Ende der siebziger Jahre gewesen sein, mit drei weiteren Altkommunisten gen Normannenstraße. Sie wollten ihren alten Weddinger Kumpel Mielke persönlich sprechen. Was wollten sie, will ich wissen. R. atmet schwer: Mit seiner Biografie habe Honecker den Bogen überspannt. Honecker habe sie nicht nur geschönt, sondern er habe Unwahrheiten hineingeschrieben, habe sich zum Widerstandskämpfer gemacht. Dabei sei er tatsächlich nur ein schwacher Mensch gewesen. Er wollte leben. Ich denke mir, wer will das nicht. Ich hatte ja auch Angst, als nach Gorbis Machtübernahme es mit der DDR immer mehr bergab ging. Mich der Opposition anzuschließen hätte möglicherweise auch Gefängnis bedeutet. Das hätte ich nicht durchgestanden. Nur, ich habe ja jetzt auch keinen Anspruch, mich an die Spitze einer neuen Bewegung zu setzen. Was weiß Erwin R. denn konkret zu Honeckers Brandenburg-Aufenthalt? Honecker habe da durchaus Privilegien gehabt. Zu Havemann durfte er in die Zelle und mit ihm dort gemeinsam Radio hören. Das sei wirklich ein Privileg gewesen. Erwin R. druckst, Honecker habe Kameraden verraten, und das wußte Mielke genau. Wieso hat dann Mielke überhaupt ein solch gutes Verhältnis zu seinem Namensvetter Erich gehabt? Das paßt doch nicht zusammen. Wieder dieses verschmitzte Lachen von R. Er meint, daß das sehr gut zusammengepaßt habe. Ich würde doch den Spruch „Eine Hand wäscht die andere" kennen. Sicher.

Doch wir waren vom Thema abgekommen. Hat er denn nun bei seinem Gang in die Normannenstraße etwas bewirkt? Haben sie Mielke sprechen können? R. beginnt weit ausholend: An die Pforte sei ein großer schlanker Stasi-Mann gekommen, habe sich ganz kurz angehört, was sie wollten, und dann, ob der Brisanz der Äußerungen, habe er sie alle vier hineingenommen. Dann hätten sie in einem Besucherraum auf Tonband gesprochen. Mit einem Gruß an Erich (Mielke). Sie wollten die Hochstapelei von Honecker nicht mehr länger hinnehmen. Alles, was sie über Honeckers Vergangenheit wußten, haben sie sich von der Seele geredet. Das war's. Ich bin gespannt: Was geschah danach? Ja, danach habe häufig ein Auto vor seinem Haus gestanden mit ein paar jungen Burschen drin. Bei seinen Freunden auch. (Erwin R. wohnt seit dem Tod seiner Frau auf einem kleinen, inzwischen ziemlich heruntergekommenen Grundstück). Und eine Woche später sei dann ein ganz hoher Offizier, ein Chef sozusagen, der inzwischen tot sei, Arno B., zu ihm nach

Hause gekommen und habe ihn gefragt, ob er denn Probleme habe, ob er irgend etwas brauche. Und Erwin R. brauchte: Er wollte das kleine Häuschen sein eigen nennen. Sein Sohn benötigte dringend ein Auto. Er selbst, obwohl Antifaschist, sei in den letzten Jahren nicht mehr ausgezeichnet worden. Er bekam, was er wollte, und wurde beim nächsten Staatsgeburtstag mit dem begehrenswerten Orden ausgezeichnet. So hatten sich Erwin und seine alten Freunde wenigstens ein Stück vom großen Kuchen abschneiden können. Schweigegeld sozusagen.

Nachdem mir das Reden und Fragen vergangen ist ob der Korruption, die uns umgeben hat, will ich gehen. R. steht auf und geht in den Nebenraum. Dort, auf und unter seinem Bett seien Dokumente, die er sichergestellt habe. Ich werde nun munter: ob ich mal ein bißchen stöbern könne? Erwin R. will nicht so recht. Er zeigt mir eines der angeblichen Dokumente. Es ist ein von ihm geschriebenes Gedicht, das ich nicht verstehe.

Das hat ja nichts mit Honecker zu tun.

Erwin R. sieht das anders. Alles habe mit Honis beschissener Vergangenheit zu tun.

Ich möchte später nochmal wiederkommen. Ich habe Kopfschmerzen. Der Alte verabschiedet mich und schenkt mir Blumen. Er muß wirklich sehr einsam sein.

Klaus und ich fahren in Gedanken schweigend in die Stadt zurück. Was machen wir mit diesen völlig neuen Informationen? Ist es die Story? Klaus ist immer der kühl rechnende Analytiker: solange ich keine schriftlichen Beweise habe, könne ich gar nichts. Was wissen wir denn von dem Alten und dessen Motivation? Nichts. Als ich abends Bernd davon erzähle, hört er nur mit halbem Ohr hin, sagt jaja, obwohl er nichts verstanden hat. Wütend gehe ich nochmal zu dem Medizin-Professor in der Nachbarschaft und erzähle ihm von Erwin R.s Enthüllung. Der Professor denkt nach.

Egal wie, so sagt er, das würde ins Bild passen. Dann geht er zu einem kleinen Tresor und entnimmt ihm eine Tonbandkassette. Diese habe er Ende 1986 nach einer ZK-Tagung besprochen. Er habe auf die unhaltbaren Zustände im Lande hingewiesen (das Band ist wirklich erschütternd, so als wäre 1986 Gegenwart), doch Hager habe es ignoriert und sprach wie alle anderen Politbüromitglieder von den Erfolgen. Wenn er jetzt spekulieren würde, könnte er sich schon vorstellen, wie das alles gelaufen sei. Mielke habe den Trumpf in der Hand gehabt! Nur so ist es auch erklärlich, daß Mielke sein Imperium ohne Einschränkung ins Unermeßliche ausweiten konnte. Viele im ZK hätten sich ohnehin schon immer gefragt, wie das funktionierte. Die beiden Erichs hätten geklüngelt.

Als ich nach Hause komme, sind die Kinder im Bett. Bernd ist guter Dinge, und ich solle doch erzählen. Nun habe ich keine Lust mehr. Grund genug, um vergnazt einzuschlafen.

Montag, 10. September 90

Am 3. Oktober, dem „Tag der Deutschen Einheit", werde ich in Frankfurt am Main anläßlich der Buchmesse sein. Erstmals. Ich freue mich schon darauf. Mit Werner habe ich mich verabredet, mit einer Journalistin, die ein kurzes Porträt über mich machen will, und einen Kameramann und Freund aus alten Zeiten will ich treffen.

Die Arbeiten wachsen mir über den Kopf. Ich arbeite konzeptionslos, verfolge eine Spur und stoße auf immer neue Dinge, die die Stasi gemacht haben könnte. Da ich die Entdeckungen dann meist einige Tage später in einer Zeitung aufgeschrieben sehe, weiß ich mich in der Recherchenarbeit nicht allein. Doch wie finde ich den roten Faden? Im Moment laufe ich im Zickzack. Wieder habe ich mit einer Menge Leute gesprochen. Bernhard rief an und gebärdete sich wichtig. Er habe etwas für mich aufgeschrieben, um der Aufarbeitung willen. Er kommt und legt mir ein drei Seiten langes Papier zum Thema Vergangenheitsbewältigung hin. So mögen noch vor einem Jahr seine Berichte für die Obrigkeit ausgesehen haben. Nur, daß die Vorzeichen heute umgekehrt sind. Wenn ich das Papier lese, sehe ich ihn direkt vor mir in seiner eckigen, holzigen Art zu reden. Donnernde Reden für den Sozialismus, bestehend aus einer Aneinanderreihung von Ismen waren das früher, heute schwingt Rache gegen die Alten, die Partei, die „Emporkömmlinge", damit meint er die neuen Funktionäre, mit. Er sieht mich erwartungsvoll an. Ob das was sei. Der Mann ist total verkorkst. Verbogen. Der wird bestimmt nie verstehen, was er eigentlich angerichtet hat. Nicht nur am Volk, auch an seinen Mitarbeitern. Doch was kann man ihm konkret anlasten, wenn man bedenkt, daß er nichts anderes kennengelernt hat als den Mief in seinem Ministerium? Anhand des Schreibens ist nunmehr auch ersichtlich, daß er mit keinem besonders hohen Intelligenzgrad ausgerüstet ist. Unterschlupf hat er gefunden bei einem ehemaligen Freund, nein, nicht Kollegen oder gar IM, nein, einem Mann, mit dem er eng zusammengearbeitet hat auf Ministeriumsebene, versteht sich. Im Gesundheitswesen habe der zu tun gehabt und sich seiner (Bernhards) erinnert. Allerdings würde er nur bis zum Jahresende dort Arbeit haben, dann sei er arbeitslos, aber er würde schon etwas finden. Er erzählt mir, wie fair er immer seinen Mitarbeitern gegenüber gewesen sei. Da er es so freimütig erzählt, bin ich mißtrauisch. Ich will Näheres über seinen jetzigen Chef wissen. Ja, dieser Prof. T. habe einen sehr guten Kontakt zu Schalck gehabt. Da könne man vielleicht etwas machen. Das gefällt mir schon ganz gut. Bernhard will mal herumhorchen. Das kann er, schließlich war das jahrelang seine Arbeit. Trotzdem, seine Zutraulichkeit erfüllt mich mit Argwohn. Was will er wirklich? Ist er geschickt? Wenn ja, von wem? Andere Ehemalige von ihm, die ich nach ihm frage, zeigen sich ablehnend. Ein Erfüllungsgehilfe erster Sorte sei er gewesen! Jeden hätte er ans Messer geliefert! Bei keinem der mir bisher bekannten Stasi-Leute habe ich so lange gebraucht, um ein Quentchen Vertrauen zu gewinnen. Trotzdem, er soll sich mal um Schalck kümmern. Mit diesem Auftrag ausgerüstet, geht er zufrieden. Vielleicht hat er einfach nur Langeweile, und die gegenwärtige Arbeit scheint ihn nicht auszulasten. Vielleicht ist es auch nur eine Art Gnadenbrot, das er dort ißt. Oder aber meine gegenwärtigen Recherchen erinnern ihn ein bißchen an seine vergangene Arbeit und versprechen ihm Fortsetzung? Ich weiß es nicht.

Gestern war ein alter Bekannter da. Fritz R., ein Funktionär aus FDGB-Kreisen. Fast zwanzig Jahre kennen wir Fritz als einen integren, klugen Sozialpolitiker. In den letzten Jahren allerdings vermißte ich auf konkrete Fragen, die Kritik beinhalteten, eine klare, analytische Antwort. Er verwandte dann auch Klischees. Einen Bruch zwischen ihm und mir hat es deshalb nie gegeben, und jetzt, da er da war und wir über alles in Ruhe sprechen konnten, jetzt, wo er sich nicht mehr verstellen mußte und seinem Herzen freien Lauf lassen konnte über die verpaßte Gelegenheit SOZIALISMUS, war wieder die alte Vertrautheit da. Er hat Glück, er sei Vorruheständler, aber will sich nicht zur Ruhe setzen, sondern will retten, was zu retten ist. Er wird jetzt – immer noch in der PDS – sich für die Armen, Alten und Schwachen einsetzen. Ich erzähle ihm von meinem Gespräch mit dem alten Staatsanwalt und dem Verdacht gegen Honecker. Fritz kann sich das alles lebhaft vorstellen. Furchtbar sei das. Unvorstellbar! Wichtig an dem Gespräch auch seine Auskünfte zu Mittag, dem Scharlatan Nummer eins. Derjenige, welcher den wirtschaftlichen Ruin der DDR herbeigeführt hat, doch darüber will er später reden. Zu

Schalck fällt ihm ein, daß er ihn kurz vor seiner Flucht noch im ZK getroffen habe. Einen total verängstigten Schalck, der mit Krenz zusammengestanden habe. Als Fritz Schalck anschließend begrüßte und nach seinem Wohlbefinden fragte, war dieser außer seiner selbst. Er müsse weg. Und zwar ganz schnell, habe er gesagt. Ob Krenz ihm den Auftrag gegeben habe? Ja, es sah ganz so aus. Jedenfalls sei der selbstsichere Alex ganz in sich zusammengesunken gewesen. Als Fritz geht, ist mir wohler. Ich mag ihn genau noch so wie früher.

Die nächste Woche ist schon wieder voll. Lesungen stehen vor der Tür und Gespräche über Gespräche.

Mittwoch, 12. September 90

Soeben ist Dr. Walther weg. Ganz spontan hatte ich ihn angerufen. Dr. Knorr gab mir seine Telefonnummer mit dem Hinweis, daß ich mich doch auch mal um die Arbeitsweise des Zentralen Medizinischen Dienstes kümmern solle. Vielleicht wisse dieser Mann mehr. Ich solle ihm aber nicht sagen, woher ich seine Nummer habe. Von dieser Diensteinheit hatte ich bislang nichts gehört. Der Mann kam widerstrebend. Unfreundlich stand er dann schließlich in der Tür. Er sei nur gekommen, um einem Vertreter der Journaille (also mir) mal gehörig und unverblümt die Meinung zu sagen. Diese Schauergeschichten immer und immer wieder! Primitiv sei das! Und außerdem sei es auch gefährlich: Die Leute dächten nicht über ihre eigene Schuld nach, sondern haben jemanden, auf den sie alles schieben können. Verdrängung hieße das. Während er seinem Herzen Luft machte, hatte ich Zeit, ihn zu beobachten. Er war sehr erregt. Die dicken Brillengläser verhinderten leider, ihm in die Augen zu sehen. Er ist ein unauffälliger Mann, ein geübter Rhetoriker. Welche Arbeit er gemacht habe, will ich wissen. Er habe die Mitarbeiter medizinisch betreut. Und weiter? Er war schließlich ein Chef. Ich will wissen, ob es sogenannte „verdeckte Objekte“ gab. Er guckt mich fragend an. Ob ich medizinische Stützpunkte meine, die außerhalb des MfS lagen. Ja, sie waren für Untergrundmitarbeiter, die ganz zivilen Berufen nachgingen. Diese könnten ja von Leuten, die mit ihnen zusammenarbeiten, gesehen werden, wenn sie in die normale Poliklinik des MfS gegangen wären, was einer Enttarnung gleichkam. Ebenso die OiBE, die, sofern sie eine besondere medizinische Betreuung benötigten, zum Beispiel im psychiatrischen Bereich, diese Außenstellen besuchten.

Für das System der inneren Sicherheit leuchtete mir das durchaus ein. Aber dieser Aufwand! Dr. Walther wird ganz leise. Sicher, das frage er sich heute auch manchmal. Nur, es funktioniere vom Prinzip her in anderen Ländern ebenso. Ob ich glaube, daß der CIA oder der BND anders arbeiten würden? Wir würden uns alle noch wundern, welchen Geheimdiensten wir in der Zukunft ausgesetzt wären! Soll das eine Drohung sein? Ich frage ihn, ob er alles, was in diesem MfS geschehen wäre, gutheiße. Dr. Walther meint, daß er für alle Straftaten, auch die des Amtsmißbrauchs und der Korruption, kein Verständnis habe. Daß er vieles nicht wußte und daß ihm die Menschenrechtsverletzungen der HA XX schon immer fragwürdig erschienen, zumal diese Abteilung immer mehr ausuferte. Ich frage ihn, ob er Bernhard kenne. Er kennt ihn. Einer der übelsten Leiter, den man sich vorstellen könne: nach oben katzbuckeln und nach unten treten. Dieser Mann habe zum Beispiel mit Leuten zusammengearbeitet, die enge Drähte zu Schalck hatten. Darum sollte ich mich mal kümmern. Ich sage ihm, daß ich gerade dabei bin. Ob sie inoffizielle Mitarbeiter geführt hätten? Dr. Walther nickt, sagt aber, daß er darüber nichts erzählen würde. Gut. Wozu waren die da? Er überlegt und erklärt, daß es vor allem um Kundschafter ging, die ins Operationsgebiet eingeschleust werden sollten (das waren in erster Linie die BRD und andere NATO-Staaten). Nämlich, wenn ein Kundschafter einen Zahnersatz brauchte, mußte der eben so gemacht sein, daß daran nicht das Herkunftsland DDR ersichtlich wurde. Oder bei bestimmten chirurgischen Eingriffen war es so, daß jedes Land seine Eigenheit hatte. Außerdem könnte der Spion ja unter Narkose plaudern. Es mußte alles abgedeckt werden zum Schutz des Kundschafters. Keiner sollte gefährdet werden. Kundschafter waren das Heiligtum der HVA, Wolfs Elitetruppe. Nun ging einer nach dem anderen hoch. Diese Leute müßten geschützt werden! Das sei ungehörig, erzählt Dr. Walther, daß sich jetzt der Westen so aufspiele, nur weil wir die Verlierer sind, daß nun Aufklärer wie Verbrecher behandelt würden. Die DDR war schließlich ein anerkannter Staat!

Auf diesen Staat waren sie alle stolz, denke ich. Die Medien filmten auch auf jeder Hundehochzeit, die Honecker und Co. besuchten. Und alle strahlten diesen Mann an, als sei er der größte Politiker aller Zeiten. Wen wundert's also, daß dieser Eindruck die Ergebenheit der Stasi-Mitarbeiter förderte? Ich konnte Honeckers brüchige Diktion nicht ertragen. Es schien mir immer, als übe er eine nicht aus seinem Innern kommende Rede. Seit ich weiß, daß er ein politischer Hochstapler ist und vielleicht noch Ärgeres, weiß ich, daß seine Art zu reden auch seine Unehrlichkeit reflektierte.

Ich sage Dr. Walther, daß aber doch gerade sie, die Einblick in alle Unzulänglichkeiten des DDR-Alltags hatten, begreifen mußten, daß die Honecker-Regierung eine schlechte Politik machte. Eine verlogene, gefährliche, die Interessen des Volkes negierende Politik. Die Greise sorgten doch in den letzten Jahren nur noch für ihr eigenes Wohl, lebten in der Welt des Westens, der Intershops in ihrem Wandlitz-Ghetto, das nicht mal schön war, und entpuppten sich durch miese

Besitzgier als übelste Kleinbürger. Wann und wo überhaupt hatten diese Leute mal Berührung zum Volk?

Die Lehrerinnen meiner Söhne erwarteten vom Pädagogischen Kongreß 1989 einschneidende Veränderungen im Schulsystem. Doch die Ministerin Margot Honecker beließ alles beim alten, es war schön bequem. Nur nicht dran rütteln! Wenn ich heute Fotos von ihr sehe, habe ich Mitleid. Die unnatürlich wirkende Blauspülung ist aus dem Haar verschwunden. Die Hände sind faltig, die einer alten Frau. Nur der Mund ist noch hart, schmal und verkniffen. Sie kann zwar meines Wissens nicht belangt werden, trägt aber eine Hauptschuld am Scheitern des Sozialismus à la DDR: Unter ihrer Ägide wurden die Kinder zu Ja-Sagern und Anpassern erzogen. Schließlich zu Leuten, die bereit waren, in dieses MfS zu gehen. Sie hatten kritisches Verhalten nicht gelernt.

Dr. Walther empfiehlt mir noch, mit seinem Chef zu reden. Einem Professor, der die Liebe in Person sei. Wozu? Könne er mir weiterhelfen? Wisse er mehr als er? Nein, sicher nicht. Ich sage ihm, daß er, Dr. Walther, im April anwesend war, als das Bürgerkomitee in Zeuthen in der Lindenallee 11/12 das Gebäude der Stasi besetzte. Dr. Walther will nichts davon wissen. Er könne sich nicht daran erinnern. Will er mich hinters Licht führen? Von ihrer Arbeit durfte niemand etwas wissen, noch nicht einmal die eigene Familie. Den Kindern sagte man meist, daß die Mütter und Väter eine streng geheime Arbeit machten, beim Ministerium des Innern waren und dergleichen. Sie führten ein Doppelleben. Unvorstellbar für mich, die ich jeden Abend das Gespräch brauche. Wenn es Positives oder Negatives zu berichten gab, Erfolge oder Niederlagen. Bernd ist der erste, mit dem ich darüber spreche. Das müssen die Stasi-Offiziere also alles in sich hineingefressen haben. Das mußte doch zu einer psychischen Deformation führen!

Ich lasse also nicht locker und konfrontiere Dr. Walther mit meinem Wissen: Was das für Blutspuren auf dem Boden gewesen seien, und warum dort riesige Kartons herumgelegen hätten mit einem Beruhigungsmittel westlicher Herkunft?

Dr. Walther grinst. Dieses Gebäude habe der Terrorabwehr (Abt. 22) gehört. Die hätten an Tieren erprobt, welches Medikament für Geiselnahme geeignet ist et cetera. Welches Medikament Leute, die entführt werden sollten, besonders schnell transportfähig macht. Mir wird ganz schlecht. In drei wunderschönen Villen am See spielten sich Horrorszenen ab. Wer garantiert denn, daß dort nur an Tieren probiert wurde? Darauf will Dr. Walther nicht antworten. Sicher habe es bereitwillige Leute gegeben, die dafür auch bezahlt wurden. Ich habe keine weiteren Fragen mehr. Dr. Walther geht. Ich weiß nicht, was ich mit der letzten Enthüllung von ihm anfangen soll. Ich informiere den zuständigen Mann des Bürgerkomitees davon. Er nimmt es zur Kenntnis und bedankt sich. Ich will mich nicht auch noch mit der Terrorabwehr beschäftigen. Ich muß mir darüber im klaren sein, wo ich am Ende meiner Recherche ankommen will. In drei Wochen sind wir ein Einigvaterland. Vielleicht sollte man dann unter alles einen dicken Strich ziehen?

Samstag, 15. September 90

Wieder grimmige Blicke der Familie. Seit dem Urlaub hätte es kein störungsfreies Wochenende mehr gegeben. Doch was soll ich machen? Tagsüber schreibe ich an meiner Fernsehserie, ab nachmittags führe ich Gespräche mit ehemaligen Stasi-Leuten. Hin und wieder bleibt etwas hängen. Jeder weiß etwas. Manches stimmt mit meinem Wissen überein, die meisten aber wissen weniger als ich.

Der Mann, der heute da war, ist einer von Bernhards Untergebenen. Sturtzbecher heißt er. Er ist ein munterer junger Mann Mitte Dreißig, der mich irgendwie an Kongo-Müller erinnert. Die Frisur und die Kopfform bilden den Effekt. Er weiß viel und trägt das Herz auf der Zunge. Er gehörte zu den Nachfolgern von Bernhard und Co., wenn das MfS noch länger existiert hätte. Ob er und die Jüngeren und zweifelsohne Klügeren, da sie normale Hochschulen besucht hatten, eine bessere, sinnvollere Sicherheitspolitik gemacht hätten? Ich weiß nicht, ob Geheimdienste und Demokratie überhaupt zusammenpassen. Sie verschlingen in jedem Fall Unmengen Geld. Und das wird immer knapper. Also muß sich wohl oder übel jeder Geheimdienst illegaler Methoden zur Geldbeschaffung bedienen.

Sturtzbecher sitzt vor mir wie in Startlöchern, er erzählt gern von seiner Arbeit. Er nennt Mediziner, mir gut bekannte Leute, angesehene Mediziner, die gern mit ihnen zusammengearbeit hätten, und er nennt welche, die sie gern als IM geführt hätten, aber die leider besetzt gewesen seien. Ich gucke ihn fragend an. Nämlich diejenigen, die mit der HVA und Schalck zusammengearbeitet hätten. Top-Leute im SWT-Bereich der HVA. Wieder gucke ich fragend. Der Sektor Wissenschaft und Technik habe natürlich gern auf Mediziner zurückgegriffen, die ob ihrer wissenschaftlichen Fähigkeiten auch ins kapitalistische Ausland fahren konnten. Die habe die HVA gern abgeschöpft, und Schalck habe sie gern benutzt für seine Geschäfte. Was das für Geschäfte waren. Saubere? Lautere? Sturtzbecher zuckt mit den Schultern. Geschäfte seien immer umstritten, wenn ein Partner ökonomische Trümpfe in den Händen hat und der andere viel aufbieten muß, um etwas davon abzubekommen. Sturtzbecher freut sich, mir alles erzählen zu können. Ich freue mich, da ich offensichtlich fündig geworden bin. Wissenschaftliche Leistungen, Forschungsergebnisse konnten ja für eine westliche Firma erarbeitet werden. Wir gaben den hochkarätigen Wissenschaftler dazu oder Mediziner und bekamen blanke Devisen. Ach so. Mich interessiert, ob denn von den guten Ergebnissen auch etwas für die DDR und deren Bürger übriggeblieben sei. Nicht viel. Schalck habe die Leistungen immer sehr preisgünstig abgegeben, und wir hätten dann gutes Geld, also Devisen, die wir nicht hatten, zur Einfuhr der Waren, zum Beispiel Medikamente, blechen müssen. Über das Büro für Lizenzhandel seien solche Geschäfte geregelt worden. Warum aber wurden dann die Medikamente oder andere Neuerungen nicht hier produziert und gen Westen verscherbelt, das wäre doch in jedem Falle günstiger gewesen. Sturtzbecher schüttelt den Kopf: Die DDR hätte mit ihrer wissenschaftlichen Basis gar nicht alles herstellen können. Außerdem brauchte Schalck schnelles Geld. Das Politbüro und die aufwendige Unterstützung der Länder der dritten Welt - Honeckers Lieblingsbeschäftigung sei ja gewesen, dort als der große Gönner und Segenbringer aufzutreten - verschlangen eine Menge Devisen. Und außerdem ... - Sturtzbecher zögert -, vielleicht hat Schalck auf zwei Schultern getragen? Doch dazu wisse er zu wenig. Ich frage Sturtzbecher, was denn mit den angesehenen Medizinern passieren würde, die eng mit der HVA 15, dem Sektor Wissenschaft und Technik, zusammengearbeitet hätten. Nichts, meint er. Da seien die Unterlagen bestimmt alle vernichtet worden. Die HVA war doch die einzige Abteilung, die mit Zustimmung von Modrow und dem Runden Tisch alles vernichten durfte.

So wie ich den Apparat kenne, hat der nichts vernichtet, denke ich. Wahrscheinlich wurde alles auf Mikrofilm gespeichert. Und die Leute, die im vergangenen System, aus welchem Grund auch immer, mit dem Geheimdienst zusammenarbeiteten, werden es wohl mit dem nächsten auch wieder tun müssen. Es ist eine Kette ohne Ende. Von meiner Freundin

Marlies weiß ich, daß die Charité mit der Überprüfung ihrer Mitarbeiter anfangen wird, sobald die zuständige Behörde arbeitet.

Ich frage Sturtzbecher, ob ich richtig vermute, daß man jene, die für die HVA gearbeitet hätten, nicht enttarnen könne. Er bejaht das. Es sei denn, es habe Querverbindungen zu ihnen, zur XX, gegeben. Apropos XX, ob er Bernhard kenne. Sturtzbecher kennt ihn und läßt kein gutes Haar an ihm. Bei den Mitarbeitern gehörte er zu den unbeliebtesten Leitern. Zwei Kollegen von ihm haben sich seinerzeit bei der Kreisleitung der SED Hilfe wegen des schikanösen Bernhard erbeten. Guck an, denke ich, Bernhard, der Wolf im Schafspelz. Er wollte immer höhersteigen, doch darüber waren sich alle einig, das hätte er vom Intellekt her nie geschafft, erzählt Kongo-Müller-Sturtzbecher.

Als Sturtzbecher ging, mußte ich erst mal tief Luft holen. Ich weiß jetzt, welcher Spur ich folge, doch zunächst muß ich auflisten, was ich weiß, was ich wissen will und wo ich ansetze. Dr. Knorr muß mir helfen, ähnliche Leute wie Sturtzbecher zu finden.

Mittwoch, 19. September 90

Heute hatte ich eine Lesung in der Bibliothek Greifswalder Straße. Margit S., die Lektorin, war bei mir. Die Lesung war gut besucht. In der ersten Reihe, unmittelbar vor mir im Kleinen Vortragssaal, saß meine Freundin Gabriele, Atomphysikerin. Neben ihr eine Frau in meinem Alter, Kurzhaarfrisur, Brille, klein und schlank. Sie sieht mich unentwegt an und scheint sehr aufgeregt. Ich dachte, sie gehört zu Gabi.

Ich las den Text von Jürgen, dem Mann der HVA. In der anschließenden Diskussion wurde klar, daß sowohl Täter wie Opfer anwesend waren. Die vermeintlichen Täter, es waren offensichtlich auch Kinder Ehemaliger dabei, diskutierten weniger offensiv als die Opfer.

Erschüttert war ich, als sich ein älterer Herr zu Wort meldete und mit fester Stimme sein zerstörtes Leben einklagte. Sein durch die Stasi zerstörtes Leben. Wie viele solcher Opfer mag es geben? Diese Opfer sind durch nichts aufzuwiegen. Wie mögen sich die anwesenden Stasi-Mitarbeiter, die ich ob ihrer Verhaltensweisen im Publikum ausmachen kann, jetzt fühlen? Ich glaube, der Dialog und der Friede mit den Tätern ist noch viel zu früh. Immer wieder gibt es solche Berichte aus den fünfziger Jahren. Da muß die Stasi – siehe auch Walter Jankas Schicksal – gewütet haben. Aber haben sich nicht im Laufe der Jahrzehnte die Methoden gewandelt? Oder sind sie nur perfekter und gerissener vorgegangen? Kann man die jungen „Kader" für das Tun ihrer Väter bzw. Vorgänger bestrafen? Eine Lehrerin in mittleren Jahren bewegte mich besonders. Sie hadert mit sich und ihrer Schuld, Kinder zu Anpassern erzogen zu haben. Zu Duckmäusern. Ja, sie habe genauso Schuld abzutragen. Sie ist allein gekommen, vielleicht hat sie einen Mann, der im MfS war? Was mag sich jetzt in den Familien von Stasi-Leuten abspielen? Wie reagieren die Kinder, nachdem sie erfahren haben, was der autoritäre Papa, der kaum Zeit für seine Kinder hatte, wirklich gemacht hat? Wie halten sie die immer neuen Enthüllungen in den Medien aus? Scherbengericht. Wie reden sich die Väter ihren Kindern gegenüber heraus? Bei fast allen meinen Gesprächen war herauszuhören, daß den Stasi-Leuten die Familie immer ein Heiligtum war. Bei anderen wieder zerbrach das Glück, vor allem da, wo die Ehen nur noch zum Schein existierten oder wo man einen Partner heiraten mußte, den man nicht liebte, weil der andere unerreichbar ob anderer Gesinnung war. Das MfS war auch eine Art inzüchtiger Familienbetrieb. Um so mehr wird einem klar, daß ein Ausbrechen für einen Mitarbeiter unglaublich schwierig war. Doch ich will nicht schon wieder nach Entschuldigungen suchen.

Nach drei Stunden wird die Diskussion beendet, die Bibliotheksmitarbeiter wollen ihren Feierabend, und Überstunden werden nicht bezahlt. Im Anschluß sprach ich noch mit Gabriele und verabredete mich. Diskret im Hintergrund wartete die Unbekannte, die neben Gabriele saß, aber nur zufällig. Zwei Männer fragen, ob ich mal in ihren Betrieb kommen würde. Wir tauschen Telefonnummern. Die Unbekannte sieht immer zu mir und scheint noch aufgeregter. Ich habe schon meinen Mantel an, als sie sich mir zögerlich nähert und mich um einen Moment Zeit bittet. Man spürt, ihr schlägt das Herz bis zum Halse. Sie zieht mich am Ärmel in den Vortragssaal zurück.Wir sitzen völlig konspirativ nebeneinander im leeren Saal. Sie spricht leise und aufgeregt: Sie habe ganz eng mit Markus Wolf gearbeitet, Gabi heiße sie. Sie kenne ihn genau und möchte mir einiges erzählen. Doch sie habe Angst. Ich gebe ihr meine Visitenkarte und verabrede mich mit ihr zum nächsten Wochenende, da ich an den zwei folgenden Tagen in Mainz bin. Gabi bedankt sich. Ihre kleine Hand in meiner ist ganz schweißnaß. Am Hals hat sie rote Flecken. Ein Symptom, das oft meine Aufregung reflektiert. Ich gehe nachdenklich mit Margit S. zur Bahn und erzähle ihr von der Begegnung. Vielleicht hätte ich mir gleich für Gabi Zeit nehmen sollen? Vielleicht hat sie Angst? Ist in Gefahr? Ich mache mir Vorwürfe.

Sonntag, 23. September 90

Das erste Mal in Mainz. 3-SAT will mit mir in einem Live-Gespräch über „Stasi und wie weiter" reden. Mittlerweile hatte ich schon vier Auftritte dieser Art. Trotzdem, ich fühle mich jedesmal unsicher und verhasple mich, was den Eindruck, daß ich aufgeregt bin, noch verstärkt.

Ein behagliches Hotel. Den ganzen nächsten Tag habe ich für mich allein. Erst am späten Nachmittag holt mich die Redakteurin ab, um den Rahmen der Sendung abzustecken. Nett ist sie am Telefon, und meine Aufregung schwindet. In aller Ruhe ein Frühstück mit Müsli und Toast. An jedem Tisch sitzt eine Person, jede ganz in die Tageszeitung versunken. Ich suche mir gleichfalls einen freien Tisch. Kontakt am frühen Morgen ist auch mir lästig. Morgenmuffel nannte mich schon mein Vater. Den Joghurt löffelnd, sehe ich in die Runde und starre auf die Schlagzeilen in den einzelnen Tageszeitungen „Schalck in Rottach-Egern, geschützt vom BND“ – „Stasi-Connection verschob Rauschgift!“

Mir ist der Appetit vergangen. Eigentlich wollte ich heute abend, dem Anliegen meines Buches entsprechend, über Sachlichkeit bei der Aufarbeitung reden, doch angesichts solcher Schlagzeilen frage ich mich erneut, ob ich nicht zu moderat bin im Umgang mit den Stasi-Leuten. Lasse ich mich von Dr. Knorr, von Jürgen und all den anderen einwickeln? Benutzen sie mich für ihre restaurativen Ziele? Freunde bescheinigen mir ausgesprochen gute Menschenkenntnis. Warum also sollte ich mich so irren? Vielleicht ist es aber wirklich so, daß der größte Teil der MfS-Mitarbeiter nur noch treuere Schafe waren als die Mitläufer draußen und daß ein kleiner Teil um so größere Schweinereien begangen hat, von denen nur ganz wenige wußten, weil ein Geheimdienst schließlich geheim arbeitet.

Ich angle mir ebenfalls zwei Tageszeitungen vom Haken und studiere die Schlagzeilen. Es sind Vermutungen, Äußerungen von Ehemaligen, die glauben zu wissen, daß . . . Ich glaube auch, daß es Geschäfte mit LSD und mit Rauschgiften gab. Das Budget für die Aufklärung, so berichtete mir seinerzeit Jürgen, sei so niedrig gewesen, daß man zwangsläufig andere Wege suchen mußte, um an Geld zu kommen. Nur wäre mir in diesem Falle Falschgeld sympathischer als Rauschgift, wegen des Elends in der Folge. Wer sagt uns denn, das andere Dienste nicht auf gleiche Weise Geld verdienen? Der Inhalt der Artikel jedenfalls baut mich nicht gerade für das Interview am Abend auf.

Trotz Regen und Sturm erschloß ich mir die Innenstadt in Mainz ganz allein. Liebenswert, fast eine Kleinstadt-Idylle tut sich mir auf. In einem ansässigen Modehaus, viel zu teuer für meinen Geldbeutel, kaufte ich einen Pullover für meinen abendlichen Auftritt. In zwei Buchhandlungen lag mein Buch herum, und ich guckte, ob sich Leute dafür interessierten. Fehlanzeige, die meisten griffen nach Benoîte Groults „Salz auf unserer Haut" und nach anderen wohlbekannten Bestsellern. Stasi kaum ein Thema. Im heiteren Mainz etwas Jenseitiges. Mich interessiert, wie Westdeutsche mit ihren gleich drei Diensten fertig werden. Doch die Leute, die ich kenne, erzählen nur rüde von dem unnützen, geldverschlingenden Gebilde. Total respektlos. Wie also können Westdeutsche den ostdeutschen Geheimdienst, sprich Stasi, nachempfinden? Gern hätte ich gehabt, wir hätten vor der Vereinigung die eigene Geschichte aufarbeiten können, den Dämon entdämonisieren. Doch leider, in zehn Tagen sind wir ein einig Vaterland, und den sechzig Millionen Westdeutschen gehört das Stasi-Erbe ebenfalls. Lange saß ich in einem kleinen Kaffee, stierte vor mich hin und überlegte, was ich am Abend sagen würde, welche Position ich beziehen würde. Als ich mich im Hotel umzog, war mir klar, daß ich mir treu bleiben und nicht in Enthüllungsjournalismus verfallen würde, sondern sagen werde, daß die Stasi nur so erfolgreich ducken konnte, weil sie willfährige Bürger hatte.

Abgeholt wurde ich von einem Fahrer, einem ehemaligen Ostdeutschen aus Halle. Er gehört zum Glück nicht zu denen, die sich als Helden und Sieger aufspielen und auf andere wegen ihres Ausharrens in östlichen Gefilden herabsehen. Die sympathische Redakteurin erwartet mich, bedauert, daß nur sieben Minuten Sendezeit vorhanden seien und überhaupt, daß man nicht schon früher miteinander reden konnte. Bevor ich in die Maske gehe, lerne ich noch den Moderator kennen. Er ist ein redegewandter, kühler junger Mann. In der Maske die demoralisierende Einschätzung zweier niedlicher junger Frauen, die nicht wissen, wie sie aus meinem Haar und meinem Gesicht ein dem Zuschauer zumutbares Wesen machen können. Sie geben ihr Bestes, und ich blicke nach zwanzig Minuten einer mir fremden Person mit knallroten Apfelbäckchen ins Gesicht. Doch keine Zeit zum Nachdenken, ich sitze schon auf dem mir zugewiesenen Platz im Studio. Der Moderator hat sieben Fragen für sieben Minuten, so knapp als möglich solle ich antworten, damit wir schön viel unterbringen. Wieder bin ich erschrocken über uns Fernsehleute.

Rotlicht. Die erste Frage: „‚Staat im Staate', eine Reinwaschungsschrift?" – Natürlich hat er mir gesagt, daß er provozieren würde, um Spannung reinzubringen. Ich habe mir erst zu Hause angehört, was ich alles erzählt habe: Es ginge mir um Psychogramme, um die Summe von Aussagen, die die Befindlichkeit auch anderer Bevölkerungsschichten reflektierte, daß die Stasi es nicht allein war und daß man vorsichtig mit dem Potential umgehen müsse. Ja, sonst würden sie mit ihrem Wissen sich irgendwann bei Ausgrenzung zur Wehr setzen ...

Das Licht geht aus. Alles ist vorbei. Schade, daß die Zeit so kurz war, es sei so spannend gewesen. Die nette Redakteurin und der Moderator bringen mich zum Taxi. Tschüß, bis zum nächsten Buch. Winken. Im Schweinsgalopp zum Flughafen und ebenso schnell in den Flieger. Im Sessel dann übermannt mich die Müdigkeit, und ich schlafe ein.

Meine Familie sieht mich erwartungsvoll an, auf Küsse verzichten sie, ich hätte noch Reste von der grellen Schminke im Gesicht.

Bernds Gesicht ist ernster als sonst. Als die Söhne im Bett sind, erfahre ich den Grund. Wieder gab es einen merkwürdigen Anruf. Doch der Inhalt läßt nicht allein auf Stasi schließen. Jeder kann heute seinen Frust an jedem ablassen. So sehe ich das.

Bernd bittet mich, das Thema zu lassen und zu normalen Themen zurückzukehren. Ich frage ihn, was er in diesen Zeiten unter normalen Themen versteht. Er weiß keine rechte Antwort.

Mittwoch, 26. September 90

Gabi hat angerufen, die Frau, die ich zur Lesung kennenlernte, jene, die eng mit Markus Wolf gearbeitet haben will. Gabi war noch aufgeregter als zur Lesung. Sie müsse mich dringend sprechen. Ihr Vorschlag: ca. 21.00 Uhr auf dem Parkplatz in der Nähe unseres Hauses. Er macht im Dunkeln einen gruseligen Eindruck. Ich zögere, möchte, daß sie zu mir in die Wohnung kommt. Gabi will nicht. Sie habe Angst, erklärt sie aufgeregt. Jetzt haben wir beide Angst. Wer sagt mir, daß Gabi nicht verfolgt wird, falls sie eine solch wichtige Person in der Nähe des Großen W. war? Warum will sie nicht zu mir kommen? Wir einigen uns schließlich auf den nächsten Tag, nicht ganz so spät, im Halbdunkel, 18.00 Uhr, auf dem Parkplatz. Gabi legt rasch und grußlos auf. Ich schlafe schlecht.

Donnerstag, 27. September 90

Gabi ist nicht gekommen. Fast eine Stunde habe ich auf dem Parkplatz gewartet. Ich mache mir Vorwürfe, vielleicht war sie in Gefahr, und ich war zu feige gewesen, sie am Vortage zu treffen und ihr zu helfen.

Als ich wieder zu Hause bin, erreicht mich der Anruf eines Kölner Zeitungskollegen. Ob ich gehört habe, daß eine Liste existiere von West-Journalisten, die vor der Wende mit der Stasi zusammengearbeitet hätten. Ich habe nichts davon gehört. Der Kollege ist aufgeregt, die Liste würde in den nächsten Tagen in der Presse veröffentlicht. Ob ich etwas von den Ehemaligen herausbekommen könne, wer zum Beispiel auf der Liste steht. Sechsunddreißig Namen sollen es sein.

Ein Anruf bei Franz K., der in meiner Nähe wohnt und sofort zum Gespräch bereit ist, ergab folgendes: Natürlich habe es etliche Journalisten gegeben, die für eine gute Geschichte auch zur Zusammenarbeit bereit gewesen seien. Ob das nun sechsunddreißig Personen waren, weiß Franz nicht. Ich will wissen, wie die Zusammenarbeit denn ausgesehen habe. Sie sei mannigfaltig gewesen. Zum Beispiel war man seitens der DDR, genauer gesagt, der HVA/10 (Desinformation), durchaus daran interessiert, daß bestimmte Angelegenheiten in die Westpresse lanciert würden. Als Gegenleistung durften die Journalisten, die sich also erkenntlich zeigten, spannende Erstinformationen erwarten. Ich will Beispiele wissen, Franz verweigert weitere Auskünfte. Mit diesen würde er die Quellen preisgeben, weil ich in Archiven in der jeweiligen Zeitung den Autor ausmachen könne. Also Fehlanzeige. Es seien aber alle sehr renommierte Journalisten von ebenso renommierten Zeitungen oder Sendern gewesen. Als ich zu Hause bin, rufe ich den Kölner Kollegen an.

Morgen werde ich mich bei verschiedenen Klinikdirektoren der Charité anmelden. Vor allem bei denen, die mit Schalck zusammenarbeiteten. Ich gehe davon aus, daß sie nichts von Schalcks Stasi-Zugehörigkeit wußten, ihn lediglich als den Glücksbringer ansahen, der alles ermöglichen konnte, was der Forschung diente. Vielleicht erzählen sie unter diesem Aspekt Dinge, die mir weiterhelfen. Aber erstmal fahre ich zur Frankfurter Buchmesse.

Donnerstag, 4. Oktober 90

Den Vereinigungstag habe ich im Bett zugebracht. Nicht zur Frankfurter Buchmesse war ich, sondern in der Charité. Ich kann mich nicht erinnern, jemals etwas mit den Nieren gehabt zu haben. Eine Nierenkolik, sagte der Notarzt zwei Tage vor der deutschen Einheit. Es sei psychosomatisch, sagte Prof. Schönrock, der mich zufällig - ich weiß nicht, aus welchem Grund - anrief und von meinem Gebrechen erfuhr. Er verordnete mir etwas gegen Streß, ein Psychopharmakon. Genommen habe ich es nicht. Das Feuerwerk habe ich entfernt gehört. Den Sekt, den Bernd mit mir trinken wollte, habe ich stehenlassen. Der gestrige Tag war für mich jedenfalls kein Feiertag. Heute fühle ich mich matt, abgeschlafft und weinerlich. Wenn mich jemand nach meinem Befinden fragt, breche ich in Tränen aus. Ein Grund für Bernd, mir ins Gewissen zu reden, wieder etwas zu machen, was meinem Naturell entspricht. Wie der sich das vorstellt, in solchen Zeiten einen heiteren Film zu schreiben. Allenfalls fallen mir tragikomische Szenen ein. Nicht, daß ich mir die alte DDR zurückwünsche. Um Himmels willen, nein! Was will ich dann? Ich fühle mich überrumpelt und hätte mir mehr Zeit zum Nachdenken gewünscht. Doch seit gestern ist alles anders, vielleicht besser, vielleicht schwieriger. Ich weiß nicht. Ich möchte mich am liebsten verkriechen. Doch ich will heute den ersten Gesprächstermin mit einem Professor der Charité wahrnehmen. Ich kenne ihn schon länger, und ich achte seine wissenschaftlichen Leistungen. Menschlich war er mir immer sympathisch. Und medienfreundlich ist er außerdem.

Ich habe zwei Stunden in seinem Büro verbracht. Es war ein sehr vertrauensvolles, ehrliches Gespräch. Von frappierender Ehrlichkeit sogar. Ja, er kenne Schalck, und er stehe zu ihm. Wirklich. Ohne Schalck sei nichts gelaufen. Daß er heute weiß, daß dieser Mann bei der

Stasi gewesen ist, interessiert ihn nicht. Wichtig war, daß nur durch Schalcks persönlichen Einsatz das Machbare erreicht worden sei. Ohne ihn, ohne seine Devisenzuwendungen hätte er seine Forschungen im Sinne der Patienten nicht vorantreiben können. Das müsse auch mal gesagt werden. Bei allem, was noch enthüllt wird: Alex Schalck habe immer einen Weg gefunden. Als ich schon zum Abschied in der Tür stehe, fragt er mich, ob er denn befürchten müsse, als inoffizieller Mitarbeiter geführt worden zu sein auf Grund seiner Kontakte zu Schalck. Ich weiß es nicht.

Auf dem Nachhauseweg komme ich an einem düsteren Kaffee in der Reinhardtstraße nicht vorbei. Gedankenversunken trinke ich einen miserablen Kaffee. An der Bar sitzen Patienten der Charité, die Ausgang haben, und kümmeln ganz schön in sich hinein. Es sind stumpfe Männergesichter. Gesichter von Menschen, die dahinleben. Ziellos. Weshalb hat der Sozialismus immer nur seine Vorzüge gepriesen? Die Theorie des Sozialismus à la DDR war wirklichkeitsfremd. Asoziale wurden eingesperrt, weil es nicht zur sauberen Weste einer sozialistischen Gesellschaft paßte. Der Paragraph 249 (Asoziales Verhalten) ist heute gestrichen, ein soziales Netz für die armen Gestalten am Rande der Gesellschaft gibt es noch nicht. Heime für Stadtstreicher gibt es kaum. Gern wüßte ich, was die armen Schlucker von der Einheit halten. Vielleicht haben sie sie auch nur im Rausch erlebt. Gern würde ich mich zu ihnen setzen. Aber ich traue mich nicht. – Als ich letztens mit Dr. Knorr telefonierte, erzählt er mir, daß die ehemaligen Kollegen von der Stasi immer häufiger zur Flasche griffen. Häufiger noch als früher. Das sei bedenklich. Als ich zu Hause bin, rufe ich Bernhard an. Ich würde ihn gern nach der Arbeit über das Hineinwirken Schalcks in die Charité befragen.

Er kann wieder sofort. Als er da ist, sieht er mich sorgenvoll an, weil ich angegriffen aussehe. Ich sage ihm, daß ich über Gebühr gefeiert habe. Was gehen diesen Mann meine Gefühle an? Ich erzähle ihm von meinem Gespräch mit dem Charité-Professor und daß viele der für die Forschung arbeitenden Mediziner ein gutes Verhältnis zu Schalck hatten. Was er davon wisse. Bernhard muß wieder passen. Der Hochschul- und Forschungsbereich sei nicht sein Leitungsbereich gewesen. Aber er könne sich schon vorstellen, wie das gelaufen sei. Er habe nämlich inzwischen mit einem Kollegen vom BKK (Bereich Kommerzielle Koordinierung) gesprochen und habe da einige für mich sicher interessante Informationen „abgeschöpft". Warum macht er das? Bernhard meint, daß er ja nichts zu tun habe und ehe er zu Hause herumsitze, will er mir lieber zur Hand gehen. Ich frage ihn, ob ihm denn bewußt sei, daß er gegen seine ehemalige Zunft ermittle. Bernhard zuckt mit den Schultern und zieht die Mundwinkel nach unten. Ihm sei das alles egal. Betrogen sei er worden. Ich fühle mich unwohl in meiner Haut. Eine feste Gesinnung scheint er nicht zu haben. Oder er ist einfach einer, der sich in jeden Dienst stellt und mit jeder neuen Macht verbündet. – Dann schon lieber einen Sturen, Uneinsichtigen, denke ich mir.

Trotzdem höre ich gespannt zu, was er herausgefunden hat: Also, der bei der Staatssicherheit zuständige Bereich zur Kontrolle des Schalck-Imperiums, erklärt Bernhard wichtig, habe alle seine geheimdienstlichen Arbeiten immer dann einstellen müssen, wenn a) Schalck dahinterkam, b) wenn dennoch ein Bericht an die Leitung ging, sei das spätestens von Mielke geerdet worden, meist aber seien die Ergebnisse schon auf der Strecke hängengeblieben. – Das hieße doch, daß diese Abteilung nur eine Feigenblattrolle einzunehmen hatte? Genau. Das meint Bernhard auch. Schalck sei ein „Staat im Staate" gewesen. Das sagt man von der HVA auch. Das war alles. Bernhard erwartet Lob. Ich lasse es beim schlichten Dank. Dann geht er wieder, freundlich winkend, als sei er mein Freund oder Kollege.

Langsam werde ich meine Depressionen los. Prof. Schönrock will wissen, wie mir sein Medikament, das Psychopharmakon, bekäme. Ich lüge und sage, es ginge mir inzwischen wieder blendend. Schönrock will mich sprechen und am liebsten zu mir nach Hause kommen. Er sei neugierig auf meine Umgebung.

Sonntag, 7. Oktober 90

Mein Kind hat Geburtstag. Elf Jahre ist Gregor geworden. Sauer ist er, daß sein Geburtstag nun kein Feiertag mehr ist. Ob denn meiner, der 1. Mai, noch einer sei? Ich bejahe, und er sagt mir trocken, daß das bestimmt nicht mehr lange sei, schließlich sei der erste Mai ja auch irgend so ein sozialistischer Feiertag und der Sozialismus sei nun abgeschafft. So einfach ist das für Kinder. Die geladenen Geburtstagsgäste unseres Kindes halten uns auf Trab, mich beruhigen die kindlichen Albernheiten. Ich bin für Stunden weg von meinem Thema. – Die kommende Woche besteht nur aus Gesprächen in Kliniken mit Dr. Knorr und Prof. A. Alle sind neugierig, wie ich vorankomme. Dabei ist die Summe dessen, was unter dem Strich herauskommt, gleich Null, gemessen am Aufwand.

In der letzten Oktober-Woche drehe ich eine Montagsreportage über das Fortbestehen oder den Niedergang des Aufbau-Verlages, da ruht die Arbeit für eine gewisse Zeit, vielleicht lasse ich sie ganz ruhen.

Freitag, 12. Oktober 90

Mir hängt die Arbeit zum Halse heraus. Außerdem war die letzte Zeit ohnehin Ebbe. Ich brauche Stasi-Leute, die bereit sind zu reden, und solche, die in der Nähe von Schalck gearbeitet haben. Dr. Knorr bietet sich an, unverbindlich natürlich, mit einem Mann zu sprechen, der mir weiterhelfen könnte.

Bernhard rief auch an und sagte, er habe eine heiße Spur. Hoffentlich ist es kein Flop.

In den nächsten Wochen werden die sieben Folgen zu meiner ersten Spielfilmserie über eine Richterin in der Endfertigung sein. Ein komisches Gefühl, wenn man seine Gedanken in der Hauptperson, gespielt von Uta Schorn, wiederfindet. Zwar ist es nicht mehr topaktuell, obwohl wir versuchten, der Zeit ein wenig voraus zu sein: Birgit, die Dramaturgin und Freundin, Klaus G., der Regisseur und Verbündete. Wir entwickelten eine schöpferische Gemeinschaft, wie ich sie bei Feature-Produktionen nie erlebt habe. Zwei Jahre gemeinsame Arbeit, das Ergebnis soll im Frühjahr 91 gesendet werden. Hoffentlich, wenn uns nicht zu große Veränderungen überrennen. Ich kann mich mit den Dialogen noch voll identifizieren. Petra, die Richterin, ist irgendwie mein Geschöpf, und zum Glück hat mich die Enthüllungsarbeit - Aufarbeitung - nicht so verändert, daß ich meine Gefühle für diese Petra verändert habe.

Freitag, 19. Oktober 90

Gestern hatte ich eine Lesung, heute war ich in Köln. Die Lesung war angenehm, im kleinen Rahmen. In einer Bibliothek in Berlin hatten sich Literaturfreunde versammelt. Ich las ihnen Hans vor, den Mann der HA XX.

Alle diskutierten heftig, bis auf einen Mann, einen Vollbärtigen, der ganz hinten saß, sich fast versteckte. Ihn schien in der kleinen Runde keiner zu kennen. Er war allein. Zwei junge Männer aus der Bürgerbewegung, die in einer Friedrichshainer Firma arbeiteten, erzählten, daß unmittelbar nach der Wende einige Stasi-Mitarbeiter angestellt worden seien. - Was weiter? Ich denke, irgendwie müssen die Leute ja arbeiten: „Stasi in die Produktion" hatte das Volk doch zur Forderung erhoben. Außerdem, meinte ich, kämen die Ehemaligen dadurch nicht auf dumme Gedanken, und einige sind sogar froh - könnte ich mir vorstellen -, aus diesem Unternehmen Stasi rauszusein.

Das sei schon richtig. Aber jetzt, wo der Betrieb schrumpfen muß, würden nicht die Stasi-Leute entlassen, was ja gerecht wäre, sondern andere Kollegen, vor allem die, die in der Opposition gewesen seien. Ich bin ratlos. Von vielen höre ich diese Gedanken. Ob das wirklich Realität ist? Vielleicht arbeiten die Stasi-Leute besser und zuverlässiger, und den neuen - meist westlichen Geschäftsführern - ist es Wurst, was die Angestellten früher gemacht haben. Die Ausbildung der Stasi-Leute soll ja nicht die schlechteste gewesen sein, höre ich immer wieder. Trotzdem, so meinen die Leute, bis auf den bärtigen Schweiger, sei das nicht in Ordnung, das wären alte Seilschaften und sicher hätten die Stasi-Leute gegen die alten und neuen Chefs was in der Hand, deshalb könnten sie bleiben.

Vermutlich ist das so ... Ich war froh, daß die Diskussion vorüber war, ich signierte die Bücher, die gekauft wurden, der bärtige Unbekannte war wie vom Erdboden verschlungen. Ich war müde zu Hause angekommen und schlief sofort ein. Erst heute morgen im Flieger dachte ich darüber nach, ob mir eigentlich hin und wieder ein Mann des alten „Organs" in meine Lesungen gesetzt wird. Bestimmt. Es ist doch interessant, was jemand, der sich Vertrauen allein durch Zuhören verschafft hat, alles in Erfahrung bringen könnte. Verbaue ich mir durch meine Offenheit etwas? Wenn schon, heute muß sich niemand mehr einen Maulkorb umlegen, hoffentlich bleibt das so. In Köln habe ich mit Helga die Eckpfeiler für die Reportage über Erhalt oder Nichterhalt des Aufbau-Verlages abgesteckt. Auch wenn Helga wenig Zeit hatte, es ist immer angenehm, mit ihr zu reden. Ihre soziale Ader gefällt mir.

Morgen, am Samstagabend, ist wieder eine Lesung. Diesmal vor überwiegend Homosexuellen der Aids-Hilfe.

Montag, 22. Oktober 90

Die Lesung war hochinteressant. Eine Psychoanalytikerin aus Frankfurt am Main war da, ein belgischer Arzt und viele Intellektuelle aus der Szene. Sie wollten etwas über das Verhältnis der Stasi zu Homosexuellen wissen und deren Unterdrückungspraxis. Dazu konnte ich nicht viel sagen. Der Belgier meinte aber, daß sie sich mal nicht so früh freuen sollten, in der Bundesrepublik und anderswo ginge man mit ihnen noch rüder um.

Die Lesung hatte eher einen heiteren Rahmen, weil bestimmte aufgeblasene Haltungen der Ehemaligen eher belacht wurden.

Heute vormittag war Bernhard da. Mit Leichenbittermiene. Was denn passiert sei, will ich wissen. Er habe doch solch eine heiße Sache für mich. Er druckst: das sei es eben. Ich hätte mich angeblich nicht sehr fair verhalten auf meiner Lesung in dieser kleinen Bibliothek. Ich habe wohl auf den Stasi-Mitarbeitern heftig herumgehackt. Deshalb wollte man mir auch nicht weiterhelfen.

Tatsächlich! Der bärtige Unbekannte - wie schon geahnt - war der Vorposten. Ich frage mich, was sich diese Leute denken. Was habe ich gesagt? Ich habe versucht, eine objektive Einschätzung des Apparates aus persönlicher Sicht zu geben. Das die Leute ihrem Herzen Luft machen, denke ich, müssen die Stasi-Mitarbeiter schon aushalten. Das wenigstens. Ich bin erschüttert, weil es doch weitaus mehr funktionierende Verbindungen gibt. Also, sage ich Bernhard, dann sollen sie's bleibenlassen.

Bernhard ist ganz geknickt. Er habe noch etwas Spannendes herausgefunden.

Mit Eulenbrille auf der Nase setzt er sich im Sessel zurecht und beginnt: Dort, wo er derzeit arbeite, noch bis zum Jahresende, also in Volvograd (Wandlitz), habe ein gewisser Dr. D. sich ein Labor eingerichtet. Bernhards Schutzherr, Prof. T., der ja über die Siedlung und deren künftiges Geschick schaltet und waltet, wisse nicht einmal, was dieser Doktor dort machen würde. Aber (Bernhard holt nochmal tief Luft) dieser Dr. D. habe offensichtlich beste Beziehungen zu einem Spitzenkader der führenden Partei (ich nenne ihn Otto Lauter-Schütt). Schon lange vor der Wende, noch als die Frau D. im Valuta-Hotel gearbeitet habe und dort den prominenten Politiker kennenlernte, habe zwischen den Familien ein herzliches Einvernehmen bestanden. Mir ist nicht ganz wohl in meiner Haut. Aus Bernhards Sicht waren solche Kontakte verboten. Sicher muß ihn das aufregen. Trotzdem, die Bedeutung des Politikers und die Konstellation des Wissenschaftlers, was gibt es da für einen Zusammenhang? Gibt es überhaupt einen?

Bernhard ist noch nicht fertig: Nämlich das Labor, in dem Dr. D. derzeit forschen würde, sei verschlossen und keiner wisse, was genau geschehe. Zugang hätten nur hin und wieder elegante Herren, die mit einem eleganten Schlitten und Münchener Kennzeichen vorfahren. Bernhard sieht mich erwartungsvoll an. Ich gucke offensichtlich nicht so, als hätte ich alles verstanden, und er will nochmal erklären. Ich muß ihm sagen, daß ich das zwar alles nebulös finde, aber nicht spannend genug, um gleich einen großen Deal dahinter zu vermuten. Seit ich über Schalck nachdenke, ist mir ohnehin klar, daß der seine Geschäfte ja nicht allein gemacht haben kann, sondern in trauter Übereinstimmung mit Geschäftspartnern des sogenannten „Klassenfeindes“. Also, was ist daran möglicherweise von Bedeutung? Ich danke

Bernhard und sage ihm, daß ich darüber nachdenken werde. Ob ich ihm auch sage, was dabei herauskommt, fragt er gespannt. Ich weiß jetzt, was Bernhard möchte: Er möchte ein bißchen geheimdienstliche Arbeit machen. Er tut mir leid. Ein verpfuschtes Leben ohne Ausblick.

Als er weg ist, arbeitet die Geschichte in meinem Kopf. Mein Professor um die Ecke wird sicher etwas dazu erzählen können. Als ich bei ihm läute, freut er sich. Er richte zwar gerade die Praxis seiner Frau ein. Trotzdem könne ich reinkommen. Die Angelegenheit ist schnell erzählt. Der Professor denkt nach. Irgendwie erinnert er sich an den bewußten Dr. D. Im VP-Krankenhaus sei er gewesen. Richtig. Von dort ging er weg, und dann habe er ihn aus den Augen verloren.

Aber, der Professor erinnert sich - dieser Dr. D. habe einen prominenten Lehrmeister gehabt. Einen Professor, der aus der SU kam, hier heiratete und dablieb. Den solle ich doch mal aufsuchen. In der Leipziger Straße wohne er. Bevor ich gehe, erkundige ich mich noch nach des Professors Wohlergehen. Seine Augen blicken sorgenvoll drein. Enttäuscht sei er von seinen Kollegen. Ihm würde jetzt alle Schuld zugeschoben. Selbst jene Kollegen, denen er stets geholfen habe, wenn sie in Schwierigkeiten waren, vor allem die schieben ihm jetzt den Schwarzen Peter zu. Dabei will er nichts weiter als seine Patienten. Von der Politik habe er die Nase voll. Das könne ich ihm glauben. Das seien Menschen! Ich verstehe ihn und meine, daß das die Zeit sei. Jeder würde nur noch um seine Existenz kämpfen. Plötzlich haben auch die Ex-DDR-Bürger Ellenbogen. Wer sie nicht hat, bleibt auf der Strecke.

Mit einem Gruß an die Frau verabschiede ich mich. Zu Hause habe ich dann noch den alten Professor in der Leipziger Straße angerufen. Die Frau - äußerst zugänglich und sympathisch - war da. Ihr Mann habe eine Vortragsreise. Ende November sei er wieder da. Das ist gut, denn ich habe ohnehin mit meinem Film zu tun.

Montag, 5. November 90

Mein Film ist abgedreht. Kameramann und Techniker waren patente Kollegen. Im Aufbau-Verlag fühle ich mich zu Hause. Nur die Sorgen der Kollegen, die Entlassungen der Leute ins Nichts, hat mich wenig motiviert.

Der Passus über die Treuhand muß anonym bleiben, weil es dort noch keine Entscheidung gibt, wer der Käufer des Verlages sein und dann weiter über dessen Schicksal bestimmen wird. Jeder Vorstoß war vergebens. Nicht mal ein Vertreter des Herrn Rohwedder war zu einem kurzen Interview bereit. Die Presse würde nur Schwierigkeiten bereiten. Morgen früh drehe ich noch ein Gespräch mit dem Suhrkamp-Verleger, Dr. Unseld. Elmar Faber wird uns begleiten und ein bißchen vor der Kamera durch Frankfurt spazieren.

In Sachen Schalck-Recherche ruht alles. Auch in mir. Vielleicht erübrigt es sich, wenn ich nach den Schnittarbeiten aus Köln zurückkomme. Irgendwann interessiert das Stasi-Thema und Schalck doch nicht mehr.

In einem Monat gibt es gesamtdeutsche Wahlen. Gelegenheit, vielleicht einen Schlußstrich drunter zu ziehen? - An mir selbst habe ich festgestellt, daß das Stasi-Thema mich immer nur dann losläßt, wenn ich mich mit etwas anderem konkret und unter Druck beschäftige.

So wie jetzt bei diesem Film, wo es um den Verlag geht, der seit 1945 gesamtdeutsche Literatur förderte und im speziellen der DDR-Literatur selbst zu schwersten Zeiten den notwendigen Rahmen gab. Bücher von Christa Wolf, Hermann Kant, Christoph Hein, von Helga Königsdorf und Erwin Strittmatter waren Signale für alle jene, die auf Veränderungen innerhalb der DDR warteten. Mit den Stasi-Offizieren, die ich befragte, sprach ich auch über Literatur und mußte bei fast allen feststellen, daß sie in ihrer gut bestückten Buchhandlung immer diese Autoren kauften, und angeblich hätten sie ähnlich gefühlt wie ich. Wer also hat dann zensiert, verboten, verhindert, daß Gabi Eckart erscheinen durfte? Die Partei? Vielleicht war es so, daß man die Stasi-Leute ob ihrer Anonymität auch gern vorschob? Als ich Bernhard danach fragte, dessen Abteilung auch für die Literatur zuständig war, zumindest ein Kollege von ihm, traf mich wieder nur der erstaunte Eulenblick. Er habe keine Zeit gehabt zum Lesen. Er sei da nicht kompetent. Meist sei er erst 21.00/22.00 Uhr nach Hause gekommen. Und das jeden Tag! Die Zeit habe gerade mal für die Spätausgabe der „Aktuellen Kamera“ gereicht und allenfalls für ein Fernsehspiel, das ablenken konnte. Mir ist einfach nicht klar, was dieser Typ den ganzen Tag über zu tun gehabt haben soll. Berichte habe er ausgewertet, Vorlagen erarbeitet ... War er ein Papiertiger?

Mittwoch, 7. November 90

Die Zeit in Frankfurt war viel zu knapp. Kameramann Helmut wollte mir die Finanzmetropole, in der er lebt, bei Nacht zeigen, aber gleich nach den Dreharbeiten saß ich schon wieder im Flieger. Prof. Unseld ist ein interessanter Mann, der eine Lobeshymne auf den Aufbau-Verlag sang und eine Lanze für dessen Erhalt brach. Die Worte in Rohwedders Gehörgang. Elmar Faber war ein ganz anderer. Aufgekratzt und wie ein Schauspieler ließ er sich vom Kameramann, der ihn mehrfach vor dem Römer auf und ab laufen ließ, strapazieren.

Heute nachmittag kam unverhofft eine junge Frau zu mir und wollte mich sprechen. Eine schöne junge

Frau, mit unendlich langem Haar, durchzogen von grauen Strähnen. Wunderschöne Augen, ein zartes Gesicht. Beneidenswert. Als sie sagt, was sie war, kullern ihr die Tränen. Ja, sie war Oberleutnant der Staatssicherheit. Und aus Überzeugung sei sie hingegangen. Mathematik habe sie studiert und sei dann zum Chiffrierdienst gegangen. Und nun hört sie, was sie alles gemacht haben sollen. Ich bin in Zeitnot, sage ihr das, ob man sich später treffen könnte. Doch die junge Frau braucht jemanden, mit dem sie reden kann. Gern hätte sie in meinen Protokollen ausgesagt, nämlich darüber, daß es schon seit langem innerhalb des Ministeriums eine Opposition gegen die Obrigkeit nicht nur der Partei, sondern der Generäle gegeben habe. Ja, bestimmt. Die Jüngeren hätten gesehen, daß das soweit kommt. Das schlimmste sei nun, daß die Generalität ihr Schäfchen im trocknen habe, berentet, invalidisiert, im Vorruhestand und ein hübsches Sümmchen auf der Seite. Die, die ändern wollten, müssen zahlen. Sie habe weder eine Rücklage noch Aussicht auf einen Job. Nur ein Kind habe sie zu ernähren. Der Mann, der geschiedene, sei in der gleichen Situation. Sie wisse nicht mehr weiter. Ich auch nicht. Ich frage sie, was sie von mir erwartet. Sie wollen sich innerhalb der PDS zusammenschließen und aufarbeiten. Mitmachen könne man aus dem Organ nur bis zum Major. Alles, was darüber sei, seien potentielle Täter. In Gedanken grase ich gleich die Leute ab, die ich kenne und die sie als Täter klassifiziert. Ich sage ihr, daß ich auch Mitarbeiter in höheren Positionen kenne, die versucht haben, in dem Moloch ehrlich zu bleiben, daß ich aber genügend Typen darunter kenne, die als Erfüllungsgehilfen, ohne aufzumucken, jede Arbeit gemacht hätten. Die Art der Einteilung ist mir zu einfach. Außerdem sage ich ihr, sich innerhalb der PDS zu verbünden, sieht verflucht nach Rekrutierung aus. Nein, sie wollen nur ihren eigenen Mist aufarbeiten. Und das können sie nur unter sich ausmachen. Ich denke anders. Sie konnten nie über den Zaun sehen und können gar nicht richtig einschätzen, was sie eigentlich falsch gemacht haben. Sie sollten lieber versuchen, Parlamentarier anderer Parteien und Bewegungen dazuzunehmen, und im Streitgespräch herausfinden, was wirklich aufzuarbeiten ist. Sie nickt, bleibt aber bei ihrer Position. Sie möchte, daß ich mir mal durchlese, was sie als Konzeption erarbeiten werden. Das will ich gern tun.

Montag, 19. November 90

Der Film ist fertig. Ich bin wieder in Berlin und habe schreckliche Tage hinter mich gebracht. Ganz plötzlich hat mein Weisheitszahn gearbeitet, und ich lief mit verschwollenem Gesicht durch Köln. Schmerztabletten vernebelten mir das Hirn. Die Redakteurin war nicht sehr zufrieden mit dem Film. Alles kam zusammen.

In einer Woche ist Sprachaufnahme. Seit zwei Stunden ist der Zahn raus, und ich fühle mich befreit von einem lästigen Dämon. Häßlich sah der Zahn aus, als ihn die Ärztin mir zeigte. Sie fragt mich, ob ich denn weitermache mit dem Stasi-Thema. Ich gucke sie erstaunt an. Die Frau Doktor hatte vom Erscheinen des Buches gelesen. Ja, das sei doch sicher gefährlich. Ich weiß nicht, ob es gefährlich ist. Die anonymen Anrufe haben nachgelassen. Vielleicht sollte ich sie auch nicht überbewerten. Das sage ich ihr. Doch sie hat im „Spiegel“ gelesen, daß dort sogar schon einige zu Schaden, selbst zu Tode gekommen seien. Ich nicke, kann den Mund noch nicht richtig bewegen. Zahnärzte vergessen das immer, selbst wenn sie ihre Hände und das Arbeitsgerät in einem Mund haben, erwarten sie immer treffende Antworten. Ich erkläre ihr, daß ich ja eigentlich nicht den Stasi-Leuten pauschal was anhängen, sondern nur die Täter herauspicken will. Die Zahnärztin winkt mit Gummihandschuh und einem Hakeleisen ab: Die Täter, die kämen sicher davon, die Kleinen, an denen hält man sich schadlos. Dann schabt sie mir den Zahnstein im Unterkiefer ab. Ein scheußliches Gefühl.

Zu Hause habe ich nur geschlafen. Bernd ist in Leipzig zur Dokumentarfilmwoche. Erst als die Söhne aus der Schule kommen, werde ich wach und habe einen faden Geschmack im Mund. Ich habe den Filmtext zu schreiben und den Vortrag anläßlich des Psychosomatischen Kongresses in Potsdam am kommenden Freitag. Ich muß mich aufraffen.

Samstag, 24. November 90

Der gestrige Tag war für mich ein Höhepunkt. Mindestens zweihundert Mediziner und Psychologen haben meinem 15minütigen Vortrag zugehört. Über die psychischen Deformationen der Stasi-Mitarbeiter anhand meiner Tonbandprotokolle habe ich gesprochen.

Anschließend Händeschütteln und Verabredungen. Dr. Knorr war auch da und hatte gleich Anschluß. Irgendwie schien er dort kein Fremder zu sein. Es gab eine Reihe neuer Kontakte, über die ich mich freue, aber auch eine Art Aufforderung und Verpflichtung, mich dem Thema weiter zu stellen.

Spätabends rief dann noch die Sekretärin des ehemaligen MfS, die später bei Werner Fischer arbeitete, an, ob ich mich mal mit einem freiberuflichen Journalisten, einem Kollegen sozusagen, den sie gut kennen würde, unterhalten möchte. Ich bin aufgekratzt und sage zu. Erst nach den Sprachaufnahmen für meinen Film. Dann gern. Ich bin also wieder mittendrin.

Dienstag, 27. November 90 (Köln)

Gegen Mitternacht kam ich ins Hotel, um meinen Text für morgen zur Sprachaufnahme nochmal ordentlich abzuschreiben. Es ist ein kleines Hotel in der Innenstadt. Ich bezog ein ungemütliches Zimmer zu ebener Erde. Hauptsache ein Bett. Hauptsache schlafen.

Während ich die letzte Seite, den Schluß des Filmes, nochmal abschreibe, läutet gegen 0.30 Uhr das Telefon. Eine Jungmännerstimme. Man wolle mich dringend sprechen. Ich frage nach dem Namen. Der tue nichts zur Sache. Für mich schon. Wer weiß außer den Kollegen, daß ich hier bin? Es ist ein Mann mit leicht sächsischem Dialekt. Also gut, wenn ich nicht will, dann würde er sich wieder in Berlin melden. Dann legt er auf.

Um meine Nachtruhe ist es geschehen. Hoffentlich kann ich heute morgen den Text in Ruhe lesen. Was sollte das? Im Dunkeln liege ich schweißgebadet wach, höre alle möglichen Geräusche. Da mein Zimmer zu ebener Erde ist, schleiche ich an die Fenster und an die Balkontür, prüfe die Riegel. Es ist alles fest verschlossen. Draußen ist nur ein schwacher Lichtschein, sicher aus dem Fenster der Rezeption stammend. Ich ziehe mich wieder an und lege mich aufs Bett. Nach ein paar Stunden wache ich wie gerädert auf. Ob das heute gutgeht? Das Frühstück hat mich ein bißchen aufgemöbelt.

Heute abend fahre ich zum Glück nach Hause. Da fühle ich mich geborgener. Vielleicht habe ich schon Halluzinationen und sehe Gespenster.

Sonntag, 2. Dezember 90 (Advent)

Mir ist ganz weinerlich zumute. Bilder aus meiner Kindheit sind bestimmend an solchen Tagen. Nur, wenn ich versuche, eine ähnliche Atmosphäre von

Gemütlichkeit herzustellen, findet das bei unseren Söhnen kein Echo. Warum? Ich kann es mir nicht erklären. Unterm Lichterbaum laufen mir dann immer die Tränen, und Bernd denkt, daß ich unglücklich mit ihm bin. Dabei bin ich seit der Wende viel glücklicher mit ihm als früher, weil bei uns beiden der Druck weg ist, in politischen Fragen aneinanderzugeraten und uns gegenseitig zu beschimpfen und dann tagelang miteinander vergnatzt zu sein. – Nein, ich muß einfach so heulen. Unsere Kinder sind hoffentlich nicht verroht, doch die Auswahl der Videofilme, die sie treffen, läßt Befürchtungen zu.

Seit gestern jedenfalls weiß ich, daß ich mein Thema Schalck zu Ende führe. Ich muß mir nur noch den Rahmen abstecken. Der Ausgangspunkt ist folgender gewesen: Der angekündigte Journalist Jürgen P., ein Mann im besten Rentenalter, hat spannende Dinge erzählt. Dinge, die zunächst Vermutungen sind, auch bei ihm. Er sucht eine Insel, die die SED-Bonzen gekauft hätten. Schalck habe den Deal ausgehandelt. Vermutlich. Jürgen scheint ein Profi in Sachen Geheimdienst. Er ist ein massiger Mann mit einem großen Kopf und weit auseinander stehenden Zähnen. Rundherum strahlt er Gutmütigkeit aus. Nur, ich werde nicht für ihn arbeiten, ich geh lieber allein den Spuren nach. Warum interessiert mich diese Insel so? Ich stelle mir vor, daß die greise Führung der DDR immer unbotmäßiger in ihren Forderungen wurde, selbst die Welt bereiste, den Menschen aber Reiseverbot verhängte. Allein der Gedanke bringt mich zur Weißglut. Was haben sich die Bonzen angemaßt?

Für die nächste Woche habe ich mir vorgenommen, den Professor in meinem Wohngebiet zu besuchen und zu fragen, wer das wie gemanagt haben könnte. Auch den Prof. S. in der Leipziger Straße werde ich besuchen, um über Dr. D. etwas herauszufinden. Zeit habe ich jetzt für dieses Thema, und es wird Zeit kosten.

Mittwoch, 4. Dezember 90

Es ist atemberaubend.

Erstens sprach ich mit Prof. S. und seiner Frau. Beide sind hochbetagt, doch unglaublich lebhaft. Die beiden Alten stritten unentwegt miteinander darüber, wer mir was erzählt. Er schließlich setzte sich dann durch und verbat seiner Frau das Wort. Die nahm das keineswegs krumm und korrigierte ihn wie zur Strafe ständig. Also, Prof. S. ist nach wie vor von Dr. D.s Begabung fasziniert. Er erinnert sich, daß er – es muß 1986 gewesen sein – das Angebot erhielt, in der Senefelder Straße in einem Labor als verantwortlicher Professor mitzuarbeiten. Für ihn sei das die Chance gewesen. Schließlich habe er, seit er aus der Lehre heraus sei, die Arbeit im Labor vermißt. Und zu Hause sei einfach kein Platz vorhanden. Also habe er zugesagt. Und mit seinem lieben Schüler Dr. D. würde er ohnehin sehr gern zusammenarbeiten. Doch die Freude sei sehr bald getrübt worden. Nämlich sei das gar kein richtiges Labor gewesen. Sondern drei leere nackte Büroräume mit Schreibtischen und ähnlichem Mobiliar. Wirklich nichts anderes sei drin gewesen. Außerdem habe er dort mutterseelenallein herumgesessen. Dr. D. sei nur auf Reisen gewesen. Den habe er gar nicht zu Gesicht bekommen. Merkwürdig sei das Ganze schon. Ich will wissen, was er denn hinter der Sache vermutet habe? Prof. S. überlegt nicht lange. Seinen guten Namen haben sie sicher dafür gebraucht. Nichts weiter. Also, er sei dann einfach weggegangen und habe nichts mehr gehört von der ganzen Sache. Ein Stück Papier zeigt er mir. Und zwar ein DIN-A-5-Blatt mit der Aufschrift „Institut für Biophysikochemie", die Adresse steht klein darunter. Doch was dort geschehen sein könnte, darüber will Prof. S. nicht spekulieren. Dr. D. sei vielseitig begabt gewesen. Sowohl auf biologischem als auch gentechnologischem Gebiet. Das Stück Papier darf ich behalten. Ein ganz normales Stück Papier von einem Scheinbüro. Prof. T. und Schalck – das Ministerium für Gesundheitswesen und KoKo mit dem Stasi-Oberst – hatten offensichtlich einen nebulösen Deal ausgeheckt.

Die zweite Spur, der ich heute folgte, war ein Gespräch mit dem einstigen Botschafter der DDR in Griechenland. Der Botschafter ist ein angenehmer, großer, schlanker Mann mit einem markanten Profil. Die beiden nicht weniger bekannten Söhne von ihm erkenne ich in seinen Gesichtszügen wieder. Den einen mehr als den anderen. Ich erzähle dem Botschafter von meiner Vermutung, daß die SED seinerzeit in Griechenland eine Insel gekauft habe. Eine der mehr als zweitausend Inseln im Ionischen oder Ägäischen Meer. Der Botschafter zieht an seiner Pfeife und denkt nach. Das könne er sich nicht vorstellen. Wenn, dann sei das bestimmt an ihm vorbeigegangen. Oder vielleicht verwechsle ich etwas? Was er weiß und auch eingefädelt hat, ist die Verbindung zur Familie Levantes, die Verbindung zu den griechischen Kommunisten, die auf Korfu ein Hotel unterhielten. Hermann Axen, seinerzeit ZK-Sekretär für internationale Beziehungen, sollte prüfen, ob man nicht ein größeres Objekt für die DDR bauen könnte. Doch aus der Sache wurde aus Kostengründen nichts und vermutlich auch deshalb, weil Griechenland als NATO-Land ohnehin für den normalen DDR-Bürger als Reiseland tabu war. Die Auserwählten konnten überallhin reisen. Dazu brauchte man nicht extra zu investieren.

Fehlanzeige oder? Ich frage den Botschafter, ob er sich vorstellen könne, daß es eine so abgeschirmte Insel gäbe, die man nutzen konnte, um Schätze zu verstecken. Gold, Münzen, Schmuck ... Ein bißchen verrückt zwar, aber trotzdem. Der Botschafter saugt lange an seiner Pfeife. Für möglich halte er alles. Es gäbe da einen Handelsrat, der ebenfalls in Athen gewesen sei. Mit dem Herrn seien eher solche Geschäfte gemacht worden. Und natürlich, innerhalb der Botschaft gab es

Mitarbeiter der Hauptverwaltung Aufklärung. Das waren in der Regel die Attachés für Wissenschaft und Technik. Das waren der stellvertretende Konsul, der Funker und in größeren Botschaften ein Mitarbeiter des Militärattachés. Der Botschafter a. D. nennt mir noch den Namen der für Griechenland in Frage kommenden Mitarbeiter der Aufklärung. Dem einen speziell traut er so manches zu. Trotzdem, er schüttelt den Kopf, man konnte zwar Land kaufen, auch eine Insel. Aber die unbewohnten seien nicht mit Trinkwasser und Elektrizität versorgt. Das seien wilde Inseln, und die griechische Regierung hätte gern gesehen, wenn Privatleute jene Inseln zivilisieren würden. Doch das sei ungeheuer aufwendig! - Sicher. Es war auch nur eine Vermutung. Den Handelsrat werde ich aufsuchen. Er ist der Vater einer ehemaligen Studienkollegin meines Mannes. So was verbindet. Vielleicht.

Freitag, 7. Dezember 90

Der anonyme Anrufer aus Köln hat sich wieder bei mir gemeldet. Gestern abend, sehr spät. Ich hatte also keine Halluzinationen. Und heute vormittag, 11.00 Uhr, traf ich ihn in Westberlin am Bahnhof Zoo, nahe einer Sparkasse. Es war hellichter Tag und rundherum Leute. Ich ging mit einem gutaussehenden Allerweltsgesicht Kaffee trinken. Den Ort wollte er bestimmen, doch ich setzte mich durch. Wir gingen in ein Restaurant, wo ich den Geschäftsführer gut kenne.

Der junge Mann um die Dreißig war sehr gepflegt. So stelle ich mir Bodyguards vor. Mein Riecher war schon richtig: Beim PS - Personenschutz - sei er gewesen. Er kommt schnell zur Sache und bietet mir eine heiße Sache zum Kauf an. Eine, von der keiner bisher weiß. Wie er sich das vorstellt? Ich arbeite für keine Zeitung, die so etwas bezahlen könnte, ich habe einen Verlag, der ums Überleben kämpft, und meine Rücklagen werde ich vermutlich selber brauchen. Enttäuschung macht sich auf seinem Gesicht breit. Ich ermuntere ihn, mir zu sagen, worum es geht, dann könnte ich ihm raten, an wen er sich wenden soll, welcher Journalist von welchem Verlag dafür in Frage käme. Er tut sich schwer. Nur soviel könne er mir sagen: Es gehe um Falschgeld. – Falschgeld und Personenschutz? Wie geht das zusammen? Der junge Mann sagt, daß er einen Kumpel habe bei einer MfS-Abteilung, die so etwas gemacht habe, und der hätte davon gehört. Mir sind das schon wieder zu verschlungene Wege. Möglichkeiten der berühmten Desinformation ahne ich. Warum will er gerade mit mir sprechen, und woher wußte er, wo ich in Köln wohnte? Ganz einfach: Meine achtzigjährige Schwiegermutter habe ihm gesagt, daß ich nicht da sei. Er habe gesagt, es sei wichtig, sie habe ihm den Aufenthaltsort verraten. Dort habe er angerufen und von einer Redaktionssekretärin das Hotel genannt bekommen. Tüchtig, denke ich mir. Er hat's ja gelernt. Dann erklärt er weiter, daß ich durch das Stasi-Buch sicher viele Presseleute kennen würde, die mir Angebote machten. Da hat er recht. Mein Mißtrauen ist abgebaut. Ich will Näheres über die Falschgeldaktion wissen. Nein, er müsse erst wissen, daß etwas herausspringe. Ich sage ihm, daß ich jemanden suchen werde, aber er muß mir wenigstens einen Anhaltspunkt geben. Er denkt lange nach, macht es spannend: Der Bereich OTS (Operativ-Technischer Sektor) habe die Vorlagen gemacht, das Papier sei von ... (er will das nicht sagen) gekommen. Gedruckt wurden Dollarnoten. Ich kann das alles nicht fassen. Nachdem ich mich erholt habe, bitte ich ihn, mich anzurufen und, wenn möglich, einen Beleg, also eine solche Dollarnote, mitzubringen. Ob das möglich sei. Er nickt. Dann verabschiedet er sich ganz schnell, und ich zahle bei meinem Freund Luigi. Was mache ich bloß mit dieser Granate? Vergessen zu fragen habe ich natürlich, wieviel er überhaupt dafür haben will. Ich habe keine Vorstellung, was ein Verlag für eine solche Information zu zahlen vermag. Und überhaupt, was hat das mit Schalck zu tun? Ich habe schon wieder eine Spur, die nichts mit meinem Thema zu tun hat. Etwas benebelt gehe ich noch fürs Wochenende einkaufen. Am Abend habe ich Dr. Knorr angerufen. Ob er jemanden von OTS empfehlen könnte. Er denkt nach und meint, daß Herbert, der Vernehmer, einen guten kennen würde. Also rufe ich Herbert an, der wieder recht rüpelig am Telefon ist. Wird gemacht, sagt er, und etwa eine Stunde später ruft mich dann der gewünschte Mann an. Ist das alles verrückt! Der Mann kommt zur Sache: Er sei arbeitslos und habe Zeit, könne sich nach mir richten. Wir vereinbaren einen Termin.

Mittwoch, 12. Dezember 90

Die Zeitungen waren voll von de Maizières Stasi-Verstrickung. Der Führungsoffizier habe ausgesagt. Bilder gingen schon gestern abend durchs Fernsehen. Schrecklich, das alles. Woran sollen sich die Leute hierzulande eigentlich noch orientieren? Woran, frage auch ich mich immer. Schließlich hat uns der Herr zum Einigungsvertrag a tempo verholfen. Hat er deshalb zu allem ja und amen gesagt, weil er erpreßbar war? Vorausgesetzt, es stimmt alles so, wie es in den Zeitungen steht. Davon gehe ich aus. Der „Spiegel" recherchiert gründlich, bevor er veröffentlicht. Also wird was dran sein. Was mich am meisten beim Studieren der Zeitungen beschäftigt, ist, daß Bernhard überall zitiert wird. Mehr davon solle morgen im „Stern" veröffentlicht werden. Bernhard habe schon im März ausgesagt. Ich bin gespannt auf den morgigen „Stern".

Am Nachmittag war der OTS-Mann da. Er erfüllt wieder nicht meine Klischeevorstellung. Ein intellektueller Naturwissenschaftler, ein Chemiker mit Doktorhut. Zum MfS sei er gegangen, weil er dort für sein Arbeitsgebiet hervorragende Arbeitsmöglichkeiten gehabt habe. Ja, das Organ habe Geld gehabt. Die Arbeit habe Spaß gemacht, und er sei freiwillig hineingegangen, weil er von der Sache des Sozialismus überzeugt sei, und den wollte er schützen. Er sagt das schlicht und einfach. Ich muß es kurz machen, weil die Gespräche mir immer einen halben Tag rauben und die Falschgeld-Arie mich vom Thema wegführt. Ich frage also, ob bei OTS Falschgeld gedruckt worden sei, speziell Dollarnoten. Der Chemiker denkt nach. Er hält das für ausgeschlossen, aber er wird Kollegen, die für Fälschungen zuständig waren, befragen. Für welche Fälschungen, will ich wissen? Zum Beispiel für Pässe und andere Nachbildungen, wie das jeder ordentliche Geheimdienst macht. Er sagt stolz, daß sie die besten Graveure hatten. Und noch haben, denn ein Teil sei übernommen worden. Mitsamt Gebäude am Orankesee. Ich sehe ihn ungläubig an. Ja, der verflossene Innenminister habe noch ein paar Tage vor der Einheit Mitarbeitern persönlich gesagt, daß sie bleiben könnten. Der Chemiker ist ein ganz cooler Typ. Was ich mir gedacht habe? Ob ich glaubte, nun fortan ohne die verhaßte Stasi leben zu können? Natürlich hießen die Neuen anders, aber die Arbeitsweise sei die gleiche. Ich protestiere. Von wegen, politisch-ideologische Diversion! Bespitzelung von Andersdenkenden! Das sei wohl nicht ganz richtig. Er grinst und meint, ich sollte mir besser meine Naivität abgewöhnen. Dann wird er ganz sachlich, sagt, daß er nicht an Falschgeld glaube, aber er würde seine Kollegen fragen und mir Bescheid geben. Das könne aber dauern, da er nicht weiß, wie schnell er sie erreicht. Einige seien umgezogen und hätten kein Telefon mehr. Mit der Bemerkung, daß er nicht weiß, ob es noch in diesem Jahr würde, holt er mich auf den Boden der Realität zurück, mich, die überhaupt noch nicht an Weihnachten dachte. Das erste Weihnachten unter einem gesamtdeutschen Dach.

Donnerstag, 13. Dezember 90

Seit heute bin ich total verunsichert, ob mein Weg, mich Ehemaliger zu bedienen, um die Schalck-Connection aufzudecken, gangbar ist. Gleich am Morgen habe ich den „Stern“ gelesen. Der de-Maizière-Artikel hat mich überzeugt, daß dieser Mann nicht schuldlos ein Opfer imaginärer Mächte sein kann. Von nichts ist nichts, sagte mir immer meine Großmutter, wenn sie einen Eintrag über mein schlechtes Betragen unterschreiben sollte und ich mich herauszureden versuchte. Am meisten hat mich die Passage über Bernhard verunsichert: Nämlich, er sei im März beim Berliner Amt für Verfassungsschutz gewesen und habe dort sein Insiderwissen über de Maizière preisgegeben. Hoffte er auf einen nahtlosen Übergang von seiner einstigen Arbeit zum anderen Dienst? Oder ist die Sache nur durchgesickert, und er hat Erfolg gehabt, arbeitet heute mit dem neuen Dienst zusammen? Kann das alles sein? Dann werde ich ihn nicht mehr hereinlassen. Meine Vermutung von einst, daß Bernhard ein Mann ist, der sich immer anpaßt, hat sich also bewahrheitet. Mitten in meinen Überlegungen klingelt es. Bernhard steht vor der Tür. Mit dem zusammengerollten „Stern“ in der Hand. Er sieht angegriffen und elend aus. Er müsse mich sprechen. Ich finde ihn widerlich, jämmerlich, wie er dasteht. Umständlich erklärt er sich: Er habe sich, damals im März, einfach aussprechen müssen, mit Leuten, die seine Arbeit doch verstehen müßten. Er habe dort für alle sozusagen um Verständnis gebeten. Auch für seine Kollegen. Er hat vermutlich allen seinen ehemaligen Kollegen einen Bärendienst erwiesen, denke ich. Er jammert: Wie kann denn der Verfassungsschutz solch eine Information – er hatte sie offensichtlich als Einstand mitgebracht – an die Öffentlichkeit lassen? Wieso fragt er da mich? Ich sage ihm, daß sich der Verfassungsschutz möglicherweise doch einer anderen Vorgehensweise in

Sachen Öffentlichkeit bediene. Und außerdem soll er sich doch mal daran erinnern, daß die HVA/10, die Desinformation, auch gern ihre politisch wichtigen Dinge in die Westpresse gestreut hatte. Dumm sei er gewesen, sagt er. Daß er das ist, davon bin ich inzwischen überzeugt. Langsam kann ich auch verstehen, weshalb jüngere Mitarbeiter aus dem „Organ" so wütend auf ihre Vorgesetzten sind.

Ich frage Bernhard, weshalb er zu mir komme. Er fragt, ob ich ihm helfen könne, daß nicht noch mehr Zeitungen über ihn berichten. Ach so. – Was raus ist, ist raus, das sei nicht mehr aufzuhalten. Damit muß er fertig werden. Angst hat Bernhard vor seinen ehemaligen Kollegen. Die hätte ich an seiner Stelle auch. Bestimmt. Mit anderen Worten, er scheint jetzt noch einsamer zu sein als früher. Ich frage ihn, was die Frau, die Töchter dazu sagen. Er erklärt mir, daß die Frau sich kaum für Politik interessiere und daß sie das hoffentlich nicht erfährt. Die Frau sei aus einem prinzipientreuen Stasi-Elternhaus und selbst eine sehr aufrechte Mitarbeiterin im „Organ" gewesen.

Bernhard ist ein schwacher Mensch. Er wird sich immer wieder für jede Macht mißbrauchen lassen. Für mich ist die Arbeit mit ihm beendet. Als er weg ist, bin ich froh. Aber ich habe auch wieder ein bißchen mehr verstanden von dem Innenleben des einstigen MfS.

Am Nachmittag ergab sich die Möglichkeit, mit einem ehemaligen Botschaftsmitarbeiter zu sprechen. Ich solle ihn Werner nennen. Er war in einem NATO-Land Attaché für Wissenschaft und Technik, im Auftrag der Hauptverwaltung Aufklärung. Leider war er nicht in Griechenland. Aber er konnte mir trotzdem weiterhelfen. Allein schon dadurch, daß ich etwas vom Funktionieren der Botschaften erfuhr. Seine Haltung ist heute die vieler: Er ist froh, daß es vorbei ist. Zwar macht er heute eine Arbeit, die ihn nicht ausfüllt, doch die Zwänge seien weg. Natürlich, er wußte doch, seit er ins kapitalistische Ausland fuhr, daß das Feindbild, das man in den letzten Jahren ohnehin nur noch Holzköpfen glaubwürdig vermitteln konnte, längst brüchig war. Zwar habe er sich niemals heimisch gefühlt in diesen Landen, doch das hatte andere Gründe. Innerhalb der recht großen Botschaft waren noch zwei andere HVA - also Stasi-Mitarbeiter in verdeckten Positionen als OibE, genau wie er - eingesetzt. Befreundet waren die Familien untereinander nicht, ganz im Gegenteil, man schottete sich ab, weil man fürchtete, der andere könnte Berichte über das Verhalten von einem nach Hause weitergeben. In seinem Falle wußte man immer, wenn er mal wieder zwischendurch in Berlin war, eine Menge an Verfehlungen aufzulisten. Er kannte den Denunzianten. Insofern solle ich mir mal vorstellen, wie unerträglich ein solcher Aufenthaltsort war. Man mußte immer wachsam umherlaufen und leise sprechen, wichtig tun, entsetzlich! Mußten diese Leute nicht ihr ganzes Persönlichkeitsbild verändern? Oder waren sie zu dem Zeitpunkt, wenn sie eine solche Arbeit antraten, schon so weit diszipliniert, daß sie sich unter Kontrolle hatten? Dieser Mann, Werner, macht heute einen sehr ausgeglichenen Eindruck. Natürlich habe er sich eine Menge anschaffen können im Ausland. Doch die ständige Angst, etwas falsch zu machen und Ärger in Berlin zu bekommen oder im Ausland enttarnt zu werden und dann am Ort in Schwierigkeiten zu geraten, das sei manchmal ein sehr schmaler Grat gewesen, auf dem er balancieren mußte.

Er habe speziell versucht, im wissenschaftlich-technischen Bereich Erkenntnisse, für die das geringe Budget der DDR nicht gereicht hätte, im Land zu sammeln. Das sei in der ganzen Welt so. Ich frage ihn, ob man das schlicht auch Wissenschaftsspionage nennen könnte. Werner bejaht.

Ich erzähle ihm von Griechenland, und er hält diesen Deal für möglich, doch man könne einen solchen

Inselkauf sehr schlecht über einen längeren Zeitraum geheimhalten. Das leuchtet mir auch ein. Er sieht das anders. Griechenland sei als Transitland zum Nahen Osten nahezu ideal gewesen. Und in die Länder des Nahen Ostens habe die Stasi nun besonders hineindirigiert. Darum sollte ich mich mal kümmern. Der Nahe Osten ist groß, ich will wissen, wo ich dabei ansetzen soll. Werner denkt nach: Libanon, Irak, Iran und natürlich der Jemen. Dort, im Nordjemen, habe die Staatssicherheit ganz nach DDR-Modell einen Sicherheitsapparat aufgebaut, in den gleichen Strukturen des MfS. Die Leute seien zum Teil auch hier ausgebildet worden. - Ich krieg den Mund nicht mehr zu. Außerdem waren diese Länder der SED treu ergeben, und diese Ergebenheit wurde in klingende Münze umgewandelt. Im Jemen gab es auch ein starkes PLO-Lager. Er frage sich immer wieder, wieso die PLO eigentlich noch zahlungsfähig sei. Ich merke, daß das alles schon wieder nichts mit Schalcks Geschäften zu tun hat. Ob sich denn Schalck in diesen Ländern aufgehalten habe, will ich wissen. Werner weiß das nicht genau. Sicher, es gab eine Holding im Libanon und viele andere Firmen, meist Tarnfirmen, über die Waffen und andere Geschäfte abgewickelt worden seien. Das sei ohne Schalck nicht möglich gewesen. Aber ich solle daran denken, daß Schalck auch nie ohne die Aufklärung habe arbeiten können. Diese hätte dem Goldesel schon den Weg für seine Geschäfte bereiten oder „freischießen" müssen. Werner nennt mir einen Ex-Oberst. Der habe in den letzten Jahren für Schalcks Geschäfte die Fäden gezogen, soviel er weiß. Er würde mir helfen, die Telefonnummer und Adresse des Mannes zu bekommen. Ich frage Werner noch, ob er einen Dr. D. kennt. Er zögert. Als ich ihm die Geschichte um diesen Mann erzähle, ist ihm klar, daß Dr. D. - er erinnert sich dunkel - bei der HVA/15 geführt worden sei. Das sei der Sektor Wissenschaft und Technik. Da habe es eine enge Querverbindung zu Schalck gegeben. Er könnte sich auch vorstellen, daß da seit langem schon Forschungsaufträge für Westfirmen durchgeführt worden seien. Mir will nicht einleuchten, weshalb wissenschaftliche Erkenntnisse nicht auf dem Boden der DDR für die Menschen hier gemacht wurden, sondern wissenschaftliche Leistungen einfach so verscherbelt wurden. Werner hält mich nun für sehr naiv. Ich solle doch mal daran denken, daß die DDR immer mehr verschuldete. Daß Schalck immer größere Mühe hatte, Devisen lockerzumachen, um all die Löcher daheim zu stopfen. Mittag und Co. wollten schnelles Geld. Sie fragten nicht mehr nach dem Wie der Beschaffung. Für sie war die Menge wichtig, die ihnen ein angenehmes, sorgenfreies Leben garantierte. Natürlich habe die uneffektive Wirtschaft ihren Tribut gezollt. Ich solle doch mal an die kostenaufwendige Entwicklung des Megabit-Chips denken. Was das an Devisen verschlungen habe, und als er auf den Markt kam, sei er uninteressant gewesen, wenn man von den staunenden Augen der Dummköpfe aus dem Politbüro mal absehe. Pause. Mich beschleicht ein böser Verdacht. Ich frage Werner, ob denn seitens Schalck die Absicht bestanden habe, die DDR zu ruinieren, sie auszuzehren. Werner sieht mich betroffen an. Er meint, daß man es fast glauben könne. Ich bitte Werner nochmal, sich Beispiele zu überlegen, und, falls er möchte, solle er sich doch im neuen Jahr nochmal sehen lassen.

Sonntag, 16. Dezember 90

Nach dem Gespräch vom letzten Donnerstag mit dem Aufklärer bin ich wie benebelt. Das Jahr geht zu Ende, und ich muß versuchen, mir ein Bild über den Aufwand der Recherchen zu machen. Wenn mir meine Phantasie nicht durchgeht, so glaube ich, daß ich für diese Art der Aufarbeitung eine Nummer zu klein bin. Bernd sagte es mir schon durch die Blume, um mich nicht zu verletzen.

Ich zwinge mich, zum Jahresende alles ruhen zu lassen. Wenn sich etwas von selbst bewegen sollte, dann mache ich weiter. Sonst gebe ich auf. Inzwischen sucht man offiziell nach Aktenkoffern von Schalck, nach Geld, Gold und Schmuck. Die Staatsanwaltschaft ist der Presse hinterher. Jeder jagt Schalcks Milliarden. Da kann ich nicht mithalten. Mich interessiert das Prinzip, wie man die DDR an sich selbst zugrunde gehen ließ. Doch dazu muß ich ins Zentrum vorstoßen. Heute habe ich mir aufgelistet, welchen Spuren ich folgen müßte. Es ist eine Kette ohne Ende. Und am Ende eines jeden Gliedes werden neue Informationen mich auf neue Spuren schicken. Ich entferne mich von Schalck, um nach einer neuen Erkenntnis immer wieder zu ihm zurückzufinden.

Donnerstag, 20. Dezember 90

Eigentlich wollte ich mich meiner Familie widmen und die Arbeit ruhen lassen. Doch der Aufklärer Werner hat Wort gehalten und mir zwei Telefonnummern von wichtigen Leuten aus dem Umfeld Schalcks besorgt. Ich solle mir aber eine Legende überlegen, woher ich die Nummern habe. Er möchte nicht genannt werden. Er tut es nur mir zuliebe, weil er glaube, daß Aufarbeitung bei mir in guten Händen sei. Warum? Soll ich mich darüber freuen? Ich habe beschlossen, gerecht zu sein. Nicht pauschal zu urteilen oder gar zu verurteilen, ich will Gerechtigkeit und Klarheit. Daran hat sich nichts geändert.

Als er weg ist, wähle ich die beiden Nummern an. Beim zweiten Mal habe ich Glück, die Ehefrau meldet sich. Eine freundliche Stimme mit sächsischem Dialekt. Der Mann sei im Augenblick nicht zu Hause, erfahre ich. Ob er zurückrufen könne. Er kann. Ich sage meine Telefonnummer an. Als er sich nicht meldet, gehe ich einkaufen. Es ist Zeit, an die Feiertage zu denken. Als ich wiederkomme, ist mein kleiner Sohn ganz aufgeregt. Da habe jemand angerufen! Ein Mann! Ja, und dieser Mann sei eigenartig gewesen, der habe sich erkundigt, ob Mama zu Hause sei. Und als er – Gregor – das verneint habe, hätte der Mann – es sei sicher ein Gangster gewesen – gefragt, ob noch jemand zu Hause sei. Ich solle mir das mal vorstellen! Gregors Wangen glühen! – Ich habe die innere Unruhe auf mein Kind übertragen. Wer weiß, was in seinem kleinen Kopf herumspukt. – Mir ging es vor Jahren, als Vater wieder aus der Haft entlassen war, auch so. Ich lauschte an der Tür, wenn sich meine Eltern leise über Politik unterhielten. Schnappte Namen und Termine von Treffen in Westberlin auf. Es war geheimnisvoll, und ich fragte niemals nach, baute mir mein kleines Bild von der Welt allein zurecht. Es waren spannende Minuten, die ich hinter der Tür zum Wohnzimmer meiner Eltern verbrachte. Irgendwann erwischte mich Mutter und scheuchte mich ins Bett. Jedesmal, wenn sie sich unterhielten, gab es erst den Kontrollblick vor die Tür. Ich haßte meine Mutter deshalb, weil sie mich nicht mehr an den Geschichten über Politik teilhaben ließ. Sieben Jahre war ich damals. So etwa muß es Gregor gehen, wenn ich Bernd abends von neuen Erkenntnissen zum Thema erzähle. Manchmal kommt er mit roten Ohren dazu und fragt, wenn er etwas nicht verstanden hat. Ein Beweis dafür, daß er später, wenn er groß ist, nachfragen wird, wenn ihm eine politische Realität nicht paßt. Hoffentlich.

Ich weiß natürlich, daß dieser Ex-Oberst zurückgerufen hat. Ich rufe ihn an und sage ihm, daß ich ihn sprechen möchte. Ob ich denn ein bißchen mehr erzählen könnte über mich, mein Buch kennt er, könne es sich aber nicht leisten. Ob ich es ihm zuschicken kann. Dann würde er sich über meine Gedanken ein Bild machen können. Ich verspreche das und wünsche ihm ein schönes Weihnachtsfest und einen guten Rutsch. Er werde sich in jedem Falle im neuen Jahr melden. Er hat eine belehrende, fast überhebliche Art am Telefon, die mich abstößt.

Bernd hat einen schönen Weihnachtsbaum gekauft. Der Duft und die Vorstellung, ihn im Lichterglanz zu sehen, stimmt mich vollends weihnachtlich, und ich überblättere an diesem Abend bewußt die Schlagzeilen zum Thema Stasi. Ich verdränge. Es ist Weihnachten.

Freitag, 28. Dezember 90

Ich muß mich von den Feiertagen erholen. Meine Lieblingshose kneift, sicher nicht vom Essen, ich habe mich diszipliniert, doch der Bewegungsmangel und der ungewohnt ausgiebige Schlaf sind daran schuld.

Morgen hat Bernd Geburtstag, und ich freue mich immer auf die Vorbereitungen. Sie entspannen mich. Der Ex-Oberst aus Schalcks Nähe hat sich gestern gemeldet. Kurz und recht naßforsch: Ich solle einen Termin sagen. Der 8. Januar wurde vereinbart. Ich solle mir aber nicht zu viel versprechen. Ob er redet, weiß er noch nicht.

Glück hatte ich auch bei dem zweiten Mann, einem begnadeten Wissenschaftler, wie Dr. Knorr mir sagte. Ein Mann aus einem Querschnittsbereich, der Überblickswissen habe. Auch er sagt zu. Anfang Januar. Ich mache also weiter.

Hoffentlich steht das Jahr 1991 unter einem guten Stern. Die Horoskope sagen nichts Außergewöhnliches. Für mich soll es ein hartes Jahr werden. Ein bißchen Gutes ist dabei.

Gestern kam Dr. Knorr gut aufgelegt und feierlich zu mir. Ein gesundes neues Jahr und vielen Dank für alles. Warum? Ich hätte ihm sehr geholfen, sich wieder im Leben zurechtzufinden. Er sagt das ganz schlicht.

Ich stelle fest, daß ich ihn mag.

Vor einem Jahr eine unvorstellbare Sache für mich. Aus der Westentasche zieht er noch einen Zettel mit einer Telefonnummer und einem Namen. Er habe einen Mann, der ganz in der Nähe von Markus Wolf gearbeitet habe, nein, nicht sein Adlatus. Besser. Ich könne ihn anrufen, und - er macht eine bedeutungsvolle Pause - ich könne ihm trauen. Er habe selbst genügend Frust auf den Laden gehabt. Wir wünschen uns einen guten Rutsch und überhaupt ...

Dienstag, 1. Januar 91

Ich fühle mich ausgeruht, ausgeschlafen und glücklich. Wir verbrachten die letzten Stunden des Jahres mit unseren Freunden in der Nachbarschaft. Georg erprobte sich erstmals allein mit seiner Crew. Wir müssen uns daran gewöhnen, daß er bald erwachsen ist.

Mit M.s verbindet uns eine unkomplizierte Freundschaft. Man ist nie gestreßt, wenn sie kommen, und ich glaube, es geht ihnen ähnlich. Monika ist eine hervorragende Köchin, und nach der Gans saßen wir still beieinander. Es war ein beschauliches Silvester. Beschaulichkeit war nach den Wirren und Ereignissen der letzten Zeit der für uns alle vier einzig mögliche Gemütszustand. Und Udos vorausschauende Frage, was wohl in einem Jahr sein wird, ob wir da aus der Talsohle raus sein werden, sprach unsere Gefühle aus. Wir wünschten es uns alle, doch wir ließen die Antwort in der Luft. Ich denke, daß wir ahnen, erst am Beginn der Schwierigkeiten zu sein.

Heute Glückwünsche zum Jahreswechsel hin und her. Keiner ist mehr euphorisch, jeder unserer Freunde blickt gespannt, einige sogar ängstlich diesem neuen Jahr entgegen. Bernd und ich wünschten uns Gesundheit und Glück, Gregor hing uns am Hals. Georg vergaß gegen morgen, als er heimkam, den Eltern ein gutes neues Jahr zu wünschen. Mich beruhigt, daß es anderen Eltern mit ihren heranwachsenden Kindern ähnlich geht. Und dennoch wünschte ich mir von unserem Großen mehr Herzenswärme. – Bernd meint, in dem Alter würde man die noch verstecken. Er selbst versteckt sie oft heute noch.

Mittwoch, 2. Januar 91

Das Telefon brachte Glückwünsche, Einladungen, Verabredungen. Ein Umtrunk mit Kollegen im kleinen Kollektiv des noch bestehenden Deutschen Fernsehfunks spendete nochmal das Gefühl der alten Geborgenheit. Wir haben uns zwar Optimismus vorgenommen, dennoch prägte die Ungewißheit über unser aller Zukunft durch Herrn Mühlfenzls Dirigat die Stimmung. Was wird aus uns?

Mittwoch, 9. Januar 91

Heute muß ich alle Gedanken ordnen, die sich aus den gestrigen Gesprächen ergaben. Atemberaubend! Erstens war am Vormittag pünktlich um 10.00 Uhr der Ex-Oberst der HVA da, derjenige, der den Kontakt zu Schalck gehabt haben soll. Saß ich für drei Stunden einem Täter gegenüber? Der HVA-Oberst, äußerlich glich er einem schlanken Falstaff, erteilte mir zunächst eine gehörige Lektion über die Dummheit, die ihm aus dem Blätterwald (die Zeitungen meint er damit) entgegenschlägt. Er spricht langsam, drückt sich gewählt aus und umgibt sich mit einer intellektuellen Note. Er versucht, mir unentwegt nachzuweisen, daß es der größte Fehler sei, sich von einem so tüchtigen Organ wie der Staatssicherheit zu trennen. In komplizierten Satzkonstruktionen höre ich mir an, wie er die Opposition auseinandernimmt, die es nicht anders verdient habe, nicht vom Volk akzeptiert zu werden. Ich bleibe ruhig, ich will etwas von ihm und weiß noch immer nicht, wie ich ihm beikommen kann.

Er sieht mich durch seine Brillengläser funkelnd an. Sein rotblondes Haar ist zu einer kunstvollen Tolle ineinandergeschlagen, was die Schütterkeit verbergen soll. Er ist eine gepflegte, typische HVA-Erscheinung. Mit einem Blick auf die Uhr stelle ich fest, daß er nun schon mehr als eine halbe Stunde sein Resümee aus der aufopfernden und bedeutenden HVA-Arbeit zelebriert. Dann ist er fertig. So, ich könne nun fragen, meint er. Einfach so. Ich benehme mich zuweilen sehr undiplomatisch, doch ich glaube, daß dieser Mann ohnehin niemals ein Stückchen Wissen preisgeben wird. Also sage ich ihm, was ich weiß: Die Stasi, HVA, hat, um ihr Devisenbudget zu erhöhen, krumme Touren beschritten. Hat sie Falschgeld gedruckt? Wurde über Afghanistan im Verbund mit dem KGB Heroin hergestellt und verschoben? Inwieweit hängen dabei die Parteifirmen, die MfS-Firmen drin? Hat die Hauptverwaltung Aufklärung, um den Weg für die Schalck-Geschäfte zu ermöglichen, diesen Weg bereitet, abgedeckt oder gar „freigeschossen"? Hat seine Abteilung speziell die Geschäfte zu Schalck betreut?

Ich glaube, das war zuviel auf einmal. Er ist auf der Couchecke merklich in sich zusammengesunken. – Das Telefon läutet, ich muß ihn verlassen. Als ich wiederkomme, sehe ich, wie er aus einem Fläschchen Tropfen genommen hat. Das verstimmt mich total. Ich will nicht, daß irgend jemand Schaden nimmt. So nicht. Ich frage nach seinem Wohlbefinden. Er beteuert, daß es ihm gut geht. Plötzlich ist er – vielleicht sind es Wundertropfen – wieder der alte. Er setzt sich zurecht und will mir mal was erklären.

Es ist wieder eine lange Rede. Der Extrakt ist folgender: Er habe in der von mir vermuteten Abteilung nur bis 1985 gearbeitet, aus gesundheitlichen Gründen. In einem Buch über Antiquitäten von einem meiner Kollegen sei das auch schon falsch dargestellt. Den Nachfolger nennt er natürlich nicht. Überhaupt, Namen gebe er nicht preis. Aber er müsse mich auch generell enttäuschen, er habe etwas völlig anderes gemacht, nämlich etwas, was alle anderen Geheimdienste der Welt machen würden. Etwas für geheimdienstliche Begriffe völlig Legitimes. – Es fällt mir außerordentlich schwer, an geheimdienstlicher Arbeit nach allen bisherigen Recherchen etwas Legitimes, geschweige denn Nützliches finden zu können. Aber wahrscheinlich werde ich mich damit abfinden müssen und die Existenz des alten Gewerbes schweigend zur Kenntnis nehmen. Also, des Obersts wichtige Abteilung hat Nachrichten über den Tourismus „abgeschöpft". Der Oberst schildert einige Beispiele: Immer mehr wichtige Kader aus allen Bereichen des Lebens durften in die Welt reisen, auch in die NATO-Länder, versteht sich. Diese Reisekader wurden „gebeten", das eine oder andere in Erfahrung zu bringen. Ich sage ihm, daß das sicher die Voraussetzung war, wenn man auch weiterhin reisen wollte, daß etwas für die gute HVA abfällt. War das so?

Der Oberst überlegt und sagt salbungsvoll, daß man es nie nötig gehabt habe zu drohen. Er könne mir leider nicht den Gefallen tun, ein Haar in der Suppe zu finden. Leider. Also die ganzen Fragen von mir, nein, da könne er mir nicht dienen. Da ich weiß, welches Spiel er mit mir treibt, kapituliere ich, möchte aber wissen, wer denn dann auskunftsfähig sei zu diesen heiklen Fragen. Er denkt wieder lange nach, als hätte er Angst, etwas Unüberlegtes zu sagen. Also, er würde mal jemanden fragen und sich dann wieder bei mir melden. Aber Hoffnung mache er mir nicht. Ob ich denn schon in der Abwehr nach Querverbindungen zu Schalck gesucht hätte? Und bei wem ich da vorgesprochen hätte? Wut steigt in mir hoch. Für wie blöd hält mich der Mann? Ich antworte ihm nicht, sondern sage, daß ich mich um die Verflechtung des Schalck-Imperiums zur HVA kümmern werde. Ein schwieriges Feld, sagt er fast nuschelnd. Davon bin ich seit der heutigen Begegnung überzeugt.

Er geht und verspricht, sich Ende der Woche zu melden.

Ein Glück, daß das Gespräch am Nachmittag ergiebig war, sehr ergiebig sogar, sonst hätte ich heute keine Motivation mehr gehabt, weiterzumachen. Andreas kam 14.00 Uhr. Ich kenne ihn schon lange als einen Mann der Kripo. Genauer gesagt, die Tochter des uns bekannten Partei- und Gewerkschaftsfunktionärs Fritz ist mit Andreas verheiratet. Fritz machte mich zu Bernds Geburtstag auf seinen Schwiegersohn aufmerksam. Er sei nämlich - welch ein Zufall - nicht bei der Kripo gewesen, sondern beim MfS. Und an ganz exponierter Stelle: er habe in der Disziplinarabteilung gearbeitet, jener Abteilung, die unerbittlich die Schweinereien der eigenen Mitarbeiter aufdeckte und sammelte. Diplom-Kriminalist sei er. Vor etwa vier Jahren habe ich mich mit ihm bei einer Geburtstagsfeier schon mal unterhalten. Ein pfiffiges Kerlchen. Wir brauchten also kein Drumherumreden, keine Anlaufphase, die über eine Zusammenarbeit entscheidet.

Er will selbst einiges loswerden, hätte es nur gern, wenn ich auch mal mit seinem großen Chef spräche. Das sei in jedem Fall nützlich. „Kusch" nannte man die Kader- und Schulungsabteilung, und vor den Disziplinarleuten kuschte man wirklich. Mit denen war nicht gut Kirschen essen. Das haben mir alle bestätigt, die ich gefragt habe, was passiert wäre, wenn sie ausscheren wollten. Doch mir gefällt Andreas. Seine soziale Lage ist ungewiß, er befindet sich in der sogenannten Warteschleife. Weiß aber, daß er nicht übernommen wird. Kriminalist sei er gern gewesen und wäre es gern weiter, zumal es ja ein Mangelberuf ist. Doch solche wie er, mit dieser Vergangenheit, hätten nun mal für den öffentlichen Dienst keine Chance.

Schade, denke ich. Bei mir hat er einen Vertrauensvorschuß, denn ich erinnere mich noch ziemlich genau, daß er damals vor vier Jahren schon eine kritische politische Haltung hatte. Ich knüpfe das Gespräch daran an. Andreas steigt sofort ein, daß er zum damaligen Zeitpunkt sich schon ein Überblickswissen verschafft hatte über den maroden Apparat, über Amtsmißbrauch und Korruption. – Es habe so kommen müssen. Nur, daß alle die Rechnung zahlen, das könne nicht sein. Das sei auch ein Grund, weshalb er sich meiner Absicht, differenzierte Aufarbeitung zu betreiben, gern anschließen möchte. Ich möchte wissen, was er in seiner Abteilung konkret bearbeitet hat. Andreas hat sich mit Finanz- und Wirtschaftsvergehen der Mitarbeiter beschäftigt. Noch bevor ich meine Begeisterung kundtun kann, schränkt er ein, daß der Schalck-Bereich natürlich, was die Finanzen betraf, unkontrollierbar gewesen sei. Aber wenn ich die Gunst seines Chefs erwerbe, könne der mir sicherlich die Weichen stellen.

Andreas redet sich alles von der Seele. Ein Punkt führt weg vom Thema. Er sinniert darüber, daß sich die Stasi die Opposition selbst organisiert habe. Die HA XX habe ihre besten Leute in die Opposition geschleust, und diese mußten superaktiv wirken, um nicht enttarnt zu werden. Das Ganze bekam eine solche Eigendynamik, daß mancher, der zunächst mit anderen Absichten in den Untergrund ging, sich nicht mehr steuern ließ, sondern an den Ideen der Avantgarde Gefallen fand und folglich die friedliche Revolution vorantrieb.

So hatte ich die Sache noch nicht betrachtet. Doch wenn ich überlege, wer in den letzten Monaten enttarnt wurde und wer möglicherweise noch unentdeckt weiterarbeitet, so mußten das die besten Kader sein.

Ibrahim Böhme. Ihm zum Beispiel habe ich seine Doppelrolle verziehen. Er war für mich Sympathie- und Hoffnungsträger. Ich sage Andreas, daß ich zwei Leute der HA XX kenne, die aber bestimmt nicht die Revolution wollten. Das muß ein Fauxpas gewesen sein. Ich nenne ihm die Namen, und er bestätigt, daß ich dabei die Borniertesten erwischt hätte. Doch ich will zu Schalck zurück. Andreas bestätigt meine Vermutung, nämlich, wenn man das Schalck-Imperium aufdröseln will, muß man bei der HVA anfangen. Derjenige, der Schalck aufgebaut habe, sei kürzlich verstorben. Hans Fruck. Den Namen habe ich schon mehrfach gehört. Er habe sich selbst über Mielke hinweggesetzt. Ein Mann, für den es kein Tabu gab. Heute seien greifbar als Drahtzieher ... Andreas nennt vier Leute. Einen davon hatte ich am Vormittag auf der Couch. Ich sage Andreas, daß dieser Mann nichts habe gucken lassen. Das könne er sich vorstellen. Er wurde von allen Beschaffungsmeyer genannt, und ich brauchte auch nicht zu erwarten, daß ich in Zukunft etwas von ihm erfahre. Markus Wolf habe seine Leute zum Schweigen vergattert. Warum immer Markus Wolf? Seit 1987 residierte doch ein anderer? Andreas meint, MW blieb immer die graue Eminenz für seine Mitarbeiter.

Andreas druckst, überlegt, ob er mir etwas sagen soll. Also, nach dem Tod eines gewissen Volpert, der der Drahtzieher für die Geschäfte Schalcks zum MfS gewesen sei, habe der persönliche Mitarbeiter, Generalleutnant Carlsson, diese Funktion übernommen. Gehört habe ich von diesem Mann schon immer. Er, der in den letzten Jahren, als Mielke schon ziemlich senil war, die Vorlagen erarbeitet habe und mit dem Faksimilestempel verantwortlich zeichnete. Wenn ich ihn zum Reden brächte ...

Man müsse sich Zeit nehmen. Augenblicklich seien die Mitarbeiter verunsichert und wissen nicht, wie in den angekündigten Prozessen mit ihnen verfahren würde. Einige würden mit der Zeit schon reden. Viele hätten die Nase voll davon, für allen Scheiß die Rübe hinzuhalten. Das sagt Andreas nicht ohne sichtliche Erregung.

Ich taste mich, etwas kühn geworden, vor: Wo, glaubt er, hat man Gold, Münzen und andere Wertsachen hingebracht? Ich bin nach allen Recherchen überzeugt davon, daß KoKo-Schalck und der harte Kern um ihn herum ihr Schäfchen längst im trockenen haben. Andreas kann auch nur spekulieren. Der Nahe Osten habe eine zentrale Rolle gespielt: Libyen, Libanon und der Jemen. Zuweilen auch Moçambique. Ein gewisser Aspeck, Günter Aspeck, könnte da eine Rolle spielen. Der Aspeck von der ASIMEX, der HVA-Firma.

Aspeck, Aspeck ... Immer wieder höre ich, aber nur beiläufig, von diesem Mann. Andreas erzählt, er sei eine schillernde Figur gewesen, kam Ende der sechziger Jahre als Überläufer in die DDR, direkt zur HVA unter die Fittiche von Fruck. Wie er sich entwickelt habe, da müsse mir ein anderer weiterhelfen. Soviel weiß er: Aspeck türmte etwa 1981 sang- und klanglos nach Österreich, und Mitte der achtziger Jahre sei er im Süden irgendwo verschollen. Er wurde beerdigt, obwohl es keine Leiche gab. Höchst merkwürdig. Ähnliche Dinge habe ich auch gehört. Doch ob der Ominösität habe ich sie nie ernst genommen.

Andreas zuckt mit den Schultern. Einige Vorgänge seien ihm als jungem Spunt schon undurchschaubar und obskur erschienen. In den Kreis der HVA einzudringen sei jedenfalls ungeheuer schwer. Andreas erzählt, wie er mit anderen nach der Wende in den einzelnen Abteilungen Devisen sichergestellt habe. Mich interessiert, wie denn das MfS seine Devisen erwirtschaftet hat.

Andreas zählt auf:

1. Die Stasi verkaufte hin und wieder ihre Waffen vornehmlich in den Nahen Osten. Immer dann,

wenn das Wachregiment neu aufgerüstet wurde, wurden die alten Waffen über KoKo verscherbelt. In Rostock in Tanks eingeschweißt und verschifft, ging die Reise über Libyen in den Libanon, zum Beispiel.

2. Bei von der Stasi bearbeiteten Strafverfahren und Steuervergehen wurden die Effekten nicht an den Staatshaushalt abgeführt, sondern einbehalten.
3. Über die durch HA VI erwirtschafteten Einnahmen und Transitzahlungen. Verantwortlich war General Fiedler, der sich seit langem in ärztlicher Behandlung befindet, in psychiatrischer, versteht sich. Viele Bundis ließen sich preiswert Fotos machen für den neuen Paß und dergleichen. Die Stasi machte alles möglich. Unter dem Motto „Kleinvieh macht auch Mist" kam da ein ganz schönes Sümmchen zusammen.
4. Das Geld, das aus Briefen „sichergestellt" worden war, floß in die Stasi-Kassen, und das sei nicht wenig gewesen.
5. Die HVA und KoKo ließen in der Wertpapierdruckerei Leipzig größere Mengen DDR-Geld ohne Deckung drucken und tauschten das dann meist in der Schweiz in DM um.

Letzteres muß doch zur totalen Destabilisierung der Mark geführt haben. Mir ist wieder ganz übel. Wofür und für wen hat das die Stasi gemacht? Das fragt sich Andreas heute auch. Wer hatte etwas davon? Persönlich bereichert an diesen Devisen hätten sich bestimmt die wenigsten. Der Apparat hätte immer mehr gefressen, um unterhalten werden zu können und um Methoden zu finden, dem Gegner überlegen zu sein. Wozu? Tja, heute fragt sich jeder - selbst aus dem MfS -, wozu? Der Apparat wurde immer größer, immer unüberschaubarer und immer wirkungsloser. Die schlaue HVA hat das doch kommen sehen müssen. Hat sie nicht vorgebeugt, um zu retten, was zu retten ist?

Andreas erinnert sich, daß im November 1989 bis in den Dezember hinein die Flugtätigkeit von Marxwalde, wo die Regierungsstaffel lag, enorm zunahm. Immerhin arbeiteten die Botschaften noch, und die dort ansässigen OibE in den Botschaften könnten doch Material entgegengenommen und verwahrt haben. Vielleicht. Wohin sind die Aktenberge verschwunden, die wichtig waren, die auch eine Art Überlebensgarantie für Schalck und Co. ausmachten? Andreas schüttelt den Kopf. Mit wichtigen Akten habe man sich nicht belastet. Sie wurden vor der Vernichtung auf Sicherheitsfilm gespeichert. Das war handlicher. Nachdem sich die HVA als einzige Abteilung von Modrow und dem Runden Tisch die Zustimmung holte, ihre personenbezogenen Akten vernichten zu dürfen, setzte hinter dem Rücken des Bürgerkomitees eine Aktivität ein, die heute viele Fragen aufwirft. In einigen Räumen der Roedernstraße, hinter verschlossenen Türen, arbeitete der harte Kern der HVA, um teures Gut, die Top-Agenten und deren Vorgänge, für alle Zeiten zu speichern. Ein Glück, daß man die modernste Technik besaß, ein Glück, daß man seinerzeit immer ausreichend Devisen zur Verfügung hatte, um wenigstens jetzt einmal perfekt sein zu können, um mit diesem Material weiter Politik machen zu können. Wie lange wird uns die Vergangenheit noch beschäftigen? Ich verabschiede Andreas mit der Bitte, mir alle möglichen Kontakte herzustellen. Zuerst den zu seinem Chef a. D. Er verspricht, sich zu melden.

Den Abend habe ich mit einem Essen ausklingen lassen. Mit Dr. Christian Z. Er sitzt im Berliner Abgeordnetenhaus und hat Sorgen. In seiner Klinik würden Gerüchte gestreut über seine mögliche Stasi-Verstrickung. Ich sehe ihm in die Augen und frage: „Hast Du oder hast Du nicht?“ Seinem „Nein“ vertraue ich.

Er habe mit einem Mann zu tun gehabt, einem gewissen Sturtzbecher. Der habe ihn häufig in der Klinik aufgesucht, doch zu einer Zusammenarbeit sei es nicht gekommen. Ich erzähle ihm von meiner Begegnung mit Sturtzbecher. Die Adresse und die Telefonnummer habe ich. Christian ist nervös. Das kann Gerede geben ...

Ich sage ihm, wenn er ein reines Gewissen habe, brauche er auch nichts zu fürchten. Doch Christian weiß um seine Feinde. Weiß auch, daß er sich mit dem Ergebnis des Abschlußberichtes zum Psychiatriemißbrauch in Berliner Kliniken nicht zu aller Zufriedenheit verhalten habe. Doch kann man diesen Filz wirklich bis zum Ende klären? Ich erzähle Christian, daß ich einer Spur versuche zu folgen, aber es ist so wie bei einer Deltamündung: Ich stoße auf mögliche Falschgeldproduktion (der Mann hat sich nie wieder gemeldet), ich erhalte Tips, daß Rauschgift produziert wurde, ich weiß um das ominöse Labor des Dr. D. Ich versuche, hinter die Geschäftsverflechtungen von KoKo zu kommen. Ich suche einen lebenden Toten Aspeck und und und. Manchmal frage ich mich, ob ich zuweilen bewußt in die Irre geführt werde. Aber von wem? Mit welchem Ziel? Noch nie habe ich über einen solch langen Zeitraum so konfus recherchiert. Die Deltaarme münden sicher alle in einem großen Sumpf. Ende. Christian meint, daß ich nur keinen Schaden an der Arbeit nehmen soll. Er guckt mich sorgenvoll an. Sicher mache ich in mancher Augen schon einen wirren Eindruck, vielleicht denkt man, ich spinne mir etwas zurecht. Mein Mann denkt das sicher auch zuweilen von mir.

Zurück zu Christian. Seine Sorgen sind nicht unbegründet. Er steht in einer gewissen Rivalität zu seinem Chef. Sie sind beide in der CDU. Vielleicht ermöglicht die Nichtaufarbeitung auch, einen unliebsamen Partner ins Gerede zu bringen, damit er dann ein für allemal aus dem Weg ist? Wenn daraus System wird, siegen nicht die Besten. Sollten sich Intriganten fürderhin durchsetzen, dann wird dieses große Deutschland nicht besser als die beiden unterschiedlichen kleineren Geschwister zuvor.

Montag, 14. Januar 91

Der Wissenschaftler aus dem Querschnittsbereich des einstigen MfS war da. Ein Mann meines Alters mit offenem Gesicht. Dunkles Haar, helle Augen. Zugesagt habe er nur, weil ihm meine Stimme gefiel und er gespannt war, wie ich dazu passe. Manche Stasi-Leute haben eine verblüffend direkte Art. Der Schreck über diese Offenbarung hinderte mich nachzufragen, ob ich nun zu meiner Stimme passe oder nicht. Er packte mir umständlich ein kleines Blumenstöckchen aus dem Einkaufsbeutel.

Meine Verlegenheit war verflogen, und ich habe ihm etwas von mir und meiner Absicht erzählt. Was er zur Zeit mache, will ich wissen. Er versuche, sich eine neue Existenz aufzubauen. Schwierig sei das bei seiner Vergangenheit. Er will wissen, was ich von ihm erwarte, er habe keine inoffiziellen Mitarbeiter geführt, also wenn mich das interessiere, da könne er mir nicht helfen. Zwei Dinge interessieren mich besonders bei seiner früheren Tätigkeit. Nämlich Rauschgift und Falschgeld, aber wenn er möchte, könne er einfach ein bißchen von sich und seiner Befindlichkeit erzählen, um sich warm zu machen. Wenn er will.

Er möchte reden, weil er sich innerhalb des Apparates versucht habe zu wehren und durchaus erfolgreich gewesen sei im Verweigern von Arbeiten, die sich gegen die Menschen richteten. Das sei auch ein Grund, weshalb er vor einigen Jahren strafversetzt worden sei. Er druckst, als er erzählt, und möchte eines klarstellen: Wenn man erführe, daß er mit mir über seine vergangene Arbeit rede, wäre er ein toter Mann. Mir läuft ein eiskalter Schauer über den Rücken.

Wie also könne ich ihm garantieren, daß sein Name nicht bekannt würde? Wie, wenn ich Tatsachen veröffentlichte, wo der Personenkreis der Mitwisser klein sei, da würden sich doch Rückschlüsse auf seine Person ergeben. - Ich verspreche ihm, die Angelegenheit so zu umschreiben, daß er nicht in Verdacht kommt. Bestimmt.

Ich soll ihn bei eventuellen Aufzeichnungen Dr. Loewe nennen. Er meint, daß wir aber nicht mit einem Termin hinkämen. Mir ist das recht, wenn die Gespräche ergiebig sind. Warum nicht. Für ihn sei seit langem klar, daß die angeblich gegnerischen Dienste BND - MfS sehr gut zusammengearbeitet hätten. Wie sonst könne ich mir erklären, daß Ex-Oberst Stelzer, einst Direktor des Institutes für Kriminalistik (DDR), gemeinsam mit Heribert Hellenbroich vom BND heute ein Institut mit dem klangvollen Namen „Internationales Institut für Wirtschaftssicherheit zu Berlin" gegründet hat? Stelzer war übrigens der Doktorvater für den Überläufer Tiedke, über den Hellenbroich schließlich seinerzeit gestolpert war. Abgesehen davon, so sagt mir Loewe nachdrücklich, daß das unmoralisch sei, verbinden die Herren doch schon lange keine feindschaftlichen Gefühle. Im Gegenteil. Über Moral habe ich seit langem, was den Bereich von Geheimdiensten anbetrifft, aufgehört zu denken. Mir will nur nicht in den Kopf, daß die Zusammenarbeit, die offensichtlich gut war, verschwiegen wird. Man schämt sich heute seiner Beziehungen. Warum? Wollte man mit denen nichts zu tun haben, weil sie mit Häme und mehr verfolgt werden und das ein schlechtes Licht auf einen werfen könne? Warum wird nicht offensiv über solche Seiten gesprochen; wenn die Dienste der Alt-Bundesrepublik das in lauterer Absicht gemacht haben, ist das doch etwas Normales,

Loewe erzählt weiter: Er sei mit einem Freund, dessen Namen er nicht nennen will, Mitte der siebziger Jahre zum Beispiel darauf gestoßen, daß LSD - hergestellt in einem abgelegenen Grundstück des MfS – in Westberlin verkauft wurde. Drogenfahnder machten Ostberliner Mittelsleute dingfest, das heißt, sie beobachteten zu mehreren Treffen die Übergabe. Sie folgten den LSD-Dealern und standen plötzlich vor einem Objekt der Staatssicherheit bei Berlin. Zwei Posten verwehrten ihnen Eintritt.

Das sei das eine. Er möchte noch von einer ganz speziellen Abteilung sprechen, einer Abteilung, die sehr klein war, das Land der unbegrenzten Möglichkeiten hieß und von der heute überhaupt nicht gesprochen werde. Diese Abteilung hatte unter anderem auch Spezialaufträge Mielkes durchzuführen. Zum Beispiel: Entführung bestimmter Personen (auch aus der Terror-Szene). Leute, die als Verräter galten und dergleichen. Loewe benennt die Abteilung als AGM/S (Arbeitsgruppe des Ministers/Sonderaufgaben). Er nennt mir drei Namen der wichtigsten Drahtzieher dieser Abteilung. Keiner redet heute von diesen Offizieren. Er weiß, daß ein Mann, den er kennt, Gifte, Betäubungsmittel und manchmal auch Farben von Hoechst zu besorgen hatte. Er sinniert ein wenig und meint, daß die Menge der Farben ungewöhnlich war und daß die Art der Farbe möglicherweise zum Drucken von Falschgeld verwendet worden sein kann. Ich frage ihn, ob es Farben waren, die man zum Druck von Dollarnoten brauche. Er überlegt und bejaht. – In Limbach-Oberfrohna befand sich ein Auslieferungslager von Hoechst. Es war ein besonders gut bewachtes Objekt gewesen, habe er sich sagen lassen. Er weiß, daß über den berüchtigsten Mitarbeiter der Abteilung, Oberst Otto W., enorme Mengen von genehmigungspflichtigen Wirkstoffen und Betäubungsmitteln abgefordert worden seien. Weshalb und wozu brauchte man solche Stoffe? – Loewe glaubt, daß man damit die PLO und andere Befreiungsbewegungen versorgt habe. Ob ich den Prof. T. vom Ministerium für Gesundheitswesen kennen würde. Ich kenne ihn, er war Bernhards letzter

Chef. Ich erzähle ihm von Bernhard und der Verquickung zu dem ehemaligen Staatssekretär. Loewe kann nur den Kopf schütteln. Das sei eine Seilschaft von besonders makabrer Art. Die Abteilung AGM/S brauchte hin und wieder größere Mengen Morphium. Die HA XX/1, zuständig für Gesundheitswesen, beschaffte diese großen Mengen von bewußtem Prof. T. - Bernhard wird mir immer zwielichtiger. Und dieser Professor spielt heute vermutlich den Saubermann, obwohl mir Bernhard im vergangenen Jahr sagte, daß Prof. T. noch Kontakt zu Schalck in München habe. Was kann denn mit den großen Mengen Morphium geschehen sein? Loewe nennt zwei Möglichkeiten: entweder zur Betäubung von Schmerzen bei Kriegsverletzungen, entstanden bei Kämpfen der Befreiungsbewegungen, oder ... Er will nicht so recht mit der Sprache heraus. Was oder? Loewe meint, daß die Mengen enorm gewesen seien. - Morphium sei ja auch unbedingt notwendig zur Heroinherstellung. Also doch Rauschgift? - Vielleicht. Er hat keine Beweise, nur bestimmte Tatsachen sprechen dafür.

Nach allem, was ich bisher in Erfahrung gebracht habe, gab es bei diesen Leuten keine ethische Grenze. Also brauche ich auch nicht darüber nachzudenken, ob sie sich heute für alle ihre miesen Geschäfte schämen oder nicht. Geld stinkt nicht - das ist mir klar. Und sicher war das ihre Maxime.

Ich befrage Loewe nach Dr. D. Sage ihm, was ich bislang über ihn herausfinden konnte. Er kennt ihn, bestätigt seine Genialität und seine Zugehörigkeit zur HVA 15, Sektor Wissenschaft und Technik. Gentechnische Manipulationen hält er für möglich. Er will sich erkundigen, was in Wandlitz derzeit geschieht.

Wie immer nach diesen Gesprächen habe ich das Bedürfnis, erst mal allein zu sein. Die Enthüllungen über Tatsachen und Personen, die bisher im dunkeln standen oder, besser gesagt, in der Sonne, schlagen sich mir auf den Magen. Kamillentee hilft.

Am späten Nachmittag gebe ich dem Südwestfunk ein Radiointerview. Im Studio dann werde ich gefragt, ob ich mir vorstellen könne, daß sich die Stasi-Leute wieder rekrutieren würden. So etwa habe ich geantwortet: Nein. Sie können nichts mehr bewirken. Ausgenommen Einzelaktionen, die ich für möglich halte. Untereinander gehen sie sich aus dem Weg, und innerhalb der einzelnen Abteilungen weisen die Jüngeren den Älteren die Schuld zu. Bei denen wiederum wird die Schuld auf den verlogenen Parteiapparat geschoben. - Alle haben ein bißchen recht, denke ich mir.

Ich verliere immer wieder den Faden, spüre Neues auf, finde Anhaltspunkte zu Dingen, die gewesen sein könnten. Bewiesen habe ich bislang nichts. Woran liegt's? Was ist im Apparat der Staatssicherheit wirklich geschehen, das über das normale Maß an dem Geheimdienst zustehenden Dingen hinausgeht? Wenn allerdings andere Geheimdienste mit dem MfS zusammengearbeitet haben sollten, wie ich es andeutungsweise immer wieder gesagt bekomme, dann müßte ich doch die Elle ganz anders ansetzen. Dann wüßte ich doch genau, daß es sinnlos ist, sich mit der Aufarbeitung von Unrechtstaten zu beschäftigen, denn dann werden die neuen Dienste alles daran setzen, daß eventuelle Gemeinsamkeiten aus vergangenen Jahrzehnten vertuscht werden. Je mehr ich erfahre, desto schwieriger wird mein Vorgehen. Doch wenn ich aufgäbe, würde ich auch meine Hoffnung auf eine gerechte Gesellschaft aufgeben.

Aber gibt es überhaupt Gerechtigkeit? Ist Recht gleich Gerechtigkeit?

Donnerstag, 17. Januar 91

Ein wohltemperierter Tag. - Ich habe fertige Spielfolgen meiner „Richterin" gesehen. Sie gefallen mir. Und ich war mit der Lektorin Margit S. essen.

Gespräche mit ihr haben immer etwas Aufbauendes, Wohltuendes an sich. Doch ich habe vermutlich eine unhaltbare Zusage gemacht: Ich versprach, das Manuskript im Frühjahr noch abzugeben. Wie kam ich auf die Idee, die Recherchen in der nächsten Zeit abschließen zu können, wenn Gerichte und Polizei nicht imstande sind, trotz mannigfaltiger Kenntnisse und Erkenntnisse, eine Anklageerhebung gegen Honecker und Co. zustande zu bringen? Mein Problem ist, daß ich für meine Informanten sehr viel Zeit und Einfühlungsvermögen einsetzen muß, um Vertrauen zu gewinnen. Die einzige Motivation, die sie haben dürfen, ist, ihre Unschuld nachweisen zu können, indem sie die Täter benennen und die gesamtgesellschaftliche Verflechtung dabei aufdecken helfen. Das braucht Zeit. Haben denn nicht unmittelbar nach der „samtenen Revolution“ im November 1989 scheinbar unbelastete Leute, die später verschwanden oder enttarnt wurden, die Geschäfte und Geschicke so geordnet, daß die Täter ihr Schäfchen ins trockene bringen konnten, daß Gelder und Werte weiterarbeiten können, jetzt unter anderen gesellschaftlichen Bedingungen?

Am kommenden Montag hat Dr. Knorrs Mann zugesagt, mit mir zu reden. An meinem Fingerspitzengefühl liege es, ihn zum Reden zu bringen. So sagte mir Dr. Knorr. – Ich bin ganz gespannt. Es ist ein Mann aus dem Herzen der HVA. Ich spreche mit immer mehr Leuten, und aus diesen Gesprächen ergeben sich neue Querverbindungen zu Leuten, mit denen ich sprechen müßte. Eine Bandwurmrecherche.

Eine neue Serie habe ich noch nicht im Kopf, ich muß aber wenigstens eine Sache zu Ende bringen, um finanziell existieren zu können. Vielleicht sollte ich mich mit einer Zeitung zusammentun? Meine Informanten könnten dann auch Geld bekommen. Aber ich habe den Eindruck, daß all jene Ehemaligen nicht mit der Erwartung zu mir kommen, Geld zu machen, sondern um mit meiner Hilfe für sich selbst eine Erklärung für das Unfaßbare zu finden: nämlich eine Erklärung für den plötzlichen Zusammenbruch der DDR, für deren Erhalt sie ihr Leben geopfert haben, wie sie sagen.

Mittwoch, 23. Januar 91

Heute morgen, ganz früh, fast vor dem Aufstehen, war er da. Der Mann aus dem Herzen der Hauptverwaltung Aufklärung. Durch ihn soll ich die Verflechtung dieser Hauptabteilung mit dem Schalck-Imperium aufräufeln können. Es ist ein jünger wirkender vierzigjähriger, gut und gepflegt aussehender Mann. Kein Allerweltsgesicht. Er hat lebhafte braune Augen, um die stets ein wenig Ironie spielt, was mich anfangs irritiert. Auch seine Art zu reden, die Wahl seiner Worte stimmen mit diesem Eindruck überein. Er sieht offensichtlich viele Dinge des Lebens ironisch, um seine vielen Enttäuschungen ertragen zu können. Ich soll ihn Michael nennen und auf seine konkrete Funktion bei eventuellen Aufzeichnungen verzichten. Er möchte nicht enttarnt werden, das könne ich mir sicher vorstellen. Zur Zeit ist er arbeitslos, und leider habe er nicht zu dem erlauchten Kreis seiner Abteilung gehört, der sich rechtzeitig etwas auf die hohe Kante legen konnte.

Nach dem Gespräch weiß ich nicht, ob ich ihm ganz und gar trauen darf. Durch Dr. Knorr hatte er einen Vertrauensvorschuß. Warum eigentlich? Während des Gesprächs hatte ich aber auch nie den Eindruck, daß er sich verstellte, wie es zum Beispiel bei seinem Kollegen Beschaffungsmeyer der Fall gewesen ist. Auch war er kein kleines Licht in der HVA, der nur Dinge „in etwa“ weiß, nein, es ist ein Mann mit Einblick und Durchblick.

Das, was ich vermutete, bestätigt er mir: Die Hauptverwaltung Aufklärung war der Wegbereiter für das

Funktionieren der Schalckschen Geschäfte, für das Funktionieren des gesamten Imperiums. Handelsgeschäfte setzen neben dem fachlichen Handwerkszeug vor allem Informationen und Verbindungen voraus. Die Verknüpfung dieser drei Bedingungen bildete die Grundlage und war zugleich die Voraussetzung für die Eheschließung Schalck & HVA. Die Wurzeln dieser Verbindung reichen weit zurück.

Die ursprünglich als politischer Nachrichtendienst konzipierte Hauptverwaltung Aufklärung erhielt durch die enge Verknüpfung von Politik und Wirtschaft schon in den frühen Jahren ihrer Existenz interne Kenntnis über wirtschaftliche Vorgänge. Der Verlockung, mit diesen sicheren Kenntnissen erfolgreiche Geschäfte zu tätigen, stand der Zwang des Schutzes der Quellen gegenüber. Dieser Widerspruch konnte nur gelöst werden, wenn die Sicherheitserfordernisse im Umgang mit Quellenmaterial nicht nur im Verantwortungsbereich der HVA, sondern auch im Bereich der praktischen Geschäfte durchgesetzt werden konnten. Somit entstand vor allem das Personalproblem, solche fachlich versierten Kräfte zu finden oder heranzubilden, die gleichzeitig den hohen Sicherheitsanforderungen einer Attestierung als Offizier des MfS entsprachen.

Am Anfang standen Einzelaktionen und kleine, unkoordiniert arbeitende Firmen, die erst im Laufe eines komplizierten Prozesses zu dem späteren Schalck-Imperium ausgebaut wurden. Wesentlich vorangetrieben wurde dieser Prozeß durch die Verlagerung der Auseinandersetzung der Systeme auf das Feld der Wirtschaft und die damit verbundenen Veränderungen der Schwerpunkte der nachrichtendienstlichen Aufgaben der HVA.

Hans Fruck – leider ist er im November 1990 verstorben – gehörte zu den geistigen Vätern und Geburtshelfern des Schalck-Imperiums. General Fruck, die graue Eminenz. Der Mann, der noch Jahre nach seiner

Berentung privat im Spionagegeschäft mitmischte und mehr als einmal Verwirrung in den eigenen Reihen stiftete.

Er kommt vom Thema ab: Über Fruck gab es tausend Geschichten! Zum Beispiel, daß eines Tages, Ende der siebziger Jahre, im Keller des Gebäudes der HVA zwölf Kilo-Büchsen Morphium gefunden worden seien. Und nach Überprüfung, woher das Zeug stamme, habe sich herausgestellt, daß der berühmte Prof. T. aus dem Gesundheitsministerium das Morphium abgezweigt habe. Mich interessiert natürlich, was die HVA unter Fruck damit vorhatte. Michael weiß es nicht. Daß er es für die Befreiungsbewegung zur Seite geräumt hatte, ist möglich; aber auch, daß daraus Heroin gebraut werden konnte. Es würde beides zu dem schlitzohrigen General passen.

Ich möchte wissen, wie man denn die westlichen Manager oder gar Politiker dazu gebracht habe, sich auf Schalcks Geschäfte einzulassen. Michael denkt lange nach. Diese Frage berührt die Existenzgrundlage von Geheimdiensten generell. Die Lösung ist zu einfach, im Leben eines jeden Menschen gäbe es dunkle Punkte, mit denen er unter Druck zu setzen ist. Das war keinesfalls das Standbein der HVA, auch wenn es immer wieder als gut vorstellbare Lösung angeboten wird.

Michael greift auch meinen Lösungsvorschlag profitabler Geschäfte als Motiv der Zusammenarbeit auf. Hier sieht er schon eher Beweggründe in einer Welt, in der alles seinen Preis hat. Aber er verweist auch auf die Vielzahl von Beamten des gehobenen Dienstes, sozial gesichert, materiell überdurchschnittlich versorgt, und trotzdem Spione der HVA. Ich erkenne, daß dieses Thema wohl der Stoff eines anderen Buches sein könnte, und beginne wieder mit meiner Profittheorie als Ursache solch breiter Geschäftskontakte des KoKo-Bereiches. Michael sinniert sehr lange darüber, daß die Leute ganz sicher auch an diesen Geschäften profitierten. Es lag ja nicht unbedingt auf der Hand, den offiziellen staatlichen KoKo-Bereich mit der Staatssicherheit gleichzusetzen. Geschäfte mit der DDR seien irgendwann seriös und lukrativ geworden. Warum aber hatte dann die DDR so wenig davon profitiert? So wenig, daß sie heute pleite ist? Waren das einseitige Geschäfte? Schalck mitsamt den Pfiffikussen der HVA mußten doch - sofern sie lautere Absichten hatten - merken, daß sich spätestens seit Ende der siebziger Jahre die DDR auf ökonomischer Talfahrt befand. Ich verstehe das alles nicht. Trotzdem: Wenn die Top-Leute der Bundesrepublik nun aber im Papiertiger Staatssicherheit erfaßt sind und darüber hinaus in der elektronischen Kartei sowie der Handkartei gespeichert, werden sie doch allesamt über kurz oder lang enttarnt. Michael sieht mich durchdringend an. Lange, als überlege er, ob er meinen Augen trauen kann und mir etwas sagen soll. Er senkt den Blick und sagt: „Vielleicht." Ich weiß, daß er mehr weiß. Noch eine Frage: Könnte denn durch die Enttarnung die alte Bundesregierung mitsamt ihren Wirtschaftsbossen empfindlich ins Wanken geraten durch diese moralische Belastung? Michaels Blick aus großen braunen Augen signalisiert mir, daß ich gut kombinieren kann.

Wie immer in solchen Sternstunden, schlägt mir das Herz bis zum Hals. Einmal über die Entdeckung, aber auch deshalb, weil ich der Geschichte immer mehr auf die Spur komme. Michael nennt mir Namen, die die Stützen des Schalck-Imperiums in der HVA waren: In den letzten zehn Jahren, dem für die KoKo-Expansion wohl entscheidenden Zeitraum, lag die Verantwortung beim 1. Stellvertreter der HVA, Werner Großmann. Die Arbeitskontakte unterhielten vorrangig die Abteilung XVI (Genschow), aber auch der Sektor Wissenschaft und Technik (Vogel) und die Abteilung Rückwärtige Dienste (Kretzschmar), aber auch die Sonderoffiziere und Referenten der genannten Leiter und deren enge Verbündete. Der harte Kern der HVA.

Mich interessiert, ob Markus Wolf die ganzen Querverbindungen zu Schalck gekannt habe. Michael sieht mich jetzt verdutzt und irritiert an. Ob ich denn meine, daß man das ohne den jahrzehntelangen Chef der HVA habe tun können? Ohne dessen Wissen, hinter dessen Rücken? Ich weiß, daß die Frage naiv war. Was denn Wolf zum gegenwärtigen Zeitpunkt in der Sowjetunion mache außer an seinen Büchern arbeiten. Ob er all sein Wissen dem KGB abliefere? Michael hält das für untypisch, selbst bei innigster Freundschaft zur SU würde Wolf niemals alles, schon gar nicht das Wichtigste aus der Hand geben. Er wird sein Wissen noch brauchen, spätestens dann, wenn er wieder nach Deutschland zurück will. Will er das? Michael nickt. Warum sollte er auch nicht. Mit einem Blick auf die Uhr verabschiedet sich Michael. Wenn ich ihn brauche und noch Fragen habe, solle ich ihn anrufen, er ist auf Jobsuche und habe schon noch Zeit. Spaß habe es ihm gemacht, mit mir zu reden. Danke. Gleichfalls.

Ich laufe wie ein Tiger im Käfig auf und ab. Draußen ist ein trister nebliger Wintertag. Wenn ich nur weiterkäme! Immer dann, wenn ich etwas Neues weiß, tritt eine lähmende Pause ein, ehe es einen nächsten Schritt nach vorn gibt. Nutzt es etwas, sofort Gerd N. und Tilo K. zu befragen? Nichts bringt es. Sie sind von Beschaffungsmeyer vorgewarnt, sind selbst schon von den einschlägigen Zeitungsreportern attackiert worden. Alles, was sie sagen könnten, würde sie nur belasten. Ich blättere in meinen Aufzeichnungen und stelle fest, daß ich eine Spur nicht aufgenommen habe. Von Marxwalde aus soll es laut Andreas' Angaben eine rege Flugtätigkeit gegeben haben, die unmittelbar nach der Wende im November / Dezember 1989 einsetzte. Flugpläne dazu müßte es doch noch geben. – Ich erfrage die Nummer, rufe an und vereinbare mit einem freundlichen Oberstleutnant der Bundeswehr einen Termin. Kurz und knapp. Militärisch. Andreas rufe ich auch an und bitte ihn, mir die Adressen von Tilo K. und Gerd

N. zu besorgen. Andreas hat auch noch eine Neuigkeit: Ich solle doch mal mit dem kurz vor der Wende umgesetzten BKK-Chef Wolfram M. (Bereich Kommerzielle Koordinierung) reden. Vielleicht habe ich da Glück. Er nennt mir die Telefonnummer. Ich probiere es sofort und erfahre von der Oma, daß der Schwiegersohn erst am Abend erreichbar sei.

Außerdem sagt mir Andreas einen Termin mit seinem einstigen Chef von „Kusch“ durch. Heute kommt wirklich Leben in die Szene. Am Nachmittag noch ein Gespräch mit meinen Kollegen im Deutschen Fernsehfunk. Ein bekannter Regisseur hat eine gute Idee, die man vielleicht ins Vorabendprogramm bringen könnte. Es geht um zu publizierende Rechtsfälle. Fälle, mit denen Ex-DDR-Bürger konfrontiert werden können, die dieses neue bundesdeutsche Recht nicht kennen. Eine gute Idee, doch auch eine, die bilanziert werden will und natürlich Mittel braucht. Wir orakeln, wie wir am besten vorgehen könnten. Man müßte Günter Gaus als Medienbeauftragten für die Idee interessieren. Wir einigen uns schnell, daß ich einen Termin mit ihm zu arrangieren versuche. Ich möchte ihn bei dieser Gelegenheit nach Schalck fragen, den er aus langjähriger Arbeit in der DDR gut kennen müßte.

Immer, wenn ich mit meinen Kollegen zusammensitze, wird mir ganz wehmütig. Wir alle wissen, daß es uns bald nicht mehr in dieser Runde geben wird. Es ist nur noch ein Strohhalm, an dem sich alle festklammern und durch immer neue Ideen das Unausweichliche verdrängen. In dieser kleinen Runde fühle ich mich heimisch. Bei Befragung meiner Stasi-Leute, ob sie nicht ihr Kollektiv vermissen, erfahre ich durchweg, daß sie meist froh sind, einander nicht mehr sehen zu müssen. Sie sind heute lieber einsam in ihren Familien, sofern sie intakt sind. Nur wenige haben Querverbindungen zu alten Kollegen. Das ist für mich unvorstellbar. Wie haben denn die Leute gelebt? Sie hatten Angst vor Bespitzelung aus den eigenen Reihen. Sie trauten einander nicht. Sie schotteten sich nicht nur nach außen ab, sondern auch nach innen. Ein Putsch wäre aus diesem Grund schon nicht möglich gewesen, weil man den Kollegen neben sich gar nicht in seinem wirklichen politischen Denken kannte. Ist das ganze System so angelegt worden, daß keiner dem anderen traute, oder ist das nur so gewachsen? Am Abend zu Hause habe ich Wolfram M. noch erreicht. Ja, gut, er komme. Mitte Februar erst. Vorher kann er nicht.

Bernd fragte mich sorgenvoll, wie viele Ehemalige ich noch in unserer Wohnung zu befragen gedenke. Ich weiß es nicht. Manchmal scheint mir, daß unsere Beziehung dadurch belastet ist. Er beobachtet mich, sicher hat er Angst um mich. Wenn das so wäre, würde mich das nach zweiundzwanzig Ehejahren freuen. Ich sage ihm das. Doch lachen kann er nicht darüber.

Donnerstag, 24. Januar 91

Am Nachmittag war Andreas mit seinem Chef, dem einstigen Chef von „Kusch“ des MfS, da. Ich kann mir noch kein Bild von ihm machen. Das Gespräch war kurz und konstruktiv. Aufarbeiten, ja. Hilfe wird er sich überlegen. Was weiß ich? Was weiß er? In jedem Fall weiß er mehr als ich. Kennt er das Prinzip, wie, nach welchem Grundmuster Schalck und Co. mit der HVA zusammenarbeiteten? Wird er mir alles sagen? Ich habe versucht klarzumachen, daß mich interessiert, ob es ein langangelegtes Konzept gab, die DDR bewußt zu ruinieren, damit kein anderer Ausweg als die Einheit übrigblieb. Ungeachtet dessen, ob das nicht für alle ein Segen ist und bestimmt der größte Teil der Ex-DDR-Bürger froh über diese Einheit ist, wäre doch unter normalen Umständen eine für alle Beteiligten günstigere Regelung ohne einschneidende soziale Härten möglich gewesen. Was mich nicht vordergründig interessiert, ist, wer sich Geld, Häuser oder Münzen unrechtmäßig unter den Nagel gerissen hat. Die zahlreichen Kommissionen und Gremien, die sich mit Amtsmißbrauch und Korruption beschäftigen, werden das sicher besser und umfassender erledigen können. An dieser Stelle meiner Erörterungen grinst Andreas unverhohlen. Er sagt nichts weiter dazu. Ich denke mir mein Teil und werde ihn nach dem Grund fragen, wenn er allein ist, ohne seinen Chef.

Der „Kusch"-Chef klärt zwischendurch mit Andreas, der offensichtlich sein Adlatus war, daß er mir die gewünschten Adressen besorgen könne. Dann sagt er mir, daß er nachgedacht habe und ich vielleicht mit einem Mann aus der HA 18 (Sicherung der Volkswirtschaft) sprechen sollte. Er kenne da einen sehr klugen und erfahrenen Mitarbeiter. Der könne mir etwas zur Arbeitsweise von KoKo sagen, auch über die Rolle Mittags, die ja immer außer acht gelassen werde. Ich frage nach Beil, Gerhard Beil. Der Kaderchef, ein starker Raucher, wiegt bedenklich sein Haupt, verständigt sich blickreich mit Andreas. Mal sehen ... Er verspricht, darüber nachzudenken, und geht.

In meinen Aufzeichnungen blätternd, mitten im Grübeln über die nächsten Arbeitsschritte, läutet das Telefon. Zum x-ten Male in der letzten Zeit ist keiner dran. Ich höre regelmäßiges Atmen. Gehört das dazu? Hat es überhaupt etwas mit meinen sicher nicht allen willkommenen Recherchen zu tun? Erreicht wird durch die Art der Anrufe zumindest, daß meine Nervosität steigt.

Freitag, 25. Januar 91

Gerade komme ich aus Neuhardenberg (ehemals Marxwalde) zurück. Soeben hat Margit S. aus dem Verlag angerufen. Im Verlag hätten sich zwei junge Männer nach mir erkundigt. Zwei Männer, die angaben, von der Kriminalpolizei zu sein. Margit S. habe die Adresse verweigert, schließlich könne diese durch die Polizei einfacher ermittelt werden. Außerdem hätten die beiden Männer einen etwas windigen Eindruck gemacht. Sie nennt mir noch eine Telefonnummer und den Namen des Kommissars, für den einer der beiden sich ausgegeben hatte. Es ist eine Westberliner Telefonnummer. Nach einigen Anläufen kam ich durch und erhielt den Anschluß. Der Kommissar, der sich meldet, ist vom Dezernat für Verkehrsdelikte und weiß mit meinem Namen nichts anzufangen. Ich schildere ihm den Vorfall, der ihm unverständlich ist. Pardon, ein Mißverständnis, sage ich ihm. Was soll das? Was bezwecken irgendwelche Leute mit einem solchen Spiel? Ich bin beunruhigt, obwohl die Angelegenheit ebenso dilettantisch wie ominös ist. Der PS-Mann, der angeblich Dollarblüten bringen wollte, paßt nicht auf die Beschreibung der beiden jungen Männer im Verlag. Die Anrufe? Nur ein bißchen Psychoterror? Vielleicht.

Neuhardenberg war erfolgreich. Ein ehemaliger Oberstleutnant der NVA empfing mich in seinem Dienstzimmer in Bundeswehr-Uniform. Er hat sympathische Gesichtszüge. Ich frage ihn, wie er den Wandel unbeschadet überstanden habe. Er zuckt mit den Schultern. Er habe gar keine Zeit gehabt, darüber nachzudenken. Die Uniformen seien etwas Äußerliches. Innerlich sehe es in ihm nicht gut aus, das könne ich ihm glauben. Alles sei viel zu schnell gegangen, als daß man Zeit gehabt hätte, überhaupt seine eigene Geschichte aufzuarbeiten. Apropos aufarbeiten: deshalb sei ich hier, erkläre ich ihm. Ich sage, daß ich wissen möchte, welche Flüge des MfS und von KoKo wohin gegangen seien. Ende Oktober bis Ende des Jahres 1989. Hat er die Flugpläne noch? Er hat sie und sieht mich lange an. Tja, aber er kann mir nicht helfen. Da müßte ich über die Pressestelle der Bundeswehr gehen. Ich erkläre ihm, daß ich dann meine

Recherchen vergessen könne, weil dann von dort auch andere Presseleute dieser Spur folgen würden und alles sofort an die Öffentlichkeit brächten. Die Tageszeitungen hätten es da viel einfacher. Das leuchtet ihm ein. Aber ich müsse das seinem Vorgesetzten erklären, dem Oberst St. von der Bundeswehr. – Das habe ich getan und durfte anschließend die Pläne einsehen. Dem Oberstleutnant der ehemaligen Volksarmee macht die Suche nach möglichen interessanten Flügen Spaß. Der interessanteste für mich ging am 6. November 89 nach Aden und dann weiter nach Daressalam. Die beiden Piloten können sich vielleicht erinnern.

Ich habe Glück. Der eine von ihnen ist da. Er wird gesucht. Inzwischen notiere ich noch eine Reihe von Flügen, die mir nicht koscher erscheinen. Weshalb flog Ex-Oberst Franz, Chef der Terrorabwehr, der HA 22, am 1. November 89 mutterseelenallein mit ein bißchen Gepäck Richtung Budapest? Allein für ihn wurde von der Staatssicherheit ein Flugzeug mit Besatzung gechartert. Zwei Stunden hatte die Maschine Aufenthalt und flog dann wieder zurück mit besagtem Obristen, mit weniger Gepäck. Was hat der Mann warum gerade in Budapest gelassen?

Inzwischen ist der Pilot des Aden-Fluges gekommen. Er kann sich noch ziemlich genau an den Ablauf des Fluges vom 6. November 89 erinnern. Es gab eine gravierende Änderung: Ursprünglich sollten sie noch nach Maputo, das wurde kurzfristig abgesagt. Wichtig für mich ist, daß ein ganzer Teil Gepäck, die Hauptlast sozusagen, in Aden gelassen wurde. Ja, und dort wurden sie immer von einem Mann aus der Botschaft empfangen. Der übernahm dann von jemandem, den sie nicht kannten, das Gepäck. Sie hätten dann in Aden, das heißt in Crater übernachtet und seien am nächsten Tag nach Daressalam aufgebrochen. Das war aber offensichtlich ein normaler Versorgungsflug mit einigen Passagieren an Bord. Wer nahm denn in Aden das Gepäck in Empfang? Naja, man hatte ja seine Erfahrungen, meint der Pilot, es waren meist MfS-Mitarbeiter der Botschaft, die das Gepäck und Passagiere entgegennahmen. Wer derjenige in Aden war, daran kann er sich nicht mehr erinnern. Was sie konkret nach Aden brachten, auch nicht.

Es gibt noch eine Reihe von anderen Flügen, die mir interessant erscheinen, doch die Piloten dazu sind gerade in der Luft.

Ürigens habe unser Pilot jedes Jahr Herrn Schalck und Familie nach Split in Urlaub gefahren und auch wieder geholt. Danach hatte ich zwar nicht gefragt. Dennoch begreife ich nicht, daß der Goldesel eine Maschine für sich allein in Anspruch nahm. Das hätten die Piloten seinerzeit wohl auch nicht begriffen. Aber was tun? Man mußte eben auch den ungeschriebenen Gesetzen folgen. Ich sage ihm, daß das wohl alle taten, bis auf wenige Ausnahmen. Diese Sicht beruhigt ihn. Er bietet sich an, nochmal mit dem Personal des Fluges nach Aden zu reden, vielleicht wüßten die mehr.

Ich danke den hilfsbereiten Bundeswehroffizieren, die die Wende zumindest äußerlich überstanden haben, und fahre nach Berlin zurück. Ich muß den Mann finden, der in der Botschaft in Crater saß und das Gepäck entgegennahm. Aber warum vermute ich etwas in diesem Gepäck? Nur die Tatsache, daß Andreas mich auf rege Flugtätigkeit hinwies, daß Dr. Loewe den Jemen als das Land bezeichnete, wo nach Muster des MfS ein Zwilling existierte? Die Jemeniten wurden auch an den Hochschulen des MfS ausgebildet. Dennoch ist das alles eine vage Vermutung. Nur der plötzliche Aufbruch gen Nahost und nach Afrika, überall dorthin, wo PLO und Befreiungsbewegungen ansässig waren, da scheint es einen Zusammenhang zu geben. Wie finde ich den Mann der DDR-Botschaft in Aden? Daressalam ist mir zu weit, und außerdem, laut Auskunft des Piloten, war das ein normaler Flug. Ich werde Michael aus dem Herzen der HVA anrufen. Er muß das wissen. Wichtige Papiere wurden alle auf Sicherheitsfilm abgelichtet. Was konnte in den Jemen und in die anderen Länder transportiert, das heißt sichergestellt werden? Wertsachen wie Münzen, Geld, Goldschmuck, die Ausrüstung, um Falschgeld zu produzieren. Ich rief Michael an, er hat in der nächsten Woche Zeit.

Die vielen Pausen dazwischen sind lähmend. Ich komme nicht weiter und vergesse dadurch auch, wichtigen Spuren zu folgen.

Ein Brief ist abgegeben worden, darin stehen die wichtigsten Adressen, und Telefonnummern der Leute, die im Schalck-Umfeld arbeiteten. Kusch hat zuverlässig gearbeitet.

Dienstag, 29. Januar 91

Am Wochenende kam der Kontakt mit dem mir empfohlenen Mann der HA 18 zustande. Heute vormittag war er da. Hans soll ich ihn bei meinen Aufzeichnungen nennen. Er ist Mitte Fünfzig. Immer wenn ein Ehemaliger kommt, den ich noch nicht kenne, sehe ich ihn distanziert zunächst von meinem Standort: acht Meter etwa von der Gartentür bis zu mir habe ich Zeit, mir einen ersten Eindruck zu verschaffen. Sieht er mir in die Augen oder nicht. Ist er sicher oder unsicher? Strotzt er immer noch vor Selbstbewußtsein wie seinerzeit Bernhard? Acht Meter Fußweg mir entgegen habe ich Zeit, mich zu entscheiden, wie ich mit dem Mann umgehen werde. Bei Hans hatte ich einen außergewöhnlichen Eindruck: Wäre die winterliche Schiffchenmütze nicht gewesen und das Haar nicht allzu grau, hätte ich geglaubt, Lino Ventura kommt mit ernstem Gesicht zu mir auf einen Besuch. Er war weder freundlich noch unfreundlich. Es war tristes Wetter. Smog. Er drückt mir die Hand. Wir gehen ins Zimmer, er setzt sich und bittet um einen

Aschenbecher. Es ist ein schwieriger Einstieg, weil ich ihn nicht einordnen kann, und er durch seine frappierende Ähnlichkeit mit dem von mir gern gesehenen Schauspieler Vorschußlorbeeren hat. Als ich ihm meine Motivation der Aufarbeitung und einige Stationen aus meinem Leben genannt habe, erzählt er mir von sich und seiner Motivation, zur Staatssicherheit zu gehen. Wie Dr. Knorr ist er in Leipzig geboren und aufgewachsen. Er ist ein Waisenkind. Seine Kindheit sei schwer, aber nicht ohne Sonne gewesen. Er besuchte die Schule bis zum Abitur, studierte und wird angeworben. Er hat diesem Staat DDR alles zu verdanken. Seine Ausbildung, sein Überleben, alles. Und er kennt den anderen Staat nicht durch eigenes Erleben, nein, nur durch Schulbücher und Erziehung in der FDJ. Er erzählt ruhig und anschaulich. Für seinen massiven Kopf hat er feine, kleine, fast zarte Hände. Immer dann, wenn er einer Sache besonderen Nachdruck verleihen will, schiebt er eine Hand, wie zur Unterstützung des Gesagten, in der Luft hinterher. Fast rhythmisch arbeitet die Hand, während er spricht, setzt Akzente. Es ist einer der ganz wenigen Stasi-Offiziere, die schon so lange dabei sind und keine „operative Sprache" sprechen. Er redet sehr kultiviert. Hätte ich mich mit ihm vor etwa zwei Jahren unterhalten, wäre ich nie auf die Idee gekommen, er gehöre dazu.

Als Hans von seinem augenblicklichen Zustand der Arbeitslosigkeit und Zukunftslosigkeit spricht, als er von seiner maßlosen Enttäuschung der Parteiführung redet, beobachte ich, daß seine Augen feucht schimmern. Er zetert nicht, wie Bernhard das machte, er hat noch immer nicht begriffen, weshalb Menschen, die die Sicherheitspolitik dirigiert haben, heute so tun, als seien sie über die „getriebenen Blüten" entsetzt. Hans wird mit dieser Infamie nicht fertig. Ich frage ihn, was er sich vorzuwerfen hat, ob Menschen durch ihn zu Schaden gekommen seien. Nein. Hans steht zu seiner Arbeit. Nur das sie umsonst, nutzlos war, darüber muß er heute nachdenken. Eigentlich wollte er nichts mehr mit Politik zu tun haben. Nie mehr. Ich sage ihm, daß das nicht ginge. Wenn man sein ganzes Leben lang Politik gemacht habe, egal, wie richtig oder falsch, kann man doch nicht einfach aufhören. Hans will darauf nicht antworten, er wechselt das Thema und fragt, wie er mir helfen könne.

Ich möchte erst wissen, was er genau gemacht hat.

Er habe mit einer Reihe guter, verantwortungsbewußter Leute, die heute als inoffizielle Mitarbeiter verschrien sind, sofern enttarnt, gearbeitet, die Hinweise zur falschen Wirtschaftspolitik gegeben haben. Es waren Leute, die sich von der Staatssicherheit Veränderungen in Ökonomie und Wirtschaft versprachen. In seiner Abteilung habe man von dem Niedergang gewußt, habe verzweifelte Versuche unternommen, die Talfahrt aufzuhalten, Herrn Mittag zu bewegen, den Kurs zu ändern. Hans lehnt sich jetzt in den Sessel zurück. Doch ihre Analysen seien mitunter nicht mal zum stellvertretenden Minister gekommen. Seine kleine Hand vergißt diesmal, dem Gesagten Nachdruck zu verleihen. Er ist gebrochen. Seine Augen blicken ins Leere. Wir zahlen jetzt die Rechnung, so scheint er zu denken. Ja, Schuld habe er, daß er so lange mitgemacht habe. Aber was hätte er bewirkt? Er allein? Seine Frau - Verkäuferin außerhalb des MfS -, die Kinder, die Enkelkinder. Ihnen hätte er mit Sicherheit den Weg verbaut. Doch er will auch sagen, daß er ein Ausscheiden auch als Aufgeben betrachtet hätte. Die Mißstimmung in den Betrieben und Kombinaten wurde immer größer und natürlich auch die Mißwirtschaft. Er habe immer noch die vage Hoffnung gehabt, wenn Honecker und Mittag, Mielke und Stoph ausschieden, daß sie mit ihren Analysen, die sich heute als richtig erweisen, doch noch hätten alles zum Guten wenden können. Tja, aber wie? Ich sage, die DDR war total pleite. Das weiß Hans heute auch. Zwei Stunden haben wir so geredet, ohne konkret etwas für mein Anliegen zu erreichen. Oder vielleicht doch?

Doch nun konkret zu Schalck. Ich erfahre folgendes: Die Hauptabteilung 18 habe Schalck - KoKo - bis 1983 bearbeitet. Sie hätten eine Menge zusammengetragen, was die Art der Geschäfte betraf. Doch Schalck habe sich ein Ausspionieren verbeten und habe durchgesetzt, daß die HA 18 sich fortan nicht mehr um den Bereich KoKo zu kümmern hatte. Das hatte er mit Mittag ausgemacht und dieser wiederum mit Mielke. Danach war alles klar. Für die sogenannte Abwehr wurde eine Unterabteilung extra für Schalcks Imperium eingerichtet: BKK - Bereich Kommerzielle Koordinierung. 1983 wurde Schalck auch immer korrupter und die 18er Leute sollten nicht soviel Einblick erhalten. Das war weder Mittag noch Schalck recht. Waren die Geschäfte damals schon fern jeglicher Legalität? Hans rät mir, mich um die Parteifirmen zu kümmern, er nennt den Namen des Obersts, der zuständig gewesen sei für die Abwehr dieser Firmen. Seiner Einschätzung nach ein anständiger Mann, der an der Korruptheit der ZK-Abteilungen fast kaputt gegangen sei. In diesen Firmen, die eine Art Vermittlerrolle spielten, haben circa fünfhundert Leute gearbeitet, die jederzeit unkontrolliert die Grenze haben passieren können. Vornehmlich seien das DKP-Mitglieder gewesen. Es handelte sich nicht um Offiziere im besonderen Einsatz oder inoffizielle Mitarbeiter, sie wurden bewußt nicht geführt. Hans ist auch klar, daß an diesen Leuten von Anbeginn der Verfassungsschutz gearbeitet habe und genauestens Bescheid wußte.

Ein Hinweis auf Fruck kommt ebenfalls von Hans. Günter Aspeck, der ohne Leiche begraben wurde, sei eng mit Fruck befreundet gewesen.

Zum Falschgeld weiß er nur soviel: neben eigenen Zahlungsmitteln, die ohne Deckung gedruckt worden sind, seien Zahlungsmittel für Nicaragua, Moçambique und vor allem für Vietnam gedruckt worden. Das sei aber ein reguläres Geschäft gewesen.

Hans nennt den Meilenstein in der Entwicklung des KoKo-Bereiches: der Kreditboykott 1980. Danach erhielt Schalck von Mittag den Auftrag, neue Wege zu beschreiten, um an Devisen im großen Umfang weiterhin heranzukommen. Es entwickelten sich danach besonders gut die Beziehungen zu Strauß und zur CSU. Inwieweit der BND dabei seine Hände im Spiel gehabt hat, weiß er nicht.

Die Arbeitsgruppe Zahlungsbilanz, bestehend aus Herta König, Schalck, Gerhard Schürer und Günter Ehrensperger, dem Mitarbeiter Mittags, sei die Deviseninstitution gewesen. Sie habe seines Wissens schon Ende der siebziger Jahre signalisiert, daß die DDR ihre Zinsen nicht mehr zahlen konnte. Hat die DDR, bis das Volk auf die Straße ging, einfach so dahingewurstelt? Was wäre gewesen, wenn die friedliche Revolution zur blutigen ausgeartet wäre? Hätte sie dann überhaupt noch lange weiterexistieren können? Vermutlich nicht. Die Stasi-Mitarbeiter, die Offiziere, wußten um den Bankrott schon lange, und eine Niederschlagung des Volksbegehrens in den Oktobertagen 1989 sei auch gegen ihre eigenen Interessen gewesen, zumindest der meisten.

Fragen über Fragen. Warum sich Leute wie Mittag und Beil so passiv verhalten haben. Wollten sie nur noch so lange als möglich schön weiterleben? Oder hatten sie seit langem ein teuflisches Konzept? Kalkulierten sie etwa ein, daß es in der DDR kippen würde, und bis dahin galt es noch soviel als möglich für sich persönlich zu retten? Zutrauen würde Hans ihnen das. Doch wie könnte man das beweisen? Hans fragt sich nur, aus welchem Grund Günter Mittag, der Rasputin am Hof des Zaren, heute geschont würde. Das frage ich mich auch. Ich sage Hans, daß ich vermute, es gehört zu dem Plan, die DDR bewußt in eine ökonomische Talfahrt zu schicken. Nach 1980 jedenfalls wurden Firmen wie die IMES zum Handel mit Waffen gegründet, nach 1980, dem Meilenstein, wie Hans es nennt, gründete man das Büro für Lizenzhandel. Wurden dort Entwicklungen der DDR, Patente, für ein Butterbrot an westliche Firmen verscherbelt und später als Produkte wieder für teure Devisen eingeführt? Schalck, das Schlitzohr, mußte doch genau wissen, wohin das führte. Oder versuchte er nur, den schönen Schein zu verlängern, indem er auch sich selbst betrog? Ich versuche zu klären, ob das ein großangelegtes Szenario war, und ich muß wissen, wer die Drahtzieher gewesen sind. Die Kollegen von den unterschiedlichsten Zeitungen haben Tatsachen enthüllt, die in das Mosaik hineinpassen. Aber alle einzelnen Tatsachen sind nicht zufällig nebeneinander geschehen. Sie gehörten meines Erachtens zum großangelegten Deal.

Hans hat mir zugehört. Kühl sagt er, daß ich recht haben könne, es klinge alles sehr logisch. Doch er macht mir wenig Hoffnung, daß ich bei meiner Suche nach den Hintermännern auf viel Gegenliebe stoßen werde. Den Eindruck habe ich schon lange.

Hans verspricht mir, in Sachen Lizenzhandel und überhaupt mal ehemalige Kollegen diskret zu befragen.

Freitag, 1. Februar 91

Heute haben ich den Termin mit Günter Gaus klarmachen können. Am 7. Februar hat er Zeit, am Abend im Palast-Hotel sollen wir, Heide Hess und ich, auf ihn warten. Von einem Freund bekam ich den Hinweis, daß der Rechtsanwalt Martin W., der in unserer Nähe wohnt, lange mit Schalck zusammengearbeitet hat. Vielleicht erfahre ich etwas von ihm? Einem Termin stimmt er zu. Er ist witzig und charmant am Telefon.

Ursprünglich hatte ich Bernd versprochen, mich an diesem Wochenende ausschließlich in Familie zu zeigen, doch ein Anruf von einem Mann, der seinen Namen nicht nennen will, hat mich durcheinander gebracht. Er möchte mir etwas Wichtiges mitteilen. Er wisse, daß Schalck ein Doppelter gewesen sei, auf beiden Schultern getragen habe. Mehr will er verständlicherweise am Telefon nicht sagen. Sein Name täte nichts zur Sache. Er würde ungern zu mir nach Hause kommen, es sei denn, ich sei allein. Ich versichere ihm, daß er mich allein sprechen könne. Wir machen den 11. Februar aus. Eher könne er nicht. Ich denke, das würde zu gut in mein Konzept passen.

Montag, 4. Februar 91

Ich bin fassungslos. Bin ich selbst schuld daran, daß ich bei Menschen, die mir belastet erscheinen, undiplomatisch vorgehe?

Pünktlich 15.30 Uhr, genau wie vereinbart, empfing mich heute der Rechtsanwalt. Er hat in unserer Nähe eine elegante Villa, ein noch eleganteres Büro, eine Sekretärin oder Gehilfin, die einem das Blut in den Adern gefrieren läßt. Äußerlich ist alles perfekt. Als der distinguierte Rechtsanwalt Martin Wulsch – aus verständlichen Gründen ändere ich den Namen – die Tür öffnet, habe ich ähnlich wie bei Beschaffungsmeyer Herzklopfen. Ein kleiner Mann im eleganten grauen Zweireiher, mit korrekten Manieren, empfängt mich. Ich bin fast einen Kopf größer als er, was mir nie recht ist, da ich weiß, wie empfindlich kleine Männer sind. Ich bin also froh, als wir uns gegenübersitzen. Ich rutsche noch ein wenig im Stuhl herunter, daß ich nun nicht als Sitzriese neben ihm prange. Wie mag sich bloß der Riese Schalck neben ihm ausgenommen haben? Im ganzen Raum schwebt ein Duft, der mir zwar unangenehm, dafür aber sehr teuer ist: „Jean Patou“, benannt nach dem gleichnamigem Wüstling und Schwerenöter in Pariser Salons. Das Büro ist kühl und sachlich eingerichtet. Gut ausgestattet und keinem westlichen Anwaltsbüro nachstehend. Bestimmt nicht. Wer hat, der kann. Ob ich einen Cognac will. Ich will nicht, weil mir das neben dem Duft zusätzlich die Sinne benebeln würde. Er scheint darüber unglücklich zu sein. Also trinken wir nichts, kommen zur Sache. Artigkeiten brauchen wir nicht auszutauschen. Ich frage ihn, ob er von Beschaffungsmeyer vor mir gewarnt worden sei. Plumper geht es nicht. – Das saß und verschlechtert meine Ausgangsposition. Er kenne Beschaffungsmeyer nicht. Das haut mich um, und ich frage nach anderen Namen der Schalck-Connection. Nein und nochmals nein. Mit der Stasi habe er nichts zu tun gehabt, außer natürlich mit Schalck. Er sei Wirtschaftsjurist und habe Schalck besonders in Fragen von Vertragsabschlüssen mit westlichen Partnern beraten beziehungsweise vertreten. Ob er mir etwas über diese Verträge erzählen kann. Seine Augen, die unter schweren Lidern ohnehin kaum zu sehen sind, verschwinden ganz. Er denke gar nicht daran. Er würde Alex Schalck immer noch schätzen, immer noch. – Wann hat er ihn das letzte Mal gesehen? Wie aus der Pistole geschossen kommt, daß er ihn seit der Wende nicht mehr gesehen und gehört habe. Die zweite Lüge läßt mich nun endgültig vergessen, daß ich ja etwas von dem Mann wissen will. Ob er einen Diakon Neukamm aus Frankfurt am Main kenne. Wulsch sagt nichts, steht auf, geht zu einem verglasten Schrank und öffnet ihn. Es ist die Hausbar mit erlesenen Getränken. Mit dem Rücken zu mir gießt er sich ein Glas ein und leert es in einem Zug. Dann setzt er sich wieder, sichtlich gerötet, mir gegenüber. Was ich eigentlich denke. Es folgt eine Tirade gegen die Bürgerbewegung, die Nichtsnutze, die Dümmlinge, die glaubten, sich an die Macht schleichen zu können, die Nichtskönner, die nun versagt hätten und die Schuld am Untergang der DDR und dem Elend der Leute trügen. Ein letztes Fünkchen von Verstand in diesem Moment mag verhindert haben, daß ich grob wurde ob der Verkennung der Tatsachen und der Chuzpe, mit der dieser Mann seine eigene Schuld auf jene schob, die Leuten wie ihm zeigen wollten, was sie aus der Sache des Sozialismus gemacht haben. Nachdem er sich ausgelassen hat, sage ich ihm unumwunden, was ich von seiner Arbeit mit Schalck weiß: Er hat DDR-Bürger schlichtweg um ihr Westerbe geprellt. Wieder geht er zum Schrank und holt Nachschlag. Derweil rede ich weiter: Nämlich immer dann, wenn ein Ex-DDR-Bürger einen Verwandten beerbte, und das waren in den letzten Jahrzehnten sehr viele, habe er sich mit der Kirche dahin gehend „geeinigt", daß der gläubige Erbe das ihm zustehende Erbteil der Kirche vermachte, sein Geld natürlich bekam, allerdings in Mark der DDR. Die Kirche strich einen Teil des Geldes ein, wieviel, weiß ich nicht, den Rest das Imperium, für das er arbeitete. Er hatte sicherlich auch seinen Anteil.

Nun schmeißt er mich nicht mal raus, wie ich erwartet hatte. Nein, er wird freundlicher denn je. Ich solle doch mal darüber nachdenken, daß nach dem Gesetz die DDR-Bürger gar keine Devisen besitzen durften. Das sei strafbar gewesen. Er habe natürlich mit der Kirche und mit dem gutmütigen Schalck (er nennt ihn vertraut Axel) nach Lösungen gesucht, um den Leuten wenigstens ein bißchen Gutes zukommen zu lassen. Manchmal haben sich die Leute auch über Genex etwas bestellen können. Er sieht mich aus glasigen Augen an, nimmt wieder aus einem Römer Cognac zu sich, und ich weiß, daß es keinen Sinn hat, mit diesem Mann zu reden. Er hat nicht das geringste Schamgefühl.

Ich sage ihm, daß er doch sicher viel Devisen hatte. Ob denn bei ihm die Gesetze keine Anwendung gefunden haben. Er grinst mich blöde an, und mir wird schlecht. Ehe ich etwas sagen kann, sagt er süffisant, fast versöhnlich, daß er sich mal überlegen werde, ob er mir helfen könne, und ich solle ihn übermorgen anrufen. Ich bin froh, daß ich gehen kann. Das starke Parfüm, die Dreistigkeit dieses Mannes und meine Hilflosigkeit haben mich in einen merkwürdigen Zustand versetzt.

Erst als ich an der frischen Winterluft bin, komme ich zu mir. Ich bin dem Thema nicht gewachsen. Wie konnte ich eigentlich annehmen, daß sich ein einstiger Verbündeter Schalcks für meine Absicht erwärmen könnte? Jeder würde sich damit doch belasten! Aber wie kann ich denn überhaupt die Verstrickungen in kriminelle Geschäfte aufdecken helfen? Wie kann ich mein Vorhaben, die wirklichen Täter, die „Großen", zu finden, verwirklichen, wenn diese immer noch Macht, Geld und Einfluß haben? Mir laufen die Tränen, und ich gehe noch nicht nach Hause, sondern streiche ziellos durch die Karlshorster Straßen.

Mittwoch, 6. Februar 91

Leute, die mir etwas erzählen könnten, verprelle ich durch ungeschicktes Vorgehen. Leute, die nichts oder wenig wissen, bringen mich kaum weiter. Ich habe es nicht gelernt, mich zu verstellen, wie das Kollegen von mir können.

Rechtsanwalt Wulsch habe ich angerufen. Die Sekretärin mit den gletscherblauen eiskalten Augen teilte mir freudig mit, daß Herr Wulsch nichts für mich tun könne und werde. Es scheint ihr ein Vergnügen zu sein, mir diese Mitteilung machen zu dürfen. Ich wiederum besitze nicht genug Würde, um mich freundlich zu verabschieden, sondern zeige wiederum meine Blöße: Ich würde auch ohne ihren Chef ans Ziel kommen. Sie legt auf. Sicherlich mit einem höhnischen Grinsen.

Mich quält, daß Leute wie Wulsch und Co. noch auf dem hohen Pferd sitzen. Sie, die fette Jahre in der DDR hatten und nun meinen, daß ihnen das Fett auch zugestanden habe. Sie werden auch jetzt wieder siegreich hervorgehen. Ist das immer so im Leben? Viele sagen das jedenfalls und finden sich damit ab. Ich will mich nicht abfinden. Einmal muß doch Recht vor Unrecht gehen!

Am Nachmittag wieder ein endlos langes Gespräch mit einem zwar interessanten Mann, aber einem, der nicht viel mehr weiß als ich, zumindest so tat. Wolfram M. Bis 1988 leitete er den Bereich Kommerzielle Koordinierung des MfS. Er ist ein Mann der Spionageabwehr. Ende Vierzig, intelligent und kultiviert. Warum sei er vorzeitig abgelöst worden, will ich wissen. Er nennt den offiziellen Grund: seine Gesundheit, die Bandscheiben. Ich frage nach dem inoffiziellen Grund seiner Ablösung. Er konnte mit Schalcks Stellvertreter, Manfred S., nicht. Und mit dem habe er können müssen, er war schließlich ebenfalls, wie Schalck, MfS-Oberst, aber natürlich an wichtigerer Position als er, Wolfram M. War er ein Unbequemer? Ich glaube es nicht. Er gehörte in jedem Fall zu denen, die eine inoffizielle und eine offizielle Meinung hatten, wie das in allen Lebensbereichen der DDR war.

Wenn er nur etwas gegen Schalck in der Hand gehabt hätte, er hätte ihm das Genick gebrochen. Wolfram M. redet sich seine Wut und Verzweiflung über das ganze Desaster, das Schalck zusammen mit Mittag verursacht habe, von der Seele. Ich hoffe immer, daß bei solchen Schimpfkanonaden etwas für mich abfällt, eine interessante Information etwa, doch meist ist Fehlanzeige. Ich sage ihm, daß sich in den nächsten Tagen ein Mann bei mir einfinden würde, der beweisen könne, daß Schalck auf zwei Schultern getragen habe. Er spult sich wieder hoch. Wenn er nur seinerzeit irgend etwas in der Hand gehabt hätte! Dann sinkt er in sich zusammen. Sechs Jahre habe er vergeblich versucht, ihm wenigstens Amtsmißbrauch und Korruption nachzuweisen, doch immer, wenn er etwas gefunden hatte, wurde der Bericht, den er an die Leitung verfaßte, damit diese im Sinne der Gerechtigkeit verfahren könne, wie er Esel geglaubt habe, wieder abgeschmettert, einfach zurückgegeben, und er habe den ganzen Ärger in sich reingefressen.

Er soll mir wenigstens das Umfeld Schalcks markieren: An erster Stelle natürlich die Hauptverwaltung Aufklärung und die mir bekannten Namen, von Beschaffungsmeyer angefangen. Also keine Neuigkeiten. Doch eine Sache vielleicht ist neu: In Schalcks unmittelbarer Nähe in der Wallstraße haben zwei Bulgaren gesessen. Vater und Sohn. Den Vater Dimitroff (mit Sicherheit ein Deckname) habe Schalck noch von seinem Vorgänger Simon Goldberg geerbt, der vor Jahren in der Bundesrepublik geblieben war, übergelaufen sozusagen, und in Rosenheim lebt, ganz in der Nähe der Gebrüder März. Ganz in der Nähe, wo Schalck heute ein schickes Dach überm Kopf hat und sorgenfrei lebt. Wolfram M. redet sich schon wieder in Rage. Er ist ein großer, stattlicher Mann mit blonden Locken. Im grauen Skipullover sitzt er da und wirkt wie ein Mann, den man um sein Leben betrogen hat.

Die Großen haben das Geschäft gemacht, für das die Kleinen heute zur Kasse gebeten werden. Wolfram M. sinkt wieder in sich zusammen. Er würde mir gern helfen, nur er habe mit Abwehrmitteln als Geheimdienst-Mann sechs Jahre lang versucht, im Schalck-Imperium kriminelle Machenschaften aufzudecken, ich könne sehen, wohin ihn das gebracht habe. Er glaubt, daß ich das nie schaffen werde. Glück wünscht er mir, und er würde auch über alles nochmal nachdenken. Vielleicht findet er noch etwas. Ein paar Aufzeichnungen habe er noch. Als er aufsteht, sieht er sich noch beeindruckt die Sammlung von Minibüchern an, die Bernd in den letzten Jahren zusammengetragen hat. Wolfram M. streicht fast zärtlich über die Buchrücken. Das sei auch sein Hobby gewesen. Jetzt wird er es sich nicht mehr leisten können. Im Flur stülpt er seine Pelzmütze über und geht mit dicker Jacke, für den sibirischen Winter gerüstet, in die Kälte.

Morgen werde ich eine Pause einlegen. Morgen treffe ich Günter Gaus.

Donnerstag, 7. Februar 91

Nur wenig Menschen gibt es, denen ich in meinem Leben von Anfang an vertraute, nur wenige vermochten mich so in ihren Bann zu schlagen, wie Günter Gaus es heute vermochte. Die unmittelbare Nähe, das direkte Gespräch, wie er auf Probleme eines ihm doch fremden Menschen eingeht, haben den Eindruck, den ich bislang vom Bildschirm von ihm hatte, noch verstärkt: Günter Gaus, ein Mann mit unbestechlichem Blick, der geradlinig vermag, jeglichem Zwang der Anpassung zu entgehen. Und - das ist für mich das wichtigste an diesem Abend - der diese Eigenschaft auch auf andere transponieren kann.

Heide und ich versuchten, ihn für unsere geplante Sendereihe zu erwärmen und ihn um Beistand zu bitten in der Rolle des Medienbeauftragten.

Dann fragte ich ihn nach Schalck, erzählte von meinem Vorhaben und meinen unendlichen Recherchen, bei denen ich immer Neues zutage fördere und mir die Zusammenführung aller Drähte in ein Kabel nicht gelänge. Er kann sich das vorstellen. Aber mich interessiert, wie er die Figur Schalck gesehen hat und sieht. Lange erzählt er, fast anekdotisch,wie er den Devisenkönig in der DDR erlebt habe. Er habe mit Schalck gekonnt. Sie beide hätten viele Erleichterungen für die Ostdeutschen bewirkt in ihrer Zeit. Etwas fügt sich genau in mein Bild, paßt zu meinen Überlegungen. Günter Gaus und Alexander Schalck trafen sich seit 1976 hin und wieder, wenn es um geschäftliche Fragen ging. Einmal hatten sie ein sehr vertrautes Gespräch miteinander gehabt, wo Schalck durchaus sorgenvoll von den finanziellen Schwierigkeiten der DDR gesprochen habe, von den Schwierigkeiten, die Zinsen kaum noch zahlen zu können, und dergleichen mehr. Schalck habe durchblicken lassen – es muß 1980 aus Anlaß des Kreditboykotts gegenüber der DDR gewesen sein, erinnert sich Günter Gaus –, daß die DDR mit der Bundesregierung eine Art Konföderation bilden sollte. Einige Zeit später dann habe er an Schalck eine gewisse Veränderung bemerkt. Er habe nicht mehr über das Thema sprechen wollen, überhaupt schien er verändert zu sein. Was war geschehen?

Ich teile Günter Gaus meine Mutmaßungen mit: Wenn Schalcks und möglicherweis auch Schürers Vorschlag, eine Konföderation mit der BRD anzustreben, zu Mittag gegangen wäre, dann könnte ich mir vorstellen, daß der an dem Erhalt der DDR, so wie sie war, unbedingt um seiner selbst willen interessiert war. Mittag habe dann angewiesen, daß Schalck gefälligst andere Wege suchen solle, um das Bächlein harter Währung nicht zum Versiegen zu bringen. Einem Günter Mittag wäre doch der Weg gleich gewesen. Danach habe Schalck begriffen, daß er sehen mußte, wie er noch rettet, was zu retten ist, und wo er selbst bleibt. Vielleicht beschritt er dann, seit dieser Zeit, unlautere Wege? Die Firmengründungen von IMES (Waffenhandel), die Gründung des Büros für Lizenzhandel und andere Geschäfte liegen genau in dieser Zeit. Suchte sich dann Schalck neue Verbündete?

Günter Gaus meint, daß ich eine scharfe Rechercheurin sei, aber bislang nichts beweisen könne. Egal, ob sich meine Überlegungen logisch anhören oder nicht. Ob es stimmt, er weiß es nicht, er ging 1981 zurück in die BRD. Seine Zeit in der Ständigen Vertretung der Bundesrepublik in der DDR war abgelaufen.

Aber er möchte uns etwas sagen: Wir sollten nicht vergessen, daß die Deutschen gemeinsam einen Krieg verloren hätten, und die Deutschen, die zur sowjetischen Besatzungszone gehörten, hätten sich das nicht aussuchen können, daß ihnen nun ein stalinistisches System übergestülpt wurde im Einvernehmen mit den Alliierten. Hätten denn alle Ostdeutschen nach Westdeutschland übersiedeln sollen? Die Menschen haben hier, in der Ex-DDR, einen von der Welt gebilligten anderen Weg eingeschlagen als die Bundesrepublik. Folglich mußten sie sich anders entwickeln. Und heute, über Nacht, gibt es dieses System nicht mehr. Da müßte ich ansetzen.

Ich bin still geworden. Günter Gaus hat mich überzeugt, daß ich noch zeitiger anfangen muß, 1945 – oder gar noch früher?

Mittwoch, 13. Februar 91 (Aschermittwoch)

Nur mühsam kann ich meine Gedanken ordnen. Nur mühsam begreife ich, was geschehen ist. Ich versuche zu rekonstruieren: Montag, 14.00 Uhr, kam vereinbarungsgemäß der anonyme Anrufer mit der wichtigen Mitteilung. Ich erinnere mich noch genau an ihn. Ein mittelgroßer sportlicher Typ. Ende Dreißig, dunkelblond, mit Bärtchen. Seinen Namen wollte er partout nicht sagen wegen der Konspiration. Er bestellte sich Tee. Wegen seines Magens, der keinen Kaffee vertrage. Er sah aus wie ein ganz normaler Bürger, der außer dem Schnauzer nichts Auffälliges an sich hatte. Die Stimme in mittlerer Tonlage läßt entfernt Thüringer Dialekt erkennen, aber nur bei manchen Worten. Ich muß ihn ganz erwartungsvoll angesehen haben, als er mir gegenübersaß. Er möchte mir etwas anvertrauen, weil er Angst habe, die Sache selbst zu enthüllen. Vom Organ sei er natürlich gewesen, aber er möchte nichts Näheres dazu sagen. Er möchte nur, daß diese bedeutende Information in die richtigen Hände und Ohren komme. Damit meinte er meine Ohren und Hände. Er vertraue mir.

Ja, was will er mir denn eigentlich sagen, er, der immer nervös auf die Uhr sieht, nicht viel Zeit hat, wie er erklärt. Also: Alexander Schalck-Golodkowski habe für den BND gearbeitet. Denke ich auch, aber wie kann man das beweisen? Er kenne einen Mann, der bei der HVA/9 gearbeitet habe, einen Chef zu seiner Zeit. Er nennt den Namen des Mannes, der 1983 seinen Vorgesetzten darauf hinwies, daß er auf Grund bestimmter Vorgänge vermuten würde, Schalck arbeite mit den gegnerischen Diensten zusammen. War dieser Vorgesetzte nicht Markus Wolf, will ich wissen. Der Unbekannte nickt. Genau. Und Wolf habe gemeint, daß dieser Oberst a.D. das doch bitte für sich behalten solle. Unbedingt. Das sei nun mal nicht seine Sache. – Von der Abteilungsfunktion allerdings war es schon Sache dieses Mannes, die Doppelten innerhalb der HVA zu entdecken und zu entlarven. Nun also: in diesem Falle nicht. Für mich ist das ganz spannend. Ob dieser Mann denn reden würde? Möglich, meint der Unbekannte. Das käme auf mich an.

Ja, der Oberst, der heute in Zeuthen lebt (in trauter Runde mit Tilo K. und anderen HVA-Größen), wurde dann aus gesundheitlichen Gründen auch vorzeitig pensioniert. Das Telefon klingelt. Ich entschuldige mich und bin auch schnell wieder zurück. Es war wieder mal keiner dran. – Ich weiß nur, daß wir weiter miteinander redeten und Tee tranken und daß der alte Oberst seinerzeit viel durchgemacht habe. Er habe die Welt nicht mehr verstanden. Danach weiß ich nichts mehr.

Als ich aufwachte, es muß vier Stunden später gewesen sein, sahen mich meine besorgten Kinder an. Gregor war völlig hilflos, wusch, um mir zu helfen, das Geschirr ab, räumte auf. Seiner Meinung nach hatte ich zuviel gearbeitet. Wieder mal. Doch was war geschehen? Ich konnte mich nicht erinnern, wann und wie der Unbekannte das Haus verlassen hatte. Meine Papiere waren vollständig. Es fehlte nichts. Nur daß ich ein totales Vernichtungsgefühl in mir spürte. Ich erinnere mich, daß ich genau in dem gleichen Zustand war, damals, auf hoher See auf dem Forschungsschiff, wo ich mit einem Team eine Reportage über die Beschaffenheit der Ostsee drehte. Bei Windstärke 7 dann lag ich für den Rest der Fahrt flach. Mein Gleichgewichtsorgan versagte. Ich fühlte, daß mein Gesichtsfeld eingeengt schien, ich fühlte eine bleierne Müdigkeit, und mir war unendlich schlecht.

In der Nacht war ich nicht in der Lage, allein zur Toilette zu gehen. Ich konnte nicht aufrecht gehen, fühlte mich zu Boden gezogen von tausend Armen. Heute erst, 48 Stunden nach dem Ereignis, vermag ich mich wieder normal fortzubewegen, doch immer noch ist mir ein wenig übel. Meine Teetasse hatte Gregor sorgfältig ausgewaschen. Bernd kam später, und ihm schwante das, was ich mich heute natürlich auch frage: Hatte ich etwas im Tee? Als ich vom Anruf zurückkam, von einem Scheinanruf, passierte es. Warum? Weshalb? Ich erfuhr etwas für mich äußerst Wichtiges: Schalck hat mit dem BND gearbeitet, das erfuhr Markus Wolf 1983, also nachdem Schalck von Mittag den Auftrag hatte, Devisen zu erwirtschaften, auf welche Art auch immer. Wollte mir der Unbekannte nur etwas mitteilen und sich dann sang- und klanglos aus der Affäre ziehen? Oder war es ein weiteres Manöver, um mich von der Arbeit abzuhalten? Kann es sein, daß, wenn überhaupt, ein Mittel im Tee war, das durch mein empfindlich arbeitendes Gleichgewichtsorgan eine erschreckende, nicht beabsichtigte Wirkung hatte? Oder aber hatte ich einen Schwächeanfall? Einfach so, aus heiterem Himmel? Die Sache beschäftigt mich das erste Mal ernsthaft. Soll ich aufhören? Ich hätte genug andere Vorhaben. Soll ich jetzt, wo ich wiederum etwas erfahren habe, was sich ins Mosaik fügt, aufgeben? Meine Familie, vor allem Bernd, erwartet es von mir. Nachdem ich wieder auf den Beinen bin, ist er nicht mehr besorgt, sondern allen Ernstes böse. Ich laufe durch die Räume wie ein geprügelter Hund. Selbst Gregor, der immer zu mir hält, hat jegliche Zärtlichkeit abgestellt, die ich gerade von ihm so brauche. Er schreit mich sogar an und sagt, daß ich rücksichtslos sei.

Ich fühle mich allein und elend. In den nächsten Tagen habe ich Abnahmen und die Pressekonferenz zu meiner Serie, die ab 13. März gesendet werden soll. Es wird mich zwangsläufig ablenken. Ich werde nichts entscheiden. Nicht jetzt.

Donnerstag, 14. Februar 91

Es schneit unaufhörlich, Schienenfahrzeuge versagen ihren Dienst. Ich stapfe durch ein unwirtliches Neubaugebiet: Hellersdorf. Wieviel ehemalige Stasi-Leute mögen hier wohnen? Schätzungsweise 20 %, inclusive Volksarmee und Polizei, sind es bestimmt. Das politisch verläßlichste Wohngebiet auch zu den letzten Wahlen. Es ist PDS-treu. Doch schön wohnt es sich hier nicht. Die Wohnungen allerdings haben Vollkomfort in Form von Zentralheizung und warmem Wasser. Die Wohnungen sind Neubauwohnungen, wie es sie in der ganzen Welt gibt, vor allem da, wo sparsam mit Materialien umgegangen werden muß und Arbeitskräfte nicht immer nach Qualität ihrer Arbeit ausgewählt werden, weil man zu wenig hat und überhaupt zu uneffektiv ist. Die Wohnblöcke sehen alle gleich aus. Der Schnee deckt jegliches Grün zu. Bäume wachsen ohnehin erst spärlich, die dicken Rohrleitungen, die überall zu sehen sind, lassen den Eindruck entstehen, daß man sich auf einer Baustelle befindet. Wohnen mag ich hier nicht.

Ich suche einen Hauseingang und finde ihn. Vor Dr. Loewes Tür im 6. Stock befreie ich mich vom Schnee, er hat mich dennoch schon gehört und empfängt mich mit einer Rose, schließlich sei heute Valentinstag. So aufmerksam ist nicht mal mein eigener Mann. Dr. Loewe ist ein Mann, der immer gut aufgelegt zu sein scheint. Nur nicht nach seiner Befindlichkeit darf man ihn fragen, dann verdüstern sich seine hellen Augen. Wie oft in solchen Momenten habe ich mich gefragt, wie dieser oder jener Mensch in eine solche Arbeit schlittern konnte.

Dr. Loewes Arbeitszimmer ist gemütlich, der Blick durchs Fenster in eine traurige Schneelandschaft ohne Konturen entspricht meiner Stimmung. Ich schildere ihm den Vorfall, versuche es emotionslos. Für ihn ist die Sache klar, dafür gibt es mehrere Tropfen, die man meinem Tee beigemengt haben könnte. Seine Augen sind jetzt ganz lebhaft. Warum habe ich nicht eine Probe aufgehoben? – Tja, der Sohn wusch ab, und die Neige ist im Spülwasser versickert. Dr. Loewe ist immer noch ganz aufgeregt: ich müßte bei einem wiederholten Male unbedingt etwas für ihn aufheben. Typisch Wissenschaftler, denke ich. Sage ihm, daß ich nicht weiß, ob ich überhaupt weitermachen soll. Dr. Loewe ist enttäuscht. Was hat er davon? Will er, daß ich ihn räche? Denken die anderen, die mir zuarbeiten, auch so? Als sie stark waren und die Macht hatten, hätten sie doch verändern können, wenn ihnen das Leben in der DDR so unerträglich, die Politik so verlogen erschien.

Ich wollte ihn mit meinem Gefühlsausbruch nicht kränken. Bestimmt nicht. Dr. Loewe sagt, daß sie ja nur eine Macht zum Schein hatten. Sie waren immer nur Instrument, und um gemeinsam zu ändern, dazu waren sie jeder für sich zu allein. Jeder war froh, daß er Feierabend hatte und sich in seine Nische zurückziehen konnte. Jeder starb für sich allein. Ich glaube ihm.

Er hat einiges für mich herausgefunden: Dr. D., der jetzt in Wandlitz residiert und an irgendeiner heißen Sache forscht, habe 1986 im VP-Krankenhaus, um den Vertrag lösen zu können, bewußt grobe Fehler gemacht. Das fiel allen auf und habe mächtiges Gerede provoziert. Man hat sich dann gern, aber verständnislos von ihm getrennt und nie wieder etwas gehört, außer daß er unentwegt außer Landes war. Dr. D. sei eine Begabung, die er sich an allen wissenschaftlichen Brennpunkten vorstellen könne.

Ich solle bloß vorsichtig sein. Ich bin es bestimmt.

Dr. Loewe will mir eine Freude machen und beugt sich dicht zu mir, flüstert mir ins Ohr, daß er einige Aufzeichnungen noch habe. Dann strahlt er mich erwartungsvoll an. Diesem Mann kann ich wahrscheinlich nie böse sein. In seinem Arbeitszimmer läuft das Radio, um eventuelle Wanzen zu überlisten. Er hat den gleichen Tick wie alle seine Kollegen, sie mißtrauen ihrer gesamten Umgebung, selbst in ihren vier Wänden fühlen sie sich nicht sicher. Er würde gern mit den „Dingen" zu mir nach Hause kommen, da fühle er sich sicherer. Ich frage ihn, ob er Kontakte zum Jemen gehabt habe und dort einige Leute gut kennen würde. Er strahlt und zählt gleich etliche Begegnungen mit ganz lieben Kerlen auf, die er kenne. Er war auch schon dort. Als ich ihm meine Entdeckung erzähle, daß vermutlich in den ersten Novembertagen 1989 Bedeutsames gen Aden geflogen, dort ausgeladen und nach . . . gebracht wurde, blickt er mich erschrocken an. Ich wolle doch, um Himmels willen, nicht dorthin fahren? Im Moment weiß ich gar nichts. Innerlich ertappe ich mich aber dabei, je mehr der Vorfall vom Montag verblaßt, daß ich schon wieder neue Recherchenwege suche. Möglichkeiten, um der Wahrheit näher zu kommen.

Dr. Loewe wird darüber nachdenken. Aber ich müsse versprechen, nicht unvorsichtig zu sein. Er erzählt mir von seiner Arbeit, aber ich dürfe nichts davon aufschreiben, dann wüßten Insider, wer Dr. Loewe sei. Ich werde ihm keinen Schaden zufügen. Bestimmt nicht.

Als ich auf dem Rückweg durch den Schnee stapfe,

überlege ich mir schon die nächsten Punkte, die ich angehen will. Kein Gedanke mehr daran, meine Recherchen einzustellen.

Dienstag, 26. Februar 91

Es waren turbulente Tage. Abnahmen und Pressekonferenz zu meiner Fernsehserie „Mit Herz und Robe“. Anschließend wieder Interviews. Herzklopfen, wie ab 13. März jeden Mittwoch, 20.00 Uhr, sieben Wochen lang die Zuschauer urteilen werden. Eine Richterin im letzten Jahr der DDR. Abschied von der DDR, sagen mir die Kollegen ein bißchen traurig darüber, daß solche Menschen wie Petra nicht die Möglichkeit hatten, sich etwas Eigenständiges aufzubauen, Fehler zu korrigieren. Ich sage, daß das nicht gegangen wäre, weil seit langem geplant. Keiner versteht die Antwort. Ich kann sie auch nicht erklären, weil mir die Beweise fehlen. Ich suche und suche.

Heute Nachmittag brachte mir Andreas einen Mann mit blitzblanken blauen Augen, einer ebenso blanken Glatze und umfassendem Wissen: Er leitete die Abteilung IX/11, die Untersuchungsabteilung innerhalb des MfS, die die Naziakten verwaltete und aufarbeitete. 4,5 Millionen Akten sei der Schatz des Archives. Andreas brachte ihn mir, weil er wußte, daß ich seit den Enthüllungen des alten Staatsanwaltes Erwin R. und der Entdeckung des roten Koffers mit der Honecker-Akte nach Zusammenhängen zur Gegenwart suche. Ein bißchen hatte ich den Faden verloren zu diesem Thema.

Dr. S. ist ein unglaublich lebhafter Mann, ganz anders, als man sich Aktenmenschen vorstellt. Er rutscht unruhig auf der Couch hin und her und sprudelt über, als er erzählt. Ich will es zusammenfassen: Dr. S. ist Historiker, seine Spezialstrecke: das Dritte Reich. Warum die Naziakten ausgerechnet beim MfS angesiedelt seien. Das hatte sich so ergeben, vielleicht auch deshalb, weil Pfiffikus Mielke – das sei er in seinen besten Zeiten wirklich gewesen, nicht klug, aber schlau und gerissen –, die Akten in seiner Funktion als Vizepräsident der Berliner Polizei im Jahre 1946 hat sicherstellen lassen. Warum? Nun, er sei schließlich Abwehrmann der KPD gewesen vor dem zweiten Weltkrieg und während des Krieges, auch in Spanien war er dabei, um mögliche Spione oder Doppelagenten in seinen eigenen Reihen zu entdecken. Oh, der habe aufgepaßt! – Wenn ich an Mielke heute denke, an die Dümmlichkeit und Senilität, kann ich mir die Gefährlichkeit kaum vorstellen, aber Walter Janka hat ihn anschaulich in seinem Buch „Schwierigkeiten mit der Wahrheit" beschrieben. Es ist immer gefährlich, wenn ein Kleinbürger zuviel Macht bekommt. Sein Mißtrauen in den letzten Jahren, so erzählen Ehemalige, sei krankhaft gewesen. Ein psychisch Kranker hat den Apparat zu dem gemacht, was er war, einem gefürchteten Instrument einer vergreisten Parteiführung. Durch die innere Konstruktion der einzelnen Abteilungen in zahlreiche Unterabteilungen entstanden viele kleine Fürstentümer, in denen der eine oder andere Leiter seinem Vorbild Mielke nacheiferte. Der große Rest war gläubig untertan und durch die eigenen Methoden verunsichert. Es könnte sie ja selbst treffen.

Zurück zu dem Naziarchiv. Gab es denn viele Kommunisten, denen Mielke mißtrauen mußte? Dr. S. rutscht unruhig auf der Couch hin und her: Es gab natürlich welche, aber in die ersten Reihen kamen die nicht, da habe Mielke aufgepaßt. In seiner Abteilung also hätten sie dann konkret bei dem und dem die Vergangenheit durchleuchten müssen und in den Akten gewühlt, bis sie etwas Negatives oder Positives gefunden hatten. Aber – seine großen blauen Augen leuchten – es habe noch einen Tresor mit Akten gegeben: zu dem hatte nur Mielke oder dessen Adlatus, Generalleutnant Carlssohn, den Schlüssel gehabt. Ein Giftschrank? Naja, der Ex-Oberstleutnant rutscht weiter hin und her, ich hätte ja vom roten Koffer mit der Honecker-Akte gehört. Natürlich, der „Stern“ hat das sauber aufbereitet. Ich erzähle Dr. S. von meinem Treffen mit dem alten Staatsanwalt Erwin R. – Das passe alles gut zusammen. Aber sie selbst wußten erst nach der Wende, was so alles im Schrank war, obwohl noch in den ersten Oktoberwochen 1989 Carlssohn anrief, sich ankündigte, um an den bewußten Schrank zu kommen. Er habe da Akten herausgenommen, die mehr waren als nur die Honecker-Akten. Ob Mielke sein Imperium so ausweiten konnte, weil er Honecker in der Hand hatte? Die inzwischen bekannten Akten weisen Honecker als einen schwachen Menschen aus, der Folter nicht ertragen hätte und eher einen über die Klinge springen ließ, als selbst den Kopf in die Schlinge zu halten. Trotzdem saß er im KZ, während andere draußen lebten als Mitläufer. Mit Günter Gaus’ Worten im Ohr, daß man die Geschichte der DDR mindestens 1945 beginnen müsse aufzudröseln, vermute ich, Mielkes Plan war, die NS-Akten in dem Stasi-Archiv anzusiedeln, um vorzusorgen. War das ein Startkapital für Mielke? In seiner Biografie wird deutlich, daß er sich erst zu Honeckers Zeit, also 1971, ins Politbüro einschleichen konnte. – Jeden Dienstag nach der Politbüro-Sitzung saßen die beiden Erichs noch allein beieinander. Bestimmte etwa Mielke die Kaderpolitik? Stimmt es, daß letztlich und endlich über das Schicksal eines Politbüro-Mitgliedes, der 1985 seinen Hut nehmen mußte, da dessen Vater in Chemnitz an Exekutionen von Kommunisten beteiligt war, Mielke entschieden hat und dem unbequemen Mann den Todesstoß versetzte? – Was hat er noch alles mit diesen Akten gemacht, besonders mit denen, die außer ihm und seinem Adlatus keiner kannte? Gab es denn auch enttarnte Stasi-Leute? Dr. S. erinnert sich an einen Oberst, der seinerzeit zwar im KZ gesessen habe, sich aber in den letzten Tagen vor Kriegsende einem Himmelfahrtskommando angeschlossen habe. – Dr. S.

erinnert sich, daß zu dem Zeitpunkt, als die Honecker-Biografie erschien, zu dem Zeitpunkt, als Erwin R. mit seinen alten Weddinger Kampfgenossen zur Pforte der Normannenstraße schritt und sie ihren Jugendfreund Erich Mielke empört über Honeckers Hochstapelei informieren wollten, daß sie genau zu diesem Zeitpunkt von Mielke den Auftrag erhielten, sicherzustellen, was sich in den NS-Akten noch finden ließe zur Vergangenheit des Staatsoberhauptes der DDR. Mielke kann nicht gewollt haben, daß Näheres über Honecker bekannt wird, dann wäre seine Macht, die sich auf sein Wissen um den Großen Erich aufbaute, auch geschwunden.

Mich interessiert, ob Mittag etwas von Honeckers Akten wußte, die ihn nun nicht unbedingt im Licht eines integren Widerstandskämpfers zeigte, wie man sich das von einem sozialistischen Staatsoberhaupt hätte wünschen können. Schließlich machte Mittag mit Honecker, was er wollte. Mittag und Mielke verstanden sich besonders gut, wenn es um Geschäfte ging, die Axel Schalck auszurichten hatte, und wenn sie zur Jagd gingen. Gibt es da einen Zusammenhang? Was hat die Stasi noch alles mit den Naziakten machen können?

Dr. S. gibt mir noch den Hinweis, mich doch mal mit dem Dokumentationsarchiv, einem Dr. N., in Verbindung zu setzen. Er sei dem Ministerium des Innern unterstellt gewesen, und alle gesellschaftlichen Bereiche konnten da für Forschungszwecke arbeiten, Auskünfte über vermutete NS-Vergangenheit bestimmter Personen einholen. Dort wurden besonders Leute aus Wirtschaft und Politik durchleuchtet. Leute aus Ost und vor allem aus West.

Dr. S. steckt voller Geschichten. Wenn ich noch Fragen hätte, könne ich jederzeit auf ihn zukommen.

Donnerstag, 28. Februar 91

Michael, der Mann aus dem Herzen der HVA, war da. Es habe ein wenig länger gedauert. Aber es werde immer schwieriger, Leute von einst zu treffen. Vor allem solche, die bereit seien zu reden.

Mir ist die Verzögerung ganz recht, weil auch ich neue Fragen habe, bei denen er mir vielleicht helfen könnte. Ich erzähle ihm unter anderem die Sache mit den Nazi-Akten und dem besonderen Schrank, an den nur Mielke oder der Adlatus durften.

Michael lächelt zuweilen in sich hinein. Also, die HVA sei schlau gewesen, schließlich war er ja selbst ein Offizier der Hauptverwaltung Aufklärung. Ich sage ihm, daß ich vermute, daß gerade die HVA ihr Spielchen treiben kann, weil sie etwas weiß, das keiner weiß. Michael lacht bestätigend. Also, ich sei ja ohnehin schon nahe dran, aber ich könne mir vielleicht vorstellen, daß die HVA ihre Top-Leute nicht durch die allgemeine Kartei habe gehen lassen. Dann wäre ja bei der Geschwätzigkeit der Abwehrleute jegliche Konspiration im Eimer gewesen. Es habe also eine HVA/R, das heißt Registratur, und darüber hinaus noch eine Sperrkartei gegeben. Da seien auch jene Leute zu finden, die das große Geschäft mit Schalck gemacht hätten. Es sei schon so, wie ich das zusammenfüge, die HVA war Wegbereiter für Schalcks Geschäfte.

Gut. Wie viele Leute das sind und ob dazu auch Akten geführt wurden. Michael denkt lange nach. Akten zur Sperrkartei gab es, extra Akten, sie nannten sich Mob-Akten, also Mobilisierungsakten, auch für den Ernstfall. Daß man im Falle eines Krieges wisse, wo man seine Leute, sprich Drahtzieher, sitzen habe. Diese Mob-Akten beinhalten nur wenig Blätter, nämlich ein Blatt, das die wichtigsten Daten über den Top-Mann enthält, dann Belege über Zuwendungen zumeist finanzieller Art. Auch Blätter über Leistungen des Mannes, Hinweise über Macken und natürlich Dinge, wie man unter Umständen auch Druck ausüben konnte auf denjenigen, der partout nicht mehr wollte. – Wie war denn die Bereitschaft der Leute, über die es noch Akten gab? Michael überlegt wieder sehr lange. In der Regel sehr gut, die Leute hatten ja auch ihre Vorteile. Und wenn es welche waren, die in Schalcks Connection verwoben waren, dann waren die gut bedient, schließlich war durch Schalck etwas zu verdienen. Pause. Ich werde den Verdacht nicht mehr los, daß Schalck bewußt, spätestens seit dem Tag, als klar war, daß die DDR nicht mehr zu retten war, im Auftrag von – ich weiß es nicht –, die DDR bewußt zur ökonomischen Talfahrt führte. Michael bestätigt emotionslos, daß das möglich sei. Ich erzähle ihm von dem Vorfall mit dem großen Unbekannten. Michael sagt, man habe seinerzeit auch so etwas gemunkelt von Schalcks Doppelagententätigkeit innerhalb der HVA. Seiner Meinung nach habe Schalck aber auch für die Russen gearbeitet, da sei er überzeugt. – Ich sinniere beinahe vor mich hin, daß sicher alle Geheimdienste ihr Süppchen DDR gekocht hätten, nur das Aufbegehren des Volkes sei dabei nicht einkalkuliert gewesen. Michael sieht mich wieder durchdringend an. Ich hätte sehr logische Schlußfolgerungen gezogen, sagt er ganz beiläufig. Und dann erklärt er, daß natürlich der Ex-Oberst, der für die Abwehr der HVA-Agenten im Ausland zuständig war, von Schalcks zwielichtigem Tun Wind kriegen mußte. Er habe eben nicht zu der Crew gehört. Wie soll ich das verstehen? Michael ist ganz weit weg in Gedanken. Zaghaft nutze ich die Situation. Ob er Top-Agenten kenne. Er schüttelt verneinend den Kopf. – Gut. Vielleicht habe ich die Frage zu früh gestellt. Wo sind denn die Mob-Akten geblieben? Michael wird jetzt ganz sachlich. Also, da könne er auch nur kombinieren. Die HVA hat unter Modrow als einzige Abteilung vom Runden Tisch die Genehmigung erhalten, die personenbezogenen Akten zu vernichten. Davon hatte ich gehört und kann mich nur über die Blauäugigkeit wundern, wie seinerzeit zu Werke gegangen wurde. Gerade diese Akten! Die brisantesten! - Jedoch, soviel er weiß, sind von den Akten, wenn sie überhaupt vernichtet wurden, die Daten zuvor auf Sicherheitsfilm übertragen worden. Tatort: das Objekt in der Roedernstraße. Vierzehn Tage lang werkelten dort Ex-Oberst Bernd F. und andere, um das hochexplosive Gut hinüberzuretten. Damit wurde und wird Politik gemacht. Das ist es. Michael meint, wenn die Leute am Runden Tisch nur ein wenig mehr von Geheimdiensten verstanden hätten, wäre das vermutlich nicht passiert. Ich hingegen denke, daß den HVA-Drahtziehern schon irgend etwas eingefallen wäre, um das Geheimste des Geheimen zu retten. Schon um ihrer selbst willen. Es war ihre und Schalcks Überlebensgarantie. Michael weiß das. Ich sehe es ihm an.

Wie viele Top-Agenten mag es gegeben haben? Michael wiegt sein Haupt. Es gab auch welche, die gleich in den ersten Tagen hochgegangen sind. Freilich, es gab auch welche in der ganz offiziellen Kartei. Einige mußten geopfert werden, schon um den Anschein zu erwecken, daß nunmehr alles aufgedeckt sei. Wenn ich an Kuron und andere denke, das waren ja schon welche. Ja, meint Michael, jene seien auch durch Verrat einiger Überläufer der HVA als Einstand sozusagen mitgebracht worden. Hier wurde mit zweierlei Maß gemessen: Bernhards Wissen war dem Verfassungsschutz nicht so viel wert, daß man ihm hätte eine Anstellung geben müssen, denn das, was er wußte, wußte man schon längst. Aber von der sogenannten Sperrkartei der HVA gab es nur Vermutungen.

Ich sage Michael, daß ich immerzu grüble, aus welcher Motivation heraus sich hochkarätige BRD-Manager oder gar Politiker mit dem verhaßten Geheimdienst der DDR eingelassen haben konnten. Es scheinen ja nicht wenige gewesen zu sein. Michael guckt wieder abwesend und sucht nach Erklärungen, die alle einleuchten, die ich öfter schon gehört habe, zum Beispiel, daß es sich sehr schlecht arbeitet mit Leuten, die man erpreßt. Die Leute müßten schon wollen. Sicher. Aber immerzu drängen sich mir Gedanken auf, die ich noch nicht miteinander verweben kann.

Als Michael weg ist, blättere ich in meinen Aufzeichnungen. Die Deltaarme führen zweifellos alle in den Sumpf. Auf welche Strecke muß ich mich konzentrieren, daß ich nicht nur eine Sache enthülle, sondern den großen Zusammenhang finde. Wer hat Interesse daran gehabt, daß Schalck und Mittag die DDR in den Ruin führen? Gab es globale Interessen, oder waren nur zwei üble Scharlatane am Werk? Wenn es einen Plan gab, dann wurde er nur in engstem Kreis ausgehandelt, und Verbündete, die man brauchte, konnte man kaufen.

Am Samstag habe ich eine Lesung in Brodowin. Dr. Knorr will mit und sich dort stellen. Hoffentlich geht das gut.

Sonntag, 3. März 91

Die Lesung gestern war ein großer Erfolg. Etwa fünfzig Leute saßen um mich herum in der heimeligen Pfarrstube der Raus. Eberhard Rau, der Pfarrer in Brodowin, Frau Rau, Psychologin in Eberswalde. Sympathische Leute, die vor der Wende wegen ihrer Umweltaktivitäten stets Schwierigkeiten mit den Genossen der Hauptabteilung XX, der politisch-ideologischen Diversion der Kreisdienststelle des MfS, hatten. Manche Umweltveranstaltung schlug Wogen bis in die Zentrale des MfS in der Normannenstraße. Ich las den Text eines ganz normalen Stasi-Mannes, der den Durchschnitt der MfS-Mitarbeiter repräsentierte. Die Diskussion verlief sehr emotional, viel Widersprüchliches gab es, es war so wie immer zu Lesungen, daß erst mal der Volkszorn auf alles, was mit dem Stasi-Thema verbunden war, herniederprasselt. Meist ist dann einer dabei, der seine Schuld eingesteht, an exponierter Stelle ebenfalls mitgemacht zu haben.

Die souveräne Haltung des Pfarrers Rau, der die Diskussion leitet, ermutigt Dr. Knorr. Er meldet sich zu Wort. Ich beobachte ihn. So blaß habe ich ihn noch nie gesehen. Er wirkt noch schmaler, aber er schont sich nicht. Er erzählt von seiner Arbeit, davon, wie er gläubig war, daß er aber nicht alle Vorwürfe mittragen kann. Als Psychiater habe er das Innenleben der Stasi nur zu genau gekannt und die Situation der Mitarbeiter. Sie war nicht rosig. Sie verdienten mehr, sicher. Doch diese Arbeit hat sie auch geprägt, und das wiederum macht es ihnen heute unglaublich schwer zu verstehen, daß sie diejenigen gewesen sein sollen, die das Land ruiniert und die Menschen gequält haben. Er ist fertig. Es herrscht eisiges Schweigen. Mir stockt fast das Blut in den Adern, weil ich nicht weiß, was in den nächsten Sekunden geschehen wird. Die Reaktionen sind frappierend. Zunächst erst einmal dadurch, daß sie Dr. Knorrs Mut bewundern und daß seine Worte nicht die eines erwarteten dummen Apparatschiks waren. Selten habe ich eine solch offene und zugleich verständnisvolle sachliche Diskussion zum Thema Stasi erlebt. Bernd war mit, saß still in seiner Ecke und gab mir allein durch seine Anwesenheit die notwendige Ruhe und Gelassenheit.

Zwei Beiträge sind mir besonders in Erinnerung geblieben: Der Tierarzt des Dorfes erzählt, daß er einst von zwei Stasi-Leuten angeworben wurde. Es geschah mit viel Einfühlungsvermögen, nicht etwa durch Erpressung, und er bat sich Bedenkzeit aus. Dann seien die beiden Offiziere aber nicht wieder erschienen. Er kann heute nicht für sich die Hand ins Feuer legen, ob er nicht vielleicht doch mitgemacht hätte. Und eine junge Frau beschäftigt mich: Sie mag knapp dreißig Jahre alt sein. Still und bescheiden, so ist der

Eindruck von ihr. Mit unsicherer Stimme sagt sie, daß sie in der Partei gewesen sei und immer ja gesagt habe. Sie habe zwar gewußt, daß vieles falsch lief, aber da alle ja gesagt haben, habe sie eben auch ja gesagt. Und was schlimmer ist: Heute sei sie in keiner Partei. Nur heute sagt sie auch noch nicht nein, wenn sie es eigentlich müßte. Heute paßt sie sich an, um ihre Arbeit nicht zu verlieren.

Als wir nach herzlicher Verabschiedung durch die Raus durch die verschneite Landschaft nach Hause fahren, denke ich, daß viele Stasi-Leute heute angepaßt untergetaucht sind, viele, die reden und auspacken könnten. Weil sie Angst haben, niemals auch nur eine niedere Arbeit zu bekommen. Für die rasanten Einheitspolitiker nur willkommen. Und für mich ein Grund, daß ich immer schwieriger vorankomme.

Dienstag, 5. März 91

Dr. Loewe war da. Er hat Sorgen, weiß nicht, wie es weitergehen soll, er müsse eine Arbeit finden, und er darf nicht an die Öffentlichkeit. Das würde seine Möglichkeiten einschränken. Am meisten scheint ihn zu nerven, daß er nicht seine Arbeit ausüben kann. Geld ist möglicherweise sekundär. Sein Wissen ist enorm, und nachdem, was ich von ihm gelesen habe, kann er in jeder westlichen Firma auf seinem Gebiet bestehen. Nur eben das Kainsmal auf der Stirn. Dr. Loewes Augen strahlen in solchen Situationen nicht mehr. In seiner Aktenmappe hat er Papiere verstaut. Aufzeichnungen aus den letzten dreizehn Jahren seiner Tätigkeit im MfS. Ursprünglich durften solche Unterlagen, selbst wenn es persönliche waren, nicht mit außer Haus genommen werden. Doch für ihn sind das Aufzeichnungen von Wichtigkeit gewesen, da habe er sich einen Dreck darum geschert. Ich vermute, daß das fast alle anderen Offiziere ebenso gehandhabt haben, vor allem, als sie das Schiff sinken sahen.

Die Aufzeichnungen Dr. Loewes sind hochbrisant. Doch ich werde auf eine Wiedergabe aus zweierlei Gründen verzichten: Mit Schalck haben sie nur indirekt zu tun, und bei Veröffentlichung seines Wissens würde ich ihn gefährden und ihn seinen ehemaligen Feinden im MfS zum Fraß vorwerfen. Aber mit dem Wissen im Hinterkopf kann ich eine Menge kombinieren, was illegale Geschäfte betrifft.

Zu Dr. D. habe er sich seine Gedanken gemacht. Er vermute, wie ich auch, daß er einen bedeutenden Forschungsauftrag für einen westlichen Konzern zu erfüllen habe, schon lange vor der Wende. Der Profit floß nicht in die Kassen der DDR, den Profit teilten sich Schalck und der Auftraggeber. Etwas mehr muß Dr. Loewe doch wissen: er vermutet, und das sei in den letzten Jahren häufig im engsten Kreis besprochen worden, hinter mancher Pharmaforschung militärische Absichten. Zum Beispiel bei Genmanipulationen an Viren kann ein lebensrettendes Krebspräparat erfunden und gebaut werden. Aber zugleich kann sich unter dem Mantel dieser Forschung auch der Bau einer biologischen Waffe verbergen, der Atombombe des kleinen Mannes. Länder der dritten Welt seien wild auf solche perversen Waffen. Mich interessiert die Wirkung solcher Forschungsergebnisse. Dr. Loewe kann außerordentlich anschaulich erklären. Also, wenn man bei zwei Viren markante Eigenschaften verändert und die beiden dann miteinander kreuzt, kann der Gegner nicht feststellen, um welchen Virus es sich handelt. Der neue, Menschenleben bedrohende Virus kann also nicht bekämpft werden, und die Betroffenen sterben eines qualvollen Todes. Dr. Loewe weiß, daß in führenden Industrieländern seit langem nach solchen Wunderwaffen geforscht wird. – Bei allen mir bekannten Waffen, bei allen Folgen mir bekannter Umweltschäden und bei allen mir bekannten schwelenden gesellschaftlichen Konflikten steuert die Welt direkt auf ihren Untergang zu. Schrecklich. - Die Leute, die dafür verantwortlich sind, sitzen ganz weit oben, und das in allen Ländern. Je reicher die Länder, um so größer die Möglichkeit, perverse Macht auszuüben. Welche Möglichkeiten haben wir, solch miese Geschäfte zu beweisen? Keine. - So ist es unentwegt bei meinen Recherchen: Ich weiß etwas genau, darf das Wissen aber nicht veröffentlichen, weil ich dann irgend jemanden in Gefahr bringe, oder ich weiß es genau, komme aber nicht an die Beweise, weil die Täter lange schon vorgesorgt haben.

Meine Nachdenklichkeit unterbricht Dr. Loewe mit dem Hinweis, daß er sich mal unter ihm bekannten Jemeniten umgehört habe. Vielleicht finde er jemanden, der mir helfen könne, etwas über die Flüge im Herbst 1989 herauszufinden. Ich sage ihm, daß derzeit jemand versucht, einen Mann zu finden, der lange Zeit im Jemen war. Danach könnte er ansetzen und mir weiterhelfen.

Durch die Aufzeichnungen des Dr. Loewe wird klar, daß speziell die Arbeitsgruppe des Ministers, sicher im Verbund mit anderen Diensteinheiten, die Befreiungsbewegungen mit Rat und Tat unterstützte. Warum tat das Mielke? Warum war die PLO das liebste Kind Honeckers? War es Größenwahn der beiden Erichs, die Welt neu aufteilen zu wollen, zumindest dabei kräftig mitzumischen, oder war es ein gutes Geschäft? Verkaufte man Waffen und Kriegsgerät den Gegnern der PLO und rüstete die PLO dafür ebenso mit Waffen, Sprengstoff und anderem aus?

Andreas kommt am Abend noch vorbei und nennt mir die Telefonnummer eines Militärstaatsanwaltes, der bei der Auflösung des MfS sich um Mielkes Angelegenheiten kümmerte. Das sei sicher interessant für mich, und einen guten alten Freund habe er auch noch für meine Absicht erwärmt. Ein wichtiger Mann, der viel wisse. Es werden immer mehr! Trotzdem freue ich mich, Schritt für Schritt setzt sich ein Bild zusammen.

Montag, 11. März 91

Am frühen Morgen ein Gespräch. Wieder eines, das mich nicht voranbringt, mich aber um eine Erfahrung reicher macht. Der Militärstaatsanwalt war da. Klein und drahtig ist er. Sympathisch, obwohl ein bißchen windig. Er kann eine Zustandsbeschreibung geben von Mielkes Arbeitszimmer, er ist es, der den roten Koffer fand, in dem die Honecker-Akten waren, er weiß auch um Schalcks Doktorarbeit. Und er sagt mir, wer ein Duplikat davon hat, da könne ich etwas mehr erfahren über die Parteifirmen. - Ein wichtiges Detail erfahre ich: Schalck ist nicht Oberst des MfS gewesen, sondern Generalleutnant. Doch da für die Ernennung zum General der Nationale Verteidigungsrat der DDR sein Einverständnis hätte erklären müssen, mußte dessen Vorsitzender Erich Honecker die Berufungsurkunde heimlich unterschreiben. - So hat also, vermutlich bei einem der Vieraugengespräche, der kleine Erich dem großen Erich an einem Nachmittag des Jahres 1985, nach der dienstäglichen Politbürositzung, das Ernennungsschreiben hingeschoben. Aus konspirativen Gründen durften natürlich die Mitglieder des Nationalen Verteidigungsrates nichts davon wissen, daß der Staatssekretär im Außenhandel, Alexander Schalck-Golodkowski, ein hochkarätiger Stasi-Offizier war. Versteht sich doch. Und der große Erich hat unterschrieben. Was blieb ihm anderes übrig. Schalck sorgte schließlich dafür, daß sein Konto und das für besondere Zwecke stets gefüllt war. Nicht, daß Honecker all die Millionen für sich verpraßte, so viel kann gar keiner aufbrauchen. Nein, er mußte sein Ansehen als großer Weltpolitiker und Friedensstifter aufbauen und ausbauen. Der Größenwahnsinnige. Wenn man seine Akten, sieben Stück sind es an der Zahl, heute gründlich studiert, seine Briefe liest, weiß man, wes Geistes Kind dieser Mann ist. Aber immerhin haben die Stützen der Gesellschaft geduldet, daß er sich so lange halten konnte. Und die Stasi-Offiziere haben ihm die notwendige Sicherheit geschaffen. Das ist der Vorwurf, den man ihnen immer wieder machen muß.

Der kleine Militärstaatsanwalt ist jetzt arbeitslos, das heißt, er ist noch in der Warteschleife. Was aus ihm wird, möchte er auch gern wissen. Eine Zusammenarbeit mit mir kann aber nicht sein, weil er selbst schreiben will mit einem sehr seriösen Unternehmen, wie er sagt, einem Institut in den USA, in Houston/Texas, der sogenannten Denkfabrik. Das ist seine Sache, ich danke ihm, und wir werden uns vermutlich nicht wiedersehen.

Ein wichtiges Detail aus der vergangenen Woche, als ich in Rügen war, in Saßnitz, erfuhr ich beinahe nebenbei. Die DSR Rostock, die Seereederei, habe mehrere Ableger im Nahen Osten gehabt. Mal sehen, ob der zuständige Bearbeiter der Parteifirmen in der Spionageabwehr etwas darüber weiß. Noch habe ich ihn nicht gefunden. Doch Andreas hat versprochen, ihn aufzutreiben.

Von Michael erhielt ich einen Anruf, daß er mir sagen kann, wo ein Mann der HVA, der lange als OibE im Jemen/Aden war, arbeitet.

Es geht also voran.

Dienstag, 12. März 91

Andreas brachte mir heute Vormittag jenen Mann, der angeblich Angst vor mir habe. Die Angst bezog sich natürlich nur auf meine journalistische Arbeit. Heinz werde ich ihn nennen, den stattlichen Endfünfziger mit Vollbart und großen grauen Augen. Als ich erfahre, was er gemacht hat, weiß ich eigentlich gar nicht, was ich mit ihm anfangen soll. Er hatte mit der sogenannten Terrorabwehr zu tun. Mich interessiert das Ganze zwar, aber es paßt nicht in meine Geschichte, und zu den Fragen Terrorismus hatte ich mir vorgenommen, später zu recherchieren.

Als Andreas gegangen ist, versuche ich, mit dem scheinbar stummen, gutmütig aussehenden Mann, der ja ob seiner Diensteinheit durchaus was auf dem Kerbholz haben könnte, ins Gespräch zu kommen. Es ist schwierig. Außer „Ja“ und „Hm“ kaum eine verbale Reaktion. Zwischendurch kramt er geheimnisvoll in seinem Faltbeutel und schreibt etwas in seinen Notizblock. Wenn ihm eine Ansicht von mir gefällt, nickt er wohlgefällig, und wenn er nicht reagiert, denke ich mir mein Teil. Nicht lange währt das Gespräch, das heißt mein Monolog, und er sagt schlicht, daß er jetzt wisse, worauf es ankomme, und er werde versuchen, das für mich zu klären. Wie ich in den nächsten Tagen zu erreichen sei. Ich sage es ihm, er steht auf, verabschiedet sich, geht und vergißt seinen roten Faltbeutel. Angesichts des vergessenen roten Beutels erinnere ich mich an meine Großmutter, die immer sagte, wenn jemand etwas liegenließe, dann käme er bestimmt wieder. Mal sehen, ob sie recht hat.

Die Kürze des Gesprächs paßte mir insofern, als ich mir vorgenommen hatte, die Arbeitsstelle des OibE, der im Jemen war, zu suchen. Sie liegt in einem noblen Vorort östlich Berlins. Ich habe Mühe, das Geschäft zu finden, in dem der ehemalige Oberst der Aufklärung heute arbeitet. Als ich es gefunden habe, ist Mittagspause. In einem Kaffee vertreibe ich mir die Zeit und sehe ein verliebtes Paar. Genau das wäre das richtige jetzt, auf andere Gedanken zu kommen. Ich gucke zu und freue mich über fremdes Glück.

15.00 Uhr, es ist soweit, ich betrete das Geschäft in der Ladenstraße des Städtchens. Er steht vor mir. Er muß es sein. Beinahe sechzig Jahre alt, groß, schlank, volles graues Haar, Brille. Er kommt auf mich zu, als habe er auf mich gewartet. Ich denke natürlich wieder konspirativ und glaube, er ist vorgewarnt. Erst als er fragt, was ich wünsche, wird mir klar, daß er mich als Kundin betrachtet, der er gern etwas verkaufen will. Ich sage ihm, daß ich ihn will. Ich nenne seinen Namen, dann meinen Namen, dann, daß ich recherchiere und ihn wegen seiner Zeit im Jemen gern etwas fragen will. Er ist sofort einverstanden, es kommt ein Termin zustande, er nennt mir seine Adresse und verabschiedet mich freundlich.

Ich komme also weiter. Hoffentlich führt mich diese Spur nicht wieder in eine andere Richtung. Zwei Tage bin ich zur Lesung in Bad Doberan, dann werde ich den Mann aufsuchen können. Bad Doberan wird mich auf andere Gedanken bringen. Morgen startet meine Fernsehserie. Hoffentlich wird sie ankommen.

Freitag, 15. März 91

Die Lesung war gut besucht, es wurde angeregt, erregt und bewegt diskutiert. Verabredungen getroffen, die ich wahrscheinlich nie einhalten kann, wie immer nehme ich mir zuviel vor.

Am heutigen Vormittag war ich in der Redaktion der „Bild am Sonntag“. Sie wollten etwas über die Serie schreiben, ihnen hat die erste Folge durchaus gefallen. Ein Gespräch in einer kleinen Redaktion mit Büroleiter und Journalistin. Sachliche Leute. Die Zeit ist knapp, der Artikel muß in die Wochenendausgabe. Verabredung für später. Sie arbeiten auch an dem schier unerschöpflichen Thema Schalck.

Der OibE aus dem Jemen empfing mich freundlich. Seine Frau war während des Gespräches dabei. Sie ist Ärztin und sieht abgespannt aus. Freitagabend ist keine günstige Zeit, aber beide können eben nur abends. Schließlich sei man froh, daß man Arbeit habe.

Der übliche Einstieg von mir, ich erläutere mein Anliegen. Der OibE erzählt von seiner Zeit dort unten, von den Wirren in der dortigen Politik, von dem Faible, den besonders Margot Honecker für die Jemeniten gehabt habe, und wie die SED überhaupt versuchte, dort unten Einfluß zu gewinnen. Es war eine sozialistische Bastion der DDR gewesen. Er sei lange und oft im Ausland gewesen, und von außen habe die DDR immer ganz anders ausgesehen. - Wie denn? - Nun, ob mir durch meine Recherchen bekannt geworden sei, daß er vorzeitig aus dem Jemen habe zurück gemußt. - Mir ist das nicht bekannt. Ich habe den Eindruck, daß es dem OibE gut tut, die Widrigkeiten und Umstände der Rückkehr zu erzählen. Das Staatsoberhaupt im Jemen, das eine sozialistische Gesellschaftsordnung à la DDR aufbaut, sollte dies vor allem nach Honeckers Vorstellungen tun. Der Größenwahnsinn Erich Honeckers trieb immer größere Blüten: Er wollte der Weltpolitiker werden. Leute, seht, da steht er! Also, der OibE erzählt ganz ruhig, daß das Staatsoberhaupt des Jemen, mit dem er selbst hin und wieder reden konnte und mit dessen engstem Kreis er gut bekannt war, gar nicht so begeistert gewesen sei von den Forderungen, die mit der Wirtschaftshilfe verbunden waren. Er sei ein Mann gewesen, dem klar war, daß der sozialistische Kurs in Europa anders als in den Ländern der dritten Welt beschritten werden mußte. Der OibE kannte also die Sorgen der Afrikaner über die nicht mit ihrer Mentalität harmonierenden Wünsche des Herrn Honecker und versuchte, diesen bei einem offiziellen Besuch im Jemen darauf mal diskret hinzuweisen. Der Herr Honecker konnte aber keinerlei Kritik - auch wenn sie noch so gut verpackt gewesen sei - vertragen. Es war in jedem Falle Majestätsbeleidigung. Und damit war klar, daß im Anschluß des Staatsbesuches aus der DDR der OibE den Jemen mit seiner Frau vorzeitig zu verlassen hatte. Die Ankunft in der HVA danach war auch nicht so, wie er sie sich vorgestellt hatte. Aber er hat dadurch auch die Lage der Staatssicherheit im Lande besser durchschauen können, nämlich als eine beschissene. Die Partei hatte absolut das Sagen im Sicherheitsapparat, und es wurde ihr leicht gemacht durch Erfüllungsgehilfen an der Spitze des MfS, die bedingungslos und blindlings mit den Händen an der Hosennaht die Funktion des Schildes und Schwertes erfüllten. Sie dienten, wenn er es heute überlegt, einem dummen, aber raffinierten Honecker, der in maßloser Selbstüberschätzung sogar davon überzeugt war, daß ihn sein Volk liebt, sie dienten einem senilen, zurückgebliebenen Mielke, der durch seinen Namensvetter Erich, aus welchem Grund auch immer, für sein Tun einen Freibrief hatte.

Wie immer scheint es den Ehemaligen zuerst gutzutun, sich ihren Groll von der Seele zu reden. Wie immer in solchen Situationen ergreife ich die Initiative und frage den OibE, doch mal zu überlegen, wo man etwas im Jemen aufbewahren könnte.

Er holt Landkarte, Stadtplan und Papier und zeigt mir die Örtlichkeiten, in denen sie sich in Crater, der Hauptstadt des Gouvernements Aden, befanden. Es ist das Zentrum. Er zeigt: Dort ist der Flugplatz, da die Botschaft, da der Sultanspalast. Im Sultanspalast sitzt – streng bewacht – so etwas wie das Ministerium für Staatssicherheit im Kleinformat. Aber die Strukturen seien original nach dem Modell aufgebaut worden. Tja, also im Sultanspalast könne man schon Wertsachen und dergleichen aufbewahren. – Der OibE wird nachdenklich. So richtig scheint ihm der Gedanke nicht zu gefallen. Er überlegt und sieht seine Frau an. Dann erzählt er, daß die Liebe zum Jemen nicht immer ungetrübt war, aber die zum PLO-Lager im Jemen unerschütterlich. Etwa ein tausend Mann starkes Lager zeigt er mir auf der Karte. Die durchorganisierte PLO habe seiner Meinung nach, wenn überhaupt, am meisten von der DDR profitiert. Mit der PLO machten sie in der ganzen Welt auch ihre Geschäfte. Die Parteifirmen und natürlich die Schalck-Leute. Natürlich Geschäfte mit Waffen, Drogen . . . in dieser Preisklasse. Mich schüttelt's. Das Volk wurde aufgerufen zur Solidarität mit dem palästinensischen Volk, und diese Solidarität hatte das Volk auch bitter nötig. Doch einige ihrer Führer hatten wohl offensichtlich, wie die DDR-Riege, Geschmack am unsauberen Geschäft gefunden. Widerlich. - Der OibE würde mir gern mehr helfen, denen das Handwerk zu legen, die seine Ideale verkauft hätten. Er nennt mir Adressen, Anlaufpunkte von Leuten in Aden, die mir weiterhelfen würden. Aber bei der PLO solle ich vorsichtig sein. Mit denen sei nicht zu spaßen.

Als ich zurückfahre, weiß ich, daß das Projekt für mich mehrere Nummern zu groß ist, doch ich fühle mich so darin verstrickt, daß ich weitermachen muß. Egal, was passiert.

Mittwoch, 20. März 91

Seit Tagen geistert in den Medien die geplante Veröffentlichung der Gehaltslisten des ehemaligen Ministeriums für Staatssicherheit. Seit Tagen kursieren Gerüchte, Drohungen Ehemaliger und Vermutungen in den Medien. Heute morgen dann ist es soweit. Die Zeitung „die andere" hat die ersten zweitausend Namen veröffentlicht. Bei Mielke beginnend. Im Anhang kann ich jetzt anhand des Diensteinheitenschlüssels jeden, der veröffentlicht ist, einordnen in den konkreten Arbeitsbereich. Die ersten hundert Namen etwa lese ich, dann interessiert es mich nicht mehr so sehr.

Es kam aber gleich am Morgen, nach 9.00 Uhr, ein böser anonymer Anruf. Der Tenor: Beschimpfung aller Chaoten wie Werner Fischer, Dankwart Brinksmeier, Reinhard Schult und anderer, zu denen ich nach Meinung des Herrn X (seinen Namen will er nicht nennen, der tue nichts zur Sache, ich solle mal annehmen, er hieße Schwarz) gehöre. Wir würden schon sehen, was wir davon hätten! Ich solle die Finger von den Ehemaligen lassen! Ich lege auf. Die Stimme habe ich schon mal gehört. Irgendwann. Vielleicht irre ich mich auch. – Der Tag ist gelaufen. Nicht die Drohung an sich beunruhigt mich, sondern die konkrete Forderung, „die Hände von den Ehemaligen zu lassen", die ängstigt mich, da es sich offensichtlich um einen Mann handelt, der mein Tun und Treiben kennt, der gut informiert ist. Ich erzähle Bernd davon, der mir nun, wie er sagt, letztmalig klarmacht, daß ich die Finger davonlassen soll, es sei Sache der Polizei, des Staatsschutzes und der Justiz, zu klären, wer sich schuldig gemacht hat. Gleich nachdem er das gesagt hat, winkt er ab, als hätte es keinen Sinn, mit mir zu reden. Hat es auch nicht. Der Anruf hat auch etwas Gutes: Nämlich der Weg, sich bereitwilliger ehemaliger Stasi-Offiziere zu bedienen und mit ihnen das Knäuel zu entwirren, ist richtig. Der anonyme Anrufer scheint deshalb besonders verängstigt. Vielleicht ist unter meinen Informanten jemand, dessen Vorgesetzter er war und nun fürchten muß, daß ich etwas über ihn herausfinden könnte. Ich lasse mir von meinem Freund Klaus die Telefonnummern einiger Generäle geben und rufe einmal rundherum an. Beim dritten Versuch klappt es, es ist die Stimme des anonymen Anrufers. Bisher hätte ich den Herrn Generalmajor noch gar nicht im Visier. Aber ich wisse jetzt wenigstens, woran ich sei, sage ihm, wie ich es empfinde, von einem Mann seiner Couleur anonym angerufen zu werden, und lege auf. Mir ist speiübel. Dieser Herr hat nicht die Sorgen der kleinen MfS-Mitarbeiter. Er hat, in seinem Haus sitzend, bestimmt vorgesorgt. Ist im Vorruhestand und jammert allenfalls seiner verlorengegangenen Macht nach. Für ihn mache ich keine differenzierte Aufarbeitung, für ihn bestimmt nicht.

Freitag, 29. März 91 (Karfreitag)

Ein besinnlicher Tag. Zeit, um Bilanz zu ziehen. Seit mehr als einem Jahr recherchiere ich und habe mich immer tiefer in Geschichten verstrickt, die immer mehr Wissen nach sich ziehen, nur ich kann den großen Zusammenhang nicht herstellen. Die Infamie des anonymen, enttarnten Anrufers steckt mir in den Knochen. Wenn ich aufgebe, denkt er in seiner anmaßenden Haltung noch, daß er das bewirkt habe. Nein. Wenn ich weitermachen will, muß ich versuchen, mich auf eine Linie zu konzentrieren.

Doch jene, die mir zugearbeitet haben, wollen nicht mehr. Nachdem sie in der Zeitung standen, sind sie verbittert, weil sie fürchten, nun niemals Arbeit zu finden. Sie signalisieren, daß Aufarbeitung gar keiner wolle. Ich sage ihnen, daß in ein paar Tagen sich keiner mehr für die Veröffentlichung interessieren werde. Warum ärgert sie das. Irgendwann wäre doch ohnehin alles bekanntgeworden. So haben sie es wenigstens hinter sich. Die existentiellen Sorgen aller werden immer größer, so daß ich bei einigen ohnehin Resignation vermute. Bei mir auch? Ich bin müde, und es ist Ostern. Gestern in Leipzig traf ich meinen alten Freund Bernd W., einen Schriftsteller, der Texte für Fernsehfilme schrieb. Er hat heute eine Kulturfunktion in der Messestadt, war nie in der Partei und muß sich jetzt Verdächtigungen einer Leipziger Zeitung gefallen lassen, daß er inoffizieller Mitarbeiter gewesen sei. Er erzählt mir die Umstände und wartet auf seine Überprüfung durch die Gauck-Behörde. Mein Freund Christian Z. wartet auch auf das Untersuchungsergebnis. Wie viele in den Landtagen und im Senat wird es noch geben? Wie waren die Umstände, daß man inoffizieller Mitarbeiter wurde? – Und was geschieht mit jenen inoffiziellen Mitarbeitern, die in der Sperrkartei der HVA geführt wurden? Die durch die Behörde nicht aufgedeckt werden können? Ein

Glück für sie? Eine Ungerechtigkeit gegenüber den anderen.

Von Hans erfuhr ich gestern noch den Mechanismus, nach dem das Büro für Lizenzhandel arbeitete. Es reiht sich ein in den Streifen: Schalck hat zumindest mit Beginn der achtziger Jahre mehr aus der DDR herausgelassen als herein. Patente verschleuderte er an bedeutende Westfirmen für schnelles Geld, um die Bonzenkassen aufzufüllen, sicher um auch mal notwendiges Gerät zu besorgen, was nur für Devisen zu haben war. Die dann in westlichen Firmen entwickelten Patente führte er Jahr für Jahr für viel mehr Devisen wieder ein. War das Absicht? Hat er wirklich dem BND gedient, oder spielte er noch eine viel zwielichtigere Rolle?

Montag, 1. April 91 (Ostermontag)

Detlef Rohwedder ist tot. Der Chef der Treuhand, der vielen ein Dorn im Auge war. Grausam das Attentat, erinnernd an frühere RAF-Anschläge auf Personen seinesgleichen. Wenn sie es nicht war, wer dann?

Die Stasi, wird vermutet. Ist ja auch am einfachsten, sie hat man immer parat. Wer kommt nach Rohwedder? Jemand, der nicht so rüde vorgeht bei der Privatisierung, oder einer, der rigoroser ist? Vielleicht war Rohwedder zu rigoros beim Ausmisten ehemaliger Parteikader? Vielleicht war er es nicht? Wenn man weiß, wer danach kommt, wird man unter Umständen auch Ziele dahinter erkennen. Möglicherweise ist es aber auch ein ganz „normaler“, stinknormaler Mord.

Mittwoch, 3. April 91

Endlich kam der Termin mit dem Handelsrat Dr. S. zustande. Am Telefon war er nicht begeistert, sich mit mir zu unterhalten.

Er wohnt in einer ganz normalen Neubauwohnung, schließlich war er jahrzehntelang für die DDR in der Welt unterwegs. Als mir der große stattliche Mann die Tür öffnet, erkenne ich seine Tochter Thekla, die zu unserer Zeit an der gleichen Hochschule studierte. Damals war der Vater in Brüssel, erinnere ich mich. Zuletzt war er in Athen. Die Wohnung ist geschmackvoll, aber nicht neureich eingerichtet. Sie hat Stil. Seine Frau - es ist die zweite - ist eine schöne und, wie sich im Gespräch herausstellt, kluge Frau. Die etwas unwirsche Art des Handelsrates schwindet beim Gespräch. Geradezu ist er. Handfest. Ein Mann, der die Welt kennt. Wir reden allgemein über Alexander Schalck. Der Chef des Handelsrates war Dr. Gerhard Beil. Ein Mann, über den viel zuwenig geredet wird, finde ich. Er übrigens auch. Schalck und Beil seien wie Hund und Katze gewesen, verkehrten meist schriftlich miteinander. Das hieße aber noch lange nicht, daß nun der eine besser wäre als der andere. Eher seien es Konkurrenten gewesen. Wir reden über Griechenland. Über die Treffen der Waffenhändler in Athen. Ja, Schalck und Wischnewski, der Chef der Firma Gerlach, waren immer da. Und ein Haufen Araber aus der Szene. Der Handelsrat versuchte, sich strikt von der Botschaft abzugrenzen. Das war so üblich. Ein Hineindirigieren hätte er - der Handelsrat - sich nicht bieten lassen. Wir reden über Parteifirmen, Firmen, deren Geschäfte immer krimineller wurden. Er nennt einen Mann, der darüber genau Bescheid wissen müßte: Klaus W. Ich habe schon versucht, mit ihm zu reden. Aber er lehnt es strikt ab.

Der Handelsrat erzählt, daß sich die Vertreter der einzelnen Länder, mit denen er immer zu tun hatte, über die Firma TRANSINTER beschwerten, die viel zu hohe Transportgebühren einkassierte. Sie besaß das Transportmonopol für diese Geschäfte, und statt 4 % kassierte sie 10 %. Ich halte entgegen, daß aber das Geschäft mit der DDR dennoch für die Partner lukrativ gewesen sein muß, sonst hätten sie sich doch andere Geschäftspartner gesucht. Sicher. Der Waffenhandel spielte bei allen Geschäften die zentrale Rolle im Unternehmen, erzählt er weiter.

Dr. S. redet sehr anschaulich über Schalck: er sei ein Mann gewesen, der vor nichts zurückschreckte. Einer, der über alles Bescheid wußte und ohne den kein anderer Mitarbeiter irgend etwas habe tun können. Das könne ich ihm glauben. Mit Zuckerbrot und Peitsche habe er dirigiert, und die Mitarbeiter haben gekuscht, sich kaufen lassen, um gegenüber dem DDR-Bürger ein privilegiertes Leben mit Devisen führen zu können. - In mir steigt schon wieder das Gefühl ohnmächtiger Wut empor.

Griechenland war das Tor zum arabischen Raum für die DDR: KoKo hatte Firmen in Syrien, im Iran und im Irak. Die ekelten sich vor nichts. Firmen, die gegnerische Parteien mit Waffen ausrüsteten. Außerdem - erzählt der Handelsrat - hätten Politbüromitglieder gern in Griechenland Urlaub gemacht. Es ist ja auch ein traumhaft schönes Land. Neben Krenz, Herrmann und Schabowski vor allem Hermann Axen, den überhaupt eine innige Freundschaft mit Wischnewski von der Firma Gerlach verband.

Ich frage den Handelsrat, ob ihm bekannt sei, daß Schalck im Verbund mit der HVA eine Insel gekauft habe. Dr. S. überlegt lange. Möglich sei es, er kann sich aber nicht vorstellen, daß das an ihm vorbeigegangen sei. Bestimmt nicht. Er hatte beste Kontakte zu den Griechen, die es hätten wissen müssen. Generell sei es so gewesen, daß man, wenn man in Griechenland Land erwerben oder gar eine kleine, unbewohnte, nicht zivilisierte Insel kaufen wollte, über das Ministerium für Tourismus in Athen gehen mußte. Möglich sei das schon. Doch was soll das für einen Sinn gehabt haben? Der Nahe Osten sei für die KoKo- und Parteifirmen viel interessanter gewesen. Mit den Arabern, vor allem der PLO, sei alles perfekt gelaufen. Die politische Lage in Griechenland war immer heftigen Veränderungen und Krisen ausgesetzt. Das wäre zu instabil gewesen. Unter den arabischen Geschäftemachern riß man sich förmlich um die Gunst der DDR-Oberen. Sie schienen für alle Geschäfte zu haben zu sein. Einen Kontakt könne mir Dr. S. nach Griechenland herstellen, aber ich solle nicht mit dem Feuer spielen. Die PLO sei überall.

Auf dem Nachhauseweg denke ich, daß ich mich mit dem Abwehrmann des MfS, Rolf B., treffen muß, der die Zusammensetzung der Parteifirmen kennt. Als ich ihn letztens anrief, war er zu keinerlei Auskünften bereit. Vielleicht hilft mir sein Kollege von einst, Franz K. Ich werde ihn aufsuchen und ihn um Vermittlung bitten.

Die Ehemaligen bedecken sich immer mehr. Resignation, gepaart mit Wut, stelle ich bei einigen fest. Wut, weil sie allein Schuld tragen sollen, Resignation, weil sie immer mehr sehen, wem sie eigentlich gefolgt sind, je häufiger sich Ex-Funktionäre zu Wort melden, sei es in Form eines Buches oder eines Interviews. Resignation über ihre eigene Borniertheit mag da mitschwingen.

In den nächsten Tagen muß ich nach Leipzig meinen Film vorbereiten. Kriminalitätsentwicklung in den neuen Bundesländern ist das Thema der Reportage.

Freitag, 5. April 91

Seit gestern haben wir einen Anrufbeantworter. Bernd hat ihn für mich gekauft und installiert. Ich werde mich an den kleinen Roboter erst gewöhnen müssen. Wie immer diese Angst vor technischen Neuerungen. Die Vorzüge sind: kein anonymer Anrufer wird mehr seinen Text nach dem Piepton aufsprechen. Es wäre schließlich ein Indiz. Außerdem kann ich hören, wer anruft, und mir überlegen, ob ich meine Arbeit unterbrechen muß oder zurückrufe. Telefonate reißen mich immer aus der Arbeit. Und ich kann sorgenlos außer Haus sein und erfahre doch Wichtiges. Ein Nachteil: an Konspiration gewohnte Stasi-Mitarbeiter werden sich nicht melden und lieber wieder auflegen. Die Vorteile überwiegen.

Gestern war durch Vermittlung von Michael ein alteingesessener HVA-Offizier da. Michael warnte mich, sagte mir noch am Telefon, daß ich behutsam mit ihm umgehen solle. Er sei ein Faktotum, wisse unheimlich viel, und seine etwas skurrile Eigenart sei nur Schutz. Pünktlich kommt er. Ich soll ihn schlichtweg Armin nennen. Wieder ein Thüringer, höre ich heraus. Brav zieht er die Schuhe in der Veranda aus. Eine Eigenart, die viele Ehemalige an sich haben. Die Ehefrauen haben ihre Männer gut zu Ordnung und Sauberkeit erzogen. Armin ist groß und stark und erinnert mich eher an einen Operettensänger, einen Baß. Sein Gebaren ist theatralisch. Weitausholende Gesten und stets wechselnde Stimme. Ich muß über ihn lachen. Eine schillernde Figur. Zwischendurch wird er immer ernst, todernst, dann läßt er eine Information fallen. Doch eingebettet sind diese Informationen in endlose Geschichten und Anekdoten über seine einstigen Dienstherren. Ich merke nach einer guten Stunde, daß er mir auf diese Weise den Apparat erklären will, die funktionierende Hierarchie, die Lächerlichkeit und Aufgeblasenheit der Generäle. Armin gibt Gespräche zwischen Mielke und seinen Vasallen in wörtlicher Rede wieder. Er spielt diese Gespräche nahezu meisterlich vor. – Er kenne alle Brüder, die sich schamlos bereichert hätten, vor allem jene der Hauptverwaltung Aufklärung. Das schlimme sei nur, sagt Armin, daß diese Leute ihre Schuld nie einsehen würden. Sie glaubten ernsthaft, es stünde ihnen alles zu, was sie sich außer der Reihe genommen hätten. Sie hielten und halten sich immer noch für genial. Und Genialität habe nunmal ihren Preis.

Ich denke, daß ihnen Genialität auch zur Genüge bescheinigt wurde. Ich erinnere mich noch solcher Sprüche von der Stasi als dem perfekten Geheimdienst. Oder etwa: Der KGB ist brutal, die Stasi perfekt. Wer sprach nicht von Wolf als dem begabtesten und charismatischsten Geheimdienstchef der Welt? Vergleiche mit dem Mossad hatte die HVA nicht gern. Der Mossad würde schließlich über Leichen gehen.

Armin kennt Aspeck und meint, Aspeck sei nicht tot, sondern würde leben. Wo? Ja, wo. Auf alle Fälle dort, wo er sicher sei und alle Fäden in der Hand halten könne. Wenn das jemand wisse, sei das nur der engste Kreis, und der halte zusammen wie Pech und Schwefel. Dann hebt er ermahnend den Zeigefinger. Ich solle mich ja vorsehen. Ob der etwas theatralischen Geste grinse ich, kann es nicht für ernst nehmen. Armin wird auf der Stelle todernst. Er beugt sich näher zu mir und sagt eindringlich, daß ich - ich möge schon entschuldigen - Würstchen doch überlegen solle: ich störe die Ruhe friedlich zusammenarbeitender Geheimdienste. Den Eindruck habe ich schon lange, sonst würde sich die Aufarbeitung auch nicht so schwierig und langwierig gestalten und vollziehen.

Natürlich, Schalck habe auf zwei Schultern getragen, mindestens auf zwei Schultern. Und Beil! Wenn ich den Rentner in Zeuthen zum Reden brächte, dann wüßte ich alles. Doch der Rentner ist umgeben von dem harten Kern der HVA und wird sich hüten, auch nur ein Wort mit mir zu reden. Was ist mit Gerhard Beil? - Armin sagt nichts mehr, ist in sich zusammengesunken. Guckt abwesend. - Dann sagt er, daß das Schalck-Imperium Hans Fruck, der legendäre General, aufgebaut hätte. Ich höre nach dieser für mich nicht neuen Feststellung eine ganze Menge Geschichten und Anekdoten über Fruck. Zwar stehe ich unter Zeitdruck, doch die szenische Umsetzung, die Armin liefert, ist mitreißend. An Armin ist ein Schauspieler verlorengegangen. Er spielt perfekt. Das Schauspiel ist zu Ende, und ich kann mir ein Bild vom kürzlich verstorbenen Fruck machen. Er kannte keine Tabus, nahm sich jegliche Freiheit heraus, war das Enfant terrible am Hofe von Mielke, ließ sich von keinem etwas sagen, liebte Wein, Weib und Gesang und nahm sich dunkle Geschäfte am hellichten Tag heraus. Armin spricht jetzt ganz leise. Es habe seit langem Gerüchte gegeben, daß Fruck ein Mann war, der 1942 gemeinsame Sache mit der Gestapo gemacht habe. Die Verbindung zur Baum-Gruppe habe er seinerzeit als Persilschein genutzt. Mir verschlägt es die Sprache. Aber was soll's, wo ist der Beweis? Mielke hätte doch jegliches belastendes Material in seinem Panzerschrank in der Freiwalder Straße verschwinden lassen. Übrigens, meint Armin, meine Theorie von der organisierten Talfahrt der DDR, das hätten Leute der Abwehr ja seit mindestens fünf Jahren versucht nachzuweisen. Doch sie scheiterten immer an den Spitzen des MfS. Sie wurden diszipliniert, zurück- und zurechtgewiesen. Die Dinge, die die HVA trieb, ging die Abwehr nichts an. Für Armin sei die INTRAC die Mafia des Außenhandels gewesen, und die HVA/15, der Sektor Wissenschaft und Technik, habe eng mit der Denkfabrik in Houston/Texas zusammengearbeitet. Also jener Institution, die sich so tolerant und ehrenwert dem kleinen Staatsanwalt genähert hat.

Als Armin weg ist, überlege ich mir nächste Schritte:

Der Ex-Oberst Rolf B., der die Parteifirmen im Visier hat, will sich überlegen, mit mir zu reden. Sicher holt er erst diverse Erkundigungen über mich ein.

Dieter muß ich nochmal fragen, was es mit Gerhard Beil auf sich hat.

Dr. Loewe will mir Kontaktleute im Jemen besorgen, und Heinz wollte mir eine Liste bringen, so sagte er am Telefon.

Hans wollte nochmal über Funktion des Büros für Lizenzhandel nachdenken. Und den Oberstleutnant, der mit Naziakten zu tun hatte, werde ich nach General

Hans Fruck fragen müssen. Mir scheint, daß die Übernahme der DDR durch die BRD schon lange klar war. Seit wann? Seit 1980? Die Alten hatten das längst eingefädelt.

Zu dem Rentner in Zeuthen, der Schalcks BND-Zuarbeit entdeckte, gehe ich nicht. Den hebe ich mir bis zum Schluß auf.

Donnerstag, 18. April 91

Leipzig war schön und bedrückend. Schön, weil ich dort geboren und aufgewachsen bin, bedrückend, weil die Stimmung in der Messestadt und Heldenstadt nach eineinhalb Jahren auf dem Nullpunkt ist. Was die Kriminalität betrifft, ist sie auf dem Siedepunkt. Die Vorbereitung zu meiner Reportage war spannend und belastend.

Fast jeden Abend war ich in der Nikolaikirche, saß einfach nur da und dachte nach. Manchmal traf ich jemanden von früher, und so habe ich mir mein Bild machen können. Die Leipziger hatten 1989 nichts zu verlieren, sie gingen auf die Straße in der Hoffnung, daß sich etwas ändern würde. Die kritischen Geister, die sich an die Spitze des Demonstrationszuges stellten, gingen bald nicht mehr auf die Straße, weil die Demos nach der Wende von den einst Angepaßten genutzt wurden, um sich im nachhinein zu äußern. – Freunde von mir, die in renommierten Leipziger Kliniken arbeiten oder an der Universität lehren, Freunde, die im September 1989 bei mir anriefen und sagten, es ginge nicht mehr, warum tut ihr in Berlin nichts – diese Freunde stehen heute resigniert am OP-Tisch und am Pult. Bessere Wohnbedingungen haben sie nicht, dafür aber eine immense Sorge um den Arbeitsplatz. Endlich haben sie ein Auto, endlich können sie reisen. Doch alle meine Freunde sind dennoch traurig. Was fehlt ihnen? Wenn ich sie danach frage, sagen sie, sie seien innerlich leer. Sie haben die Wende gewollt, wie fast alle in dem Lande. Doch so? Sie wissen, daß alles nicht so weitergegangen wäre, aber alles sei so anders, so rüde, ohne Nestwärme. Klar, der kuschlige Alltagsmief der DDR, wo jeder blaumachen konnte, wenn ihm danach war, den gibt's nicht mehr. Einige klagen, daß die Freundschaften auseinanderbrechen, daß einer des anderen Teufel sei. In Berlin, in meinem Fernsehen, ist das ebenso. Das tröstet aber nicht. Jetzt, wo sich fast jeder eine andere Arbeit suchen muß und weiß, daß mehrere Bewerber auf die von ihm begehrte Stelle Anspruch haben, jetzt müssen einfach Ellenbogen eingesetzt werden. Konkurrenzkampf, freie Marktwirtschaft, Worte aus dem verhaßten Parteilehrjahr, werden plötzlich Realität. Meine Leipziger Freunde sehen alle etwas schicker aus. Modischer gekleidet. In ihrem Audi oder Opel Vectra, auf Hochglanz gewienert, unterscheiden sie sich nicht vom Wessi. Doch innen, ganz innen, sind sie DDR-Bürger. Geht ja gar nicht anders. Sie haben noch ihre Raster, ihre Zwänge, Hemmschwellen, leiden an Ostismen in der Sprache, stehen eckig, statt lässig im Eingang des Restaurants, fragen zaghaft die Verkäuferin, ob sie dieses oder jenes mal sehen dürften. Um den Sex-Shop gehen sie dreimal drum herum, daß auch ja kein Bekannter in der Nähe steht und sie sehen könnte. Dann erst gehen sie hinein.

Ich wohne in dem noblen Hotel Merkur und frühstücke zwischen noch nobleren Westdeutschen, die die Marktwirtschaft über Leipzig auskippen. Ich beobachte sie, höre ihren Gesprächen zu. Sie haben gesiegt. Sie helfen großzügig, und ich schäme mich, weil ich mich nicht dankbar zeigen kann, weil ich unentwegt das berühmte Haar in der Suppe suche, um ihnen sagen zu können: Ihr habt mitgemacht. Meine diffusen Recherchenergebnisse geben mir das Recht, so zu denken.

Heute zu Hause angekommen, habe ich Anrufe abgehört und bin zufrieden. Die gewünschten Gesprächspartner in Sachen Schalck und Co. haben sich gemeldet.

Dienstag, 23. April 91

Gestern war Michael da. Mit ihm habe ich immer Anlaufschwierigkeiten. Wenn er kommt, ist es so, als begännen wir von vorn, ich habe eine Hemmschwelle. Ich danke ihm für die Vermittlung von Armin. Armin habe mir sehr geholfen, zumal er HVA-Geschehen fast szenisch dokumentiert habe. Michael grinst. Er habe mich ja vorgewarnt. Michael wird eine Arbeit anfangen, die ihm sein Existenzminimum sichert und ihn nicht verblöden läßt. Aber auf Dauer sei das nichts.

Ich frage wieder nach der Sperrkartei der HVA. Es ist für mich unklar, was mit dieser Kartei geschieht, die brisantestes Material enthält über Manager und Politiker unserer Regierung. Eine tickende Zeitbombe. Ich will wissen, ob Markus Wolf nicht doch, nunmehr gemeinsam mit dem KGB, mit den Top-Agenten weiterarbeitet. Michael schüttelt den Kopf. Wolf wisse, daß die Sowjetunion in ihrer ursprünglichen Form nicht mehr lange bestehe, daß er dann nicht mehr in der Sowjetunion bleiben könne, zumindest nicht offiziell. Und Wolf wolle mit seiner jungen Frau verständlicherweise wieder nach Deutschland. Die Justizorgane werden angesichts der Brisanz des Materials, das Wolf in der Hand habe, gar nicht anders können, als ihn auf freien Fuß zu setzen. Kaspertheater.

Ich frage Michael, ob Beil CIA-Agent gewesen sei. – Pause. Michael überlegt. Er müsse mal jemanden fragen. Mir läuft die Zeit weg. Er reagiert nicht, als überlege er immer noch, ob er es sagen soll oder nicht. Manchmal habe ich den Eindruck, er möchte mich so auf die Folter spannen, daß mir mein Ehrgeiz keine Ruhe läßt und ich selbst darauf komme. Manchmal denke ich gerade bei Michael, daß es ihn interessiert, wie ich mit meinem System der Befragung und meiner Kombinationsfähigkeit der Wahrheit immer näher komme. Eine Vermutung. Michael hat einen Termin und muß gehen. Er werde sich melden, sobald er etwas Neues in Erfahrung gebracht habe.

In der Tür stehend, frage ich noch, ob die HVA dem KGB oder dem CIA näher ist. – Man könne das nie genau sagen, viele Drähte liefen da kreuz und quer. – Das denke ich inzwischen auch.

Freitag, 26. April 91

Die Presse hat in Zusammenhang mit der Verhaftung von Neiber und anderen Größen der für Terror zuständigen Diensteinheit Verbindungen zum gefürchteten Terroristen der PLO, Abu Nidal, aufgedeckt. Die Menschen waren gerade ein wenig zu Ruhe gekommen über ihre vermaledeite Geschichte, nun auch noch das! Wenn es einen Zusammenhang zwischen RAF und Stasi gegeben hat, dann hängt der Rohwedder-Mord doch wieder an den Ehemaligen. Mir scheint, die Atmosphäre in den neuen Ländern und in Ostberlin ist hochexplosiv. Warnungen gegen das Stasi-Potential werden ausgestoßen, in Rottach-Egern, um Schalck-Golodkowski, wird geschwiegen, obwohl tatkräftig ermittelt wird.

Wenn Dr. Loewe heute morgen nicht dagewesen wäre mit seinem freundlichen Naturell und einigen Ergebnissen, die mich zumindest in Sachen Jemen vorankommen lassen, stünde mir ein unruhiges Wochenende bevor. Loewe hat immer etwas Spannendes in seinem Attachékoffer. Immer ist es etwas, das mich ermutigt, weiterzumachen.

Er hat einen Abzug von zwei Fotos, auf denen mir zwei freundliche Gesichter entgegenlachen. Fotos von zwei Arabern in der DDR. Dazu stehen Namen und

Adressen. Nur er und ich würden sie kennen. Beide haben in der DDR studiert, zwei von vielen, die an der Hochschule des MfS in Eiche bei Potsdam ausgebildet wurden. Ausgebildet worin? Im geheimdienstlichen Gewerbe. Sie sind zwar nicht Doktor Geheimdienst, aber Diplom-Jurist oder Diplom-Kriminalist mit einigen Spezialitäten, die man an Gerichten nicht braucht.

Diese beiden Jemeniten würden mir also weiterhelfen. Eine Fahrt ins Blaue in den Jemen? Wer soll das bezahlen? Wenn ich in den Jemen komme und mit Hilfe der beiden Araber ins PLO-Lager geführt werde, wie dann weiter? Mit mehr als einer Tonne Gepäck unter dem Arm kann ich da schlecht weg. Das Ganze war wieder mal eine Schnapsidee von mir, doch ich lasse es mir nicht anmerken, um Dr. Loewe nicht zu enttäuschen.

Loewe möchte gern, daß ich die AGM/S (Arbeitsgruppe des Ministers für Sonderaufgaben) aushebe, kein Journalist würde da rangehen, und da sei wirklich was zu holen.

Diese Abteilung hatte Kontakt zur PLO, zu den oft zitierten Waffenhändlern, die Schlüsselfiguren seien. Wer sind diese Leute, sind sie noch in der Bundesrepublik? Loewe nickt. Er wird ganz einsilbig. Er habe vielleicht eine Arbeit in Aussicht, aber niemand dürfe davon wissen, daß er mir zuarbeite. Es dürfe unter keinen Umständen an die Öffentlichkeit, sonst bekomme er den Job nicht. Ich verstehe ihn. Um der Arbeit willen bringt man die, die reden könnten, zum Schweigen.

Donnerstag, 2. Mai 91

Ein mittelgroßer, unauffälliger, fast scheu blickender Mann steht am Gartentor: Ex-Oberst der Spionageabwehr, zuständig für den „Schutz“ der Parteifirmen. Für die Aufzeichnungen entscheidet er sich für den Namen Rolf. Umgesehen hat er sich etwas unsicher, weil er bis 1965 ganz in meiner Nähe gewohnt habe. - 1968 erst zog ich in die Gegend, wo bis 1966 noch ein Schlagbaum den Zugang zu Häusern der Sowjetischen Garnison versperrte, später verkleinerte sich die Siedlung, und einige Häuser wurden für Zivilpersonen freigegeben. - Gleich als Rolf auf der Couch sitzt, sagt er, daß er keine Quellen preisgeben werde, schränkt ein, daß ich mir keine großen Hoffnungen machen solle, er wisse nicht viel.

Das kenne ich. Nach mehreren „Sitzungen" haben sie dann doch alles ausgepackt, und ich habe viel mehr Zeit als nötig gebraucht. Wo fangen wir an?

Er entscheidet sich dafür, daß ich einfach Fragen stelle. Mich interessiert die Strukturierung der Parteifirmen. Die gebe es ewig schon, erzählt Rolf. Mindestens seit Ende der fünfziger Jahre. In den Sechzigern seien sie ausgebaut und in den siebziger Jahren perfektioniert worden. Sie seien direkt an das ZK gebunden gewesen. Die Firmen wurden von Geschäftsführern, die zur DKP gehörten, geleitet. Zum Beispiel erhielt ein DKP-Mitglied zwei Millionen Devisen Einstandskapital und gründete mit dem Vermögen eine Firma, einen Außenhandelsbetrieb in der BRD. Das erwirtschaftete Geld floß dann zurück in die Parteikassen. Das müssen doch Unsummen gewesen sein. Rolf nickt. Das waren es auch. Nur, sie wurden auch großzügig verbraucht. Der Hofstaat hat dadurch gut gelebt. Die Firmen warfen je nach Geschick des Geschäftsführers eine Menge Geld ab. Die Firmen wurden geleitet von einem gewissen Hans Springmann, zumindest in den letzten Jahren. Im ZK war dafür zuständig ein gewisser Steidel, der 1985 starb und an dessen Stelle Cibulla trat. Interessant dabei ist, daß Steidels Stellvertreter Honeckers Schwiegervater, der alte Feist, gewesen sei. - Man blieb unter sich, schön in der Verwandtschaft. - Rolf meint, deshalb konnte da auch keiner reinreden. Es wäre sofort von Seiner Majestät unterbunden worden. Gab es denn etwas zu unterbinden, will ich wissen. Rolf verschließt den Mund. Ich könne ihm glauben, daß er nächtelang nicht schlafen konnte, weil sich die Leute maßlos bereichert hätten. Die Parteifirmen sorgten ausschließlich fürs Wohl der SED-Spitze, und die dachten, das sei selbstverständlich. Zahlreiche Firmen arbeiteten sehr effektiv, man hätte das ausbauen und dem Volke zukommen lassen können. Nein, es ging auf sogenannte Sonderfonds.

Mir geht durch den Kopf, was die Bonzen mit dem vielen Geld gemacht haben könnten. Wenn sie noch so gut in ihrer spießigen Wandlitz-Siedlung lebten, wenn sie noch so teure Reisen machten, es kann nur einen verschwindend geringen Teil gefressen haben. Der Rest? Floß er in die Befreiungsbewegungen, um im Nahen Osten noch mehr Einfluß zu erhalten? Floß er auf nicht entdeckte Auslandskonten, die auf ihren Inhaber warten? Insgesamt um die vierzig Firmen habe es gegeben, rechnet man alle kleinen Speditionen dazu. Oder das Hansa-Reisebüro in Hamburg. Dort wurden auch diverse Auslandsreisen der Herrschaften vorbereitet und gebucht. Das Büro gibt's heute noch.

Ich frage Rolf, was er denn konkret bewirkt habe. Gar nichts. Das, was er verhindern sollte, nämlich daß sich in die Firmen andere Dienste einschleichen konnten, wurde ignoriert. Es habe alles keinen Sinn gehabt. Sie haben (er meint damit das MfS) innerhalb der DKP nach Spionen gesucht und die auch gefunden. Die Spione des Verfassungsschutzes und des BND. Nur haben sie nie zugreifen dürfen, die Partei habe alles toleriert, Hauptsache das Geschäft blühte. Zum Beispiel der Geschäftsführer der Firma Chemoplast, die aufgelöst wurde, arbeitete für einen gegnerischen Dienst. Steidel, der mehrfach gewarnt worden sei, habe das nicht interessiert.

Nun weiß ich nicht, ob ich mich freuen soll oder nicht, daß Rolf seine Arbeit nicht ausführen durfte. Ob solcher Aussagen wird auch die Schild-und-Schwert-Funktion der SED fragwürdig, die das MfS eingenommen haben soll. Ich denke, daß der ZK-Apparat schon völlig losgelöst vom Volk im Schlaraffenland lebte und daß jeglicher Versuch, ihn an unliebsame Seiten zu erinnern, ihm lästig war. Sie haben für sich und ihren Wohlstand gelebt. Vorgesorgt. Diejenigen, die ihre Arbeit im MfS ernst genommen haben, sind heute in jedem Fall die Dummen.

Das Interessanteste, das mir Rolf neben Arbeitsweisen der Firmen erzählte, ist folgendes: Im Sommer 1984, Steidel und Honecker waren zufällig zum gleichen Zeitpunkt mit ihren Familien in Urlaub, entschied Günter Mittag, daß die gesamten Parteifirmen dem Schalck-Imperium angeschlossen und somit ihm – Mittag – unterstellt wurden. Die Begründung dazu ist einleuchtend: Unter Traudel Lisowskis und Schalcks Fuchtel konnten die Firmen noch effektiver wirtschaften. Schalck konnte sie erweitern, und Mittag hatte sie besser unter Kontrolle. Steidel hatte überhaupt keine Ahnung in Finanzfragen, der alte Feist erst recht nicht. Als Steidel aus dem Urlaub kam und sich seines Imperiums beraubt sah, ging er stehenden Fußes mit dem schon tatterigen Feist zu Honecker. Er würde alles wieder in Ordnung bringen. Bestimmt. Honecker war sichtlich überrascht und versprach sofortige Klärung. Doch zur Enttäuschung aller Beteiligten kam Honecker unverrichteter Dinge wieder zurück: Die Firmen blieben bei Mittag und Schalck, sie könnten selbstverständlich noch am Reichtum teilhaben, aber nicht mehr allein wirtschaften. Das war's.

Für mich stellt sich wiederum die Frage: Was hatte Mittag gegen Honecker in der Hand? – Rolf weiß es nicht. Keiner weiß es. Bisher zumindest nicht.

Die unter dem Namen SIMPEX zusammengefügten Partei-Firmen bekamen jetzt zusätzlich Betreuer aus dem KoKo-Bereich zur Seite gestellt. Danach hatte die Spionageabwehr geringere Kontrollmöglichkeiten, denn unter Schalcks Herrschaft verbat dieser sich eine Überwachung. Etwa fünfhundert Mitarbeiter mit

DKP-Zugehörigkeit verdienten sich am Volksvermögen eine goldene Nase. Sie vermehrten es nicht für die DDR-Bürger, sondern nur für deren Elite und sich selbst. Firmen wie Wittenbecher in Westberlin und in der BRD, die DHG, die Spedition Ihle, andere Speditionsfirmen, Firmen wie Mercator, Utimex, Zentralkommerz, die Verlagshäuser, in denen die UZ (Unsere Zeit) erschien, Firmen wie Remex und Intrac und wie Transcommerz (auch Büro Datic genannt), sie alle vermehrten den Reichtum der DDR-Bürger, die sich mit Öffnung der Mauer am 9. November das Begrüßungsgeld abholen durften. – Mich interessiert, was mit dem Vermögen der Parteifirmen nach der Wende geschehen ist. Rolf weiß nicht über alle Firmen Bescheid. Einige hätten sich auf undurchschaubare Weise gerettet. Andere Geschäftsführer hätten aus Altersgründen das Geschäft an ihre Kinder oder Verwandten überschrieben, die nie was mit der DKP am Hut gehabt hätten und somit das Kapital retten konnten. Nachdem Rolf gegangen ist, denke ich darüber nach, wie jene DKP-Mitglieder, die auf Kosten der DDR-Bürger sehr gut leben konnten, eigentlich den real-existierenden Sozialismus à la DDR empfanden. Konnten sie das mit ihrem Lebensstandard vereinbaren? Hatten sie ein schlechtes Gewissen? Oder meinten sie, daß ihnen das selbstverständlich zustehe, ihnen, ausgerüstet mit der Gnade der westlichen Geburt? Viele höre ich jetzt sagen, daß es auch ehrliche und anständige DKP-Mitglieder gab, die von diesen Geschäften nichts wußten. Sicher gab es die, und ich hoffe, der Mehrzahl der seinerzeit westdeutschen Kommunisten sind Enthüllungen über die SED-Riege genauso neu gewesen wie den DDR-Bürgern.

Freitag, 10. Mai 91

Mühsam komme ich voran, die Zeitungen enthüllen Dinge, die ich als Geheimnis hütete, in Sachen RAF haben sich die Wogen geglättet. Über die veröffentlichten Stasi-Gehaltslisten redet keiner mehr. Nichts ist eben so alt wie die Zeitung von gestern. Meine Informanten zeigen sich wieder gesprächsbereit. So auch Hans, der Mann der HA 18, der Abteilung, die die „Prozesse der Volkswirtschaft zu sichern“, Sabotage und Spionage abzuwenden hatte. Seit langem vermute er, daß die DDR längst aufgegeben war. Hans fragt sich immer wieder, weshalb Mittag so geschont würde. Hans, der in seiner Funktion bei jeder Messe zugegen war, hörte, wie Mittag die Kombinatsdirektoren noch zur Herbstmesse 1988 herunterputzte wie dumme Schuljungen, und er sah Mittag seit vielen Jahren in trautem Einvernehmen – als gehöre er zum Clan – mit Birgit Breuel und Walther Leisler-Kiep, mit Dr. Berthold Beiz und Otto Wolf von Amerongen.

Mittag, Rasputin am Hofe des Zaren. Mittag, der vermutlich von seinem Jagdfreund Mielke gesteckt bekam, wie löchrig Honeckers Kommunisten-Vergangenheit war. Über Mittag habe es eine Reihe Vorgänge gegeben, aufbewahrt, gesammelt bei der HA 18 des MfS. Wo sind die Vorgänge über den Scharlatan, der jetzt wohlbehütet bei seinen Töchtern residiert? Hans weiß es nicht. Sind die Akten vernichtet? Oder hat sie irgend jemand beim Sturm auf das MfS im Januar 1990 sichergestellt?

Hans sieht schlecht aus, er macht sich Vorwürfe, alles kritiklos mitgetragen zu haben. Doch was hat er falsch gemacht? Er hat mit seinen Leuten die falsche, in den Ruin führende Wirtschaftspolitik analysiert, ja sogar messerscharf. Immer schlimmer sei es geworden, sie hätten den wirtschaftlichen Ruin auf sich zukommen sehen wie eine Woge, die alles mitreißen würde. Sie haben aber resigniert. Mittag wollte solche chaotischen Zustandsberichte nicht hören. Mittag sah seine Ruhe gestört durch das MfS. Oder sah er seine Geschäfte gestört? Andreas von Kusch, der bis zuletzt mit der Auflösung betraut war, müßte Näheres darüber wissen.

Hans beginnt mit einer Umschulung. Im Kreis der Juristen aus allen Bereichen habe er gesagt, woher er komme, und er habe dort seine Ruhe. Die kleine Hand arbeitet kräftig mit, setzt Zeichen, wo Nachdruck erfordert ist. Was er nach der Umschulung machen wird, weiß er noch nicht, bis zur Rente ist noch Zeit. Ein Glück, daß die beiden Kinder wenigstens Arbeit haben. Aber er, der die Sache bis zum Ende mitgetragen hat, muß das nun aushalten. So sieht er das.

Mittwoch, 15. Mai 91

Zufall: Ich erfuhr von einem Staatsanwalt aus Frankfurt/Oder, der als Experte für Wirtschaftsvergehen mit der Auflösung des KoKo-Bereiches in der Wallstraße beauftragt war. Freitag meldete ich mich spontan bei ihm an. Er ist inzwischen wieder am Frankfurter Bezirksgericht. Er stimmte einem Treffen zu. Heute war ich da, mußte auf ihn warten. Als er mich sah, reagierte er unwirsch, er habe leider vergessen, sich meine Telefonnummer geben zu lassen, er müsse nämlich absagen. Aber nun sei ich da, es tue ihm leid, ich könne gleich wieder gehen. – Mit Staatsanwälten scheine ich kein Glück zu haben. Ich denke aber gar nicht daran zu gehen. Er muß mir schon begründen, wer ihm den Maulkorb verordnet hat. Er eiert, von wegen Schweigepflicht, verordnet durch die Justizsenatorin, nicht Maulkorb. Das ist dasselbe. Er müsse mich wenigstens anhören. Ich habe es geschafft, sitze in seinem ungemütlichen Zimmer. Mir ist kalt. Ich appelliere an sein Gewissen als Staatsanwalt der Ex-DDR, der ja immerhin staatstragend war und nunmehr bitte auch an der Aufarbeitung interessiert sein müßte. Natürlich ist er das. Doch er könne nicht reden. Nicht reden heißt für mich aber vertuschen. Er rappelt sich und meint, die Presse habe sich das alles selbst zuzuschreiben. Ich sage ihm, daß es zum Glück die Presse gibt, die darauf achtet, daß nichts unter den Teppich gefegt würde, selbst wenn einiges halt ins Kraut schieße. Wichtig sei für mich, die Wahrheit zu finden über den Niedergang des DDR-Sozialismus, und zwar die ganze Wahrheit. Der Staatsanwalt scheint die ganze Zeit zu überlegen, wie er mich los wird. Er erklärt umständlich, mir sei sicher nicht entgangen, daß jetzt gerade die Überprüfungen der Staatsanwälte und Richter liefe. Er habe echte Chancen, übernommen zu werden. Auf seinem Schreibtisch steht ein gerahmtes Foto, ein Familienfoto. Der Sohn ist noch klein. Wird er aber später nicht nach Wahrheiten fragen, die sein Vater wußte und verschwieg um seiner Existenz willen? Der Staatsanwalt will mir nur eines sagen: Als er in der Wallstraße anfing und in die Akten guckte, die, die noch übrig waren, sei in ihm eine Welt zusammengebrochen. Ein Kollege von ihm, auch ein Staatsanwalt, habe angesichts der Tatsachen einen Herzanfall bekommen. Das kann ich mir vorstellen, doch es nützt mir nichts. Das unübliche Geschäftsgebaren der KoKo ist inzwischen allen klar, doch davon bekommt man keinen Herzanfall. Was war so erschütternd? – Schweigen. Es gehe beim besten Willen nicht. Der Staatsanwalt müsse an seine Zukunft denken. – Das mußte der andere Staatsanwalt auch. – Er versucht, mich zu trösten. Elf Staatsanwälte seien derzeit damit beschäftigt, das Schalck-Imperium aufzudröseln und Schalck unter Anklage zu stellen. – Das macht mich ganz und gar nicht optimistisch. Erstens verderben zu viele Köche den Brei, zweitens sind wichtigste Unterlagen verschwunden, und drittens, weiß man, wer noch in der Sperrkartei der HVA unerkannt als Top-Agent weiterarbeitet? – Der Staatsanwalt steht auf. Das heißt, daß ich endlich gehen soll. Er wünscht mir Glück für mein kompliziertes Vorhaben, ich wünsche ihm keins, ich gehe mit der Bemerkung, daß er mir sehr geholfen habe.

Auf der Rückfahrt resümiere ich, daß mir der angepaßte Staatsanwalt wirklich geholfen hat. In seiner Haltung schwang Angst mit, nichts als Angst. Wer ist daran interessiert, daß der Staatsanwalt schweigt?

Donnerstag, 16. Mai 91

Von Michael bekam ich die Telefonnummer eines Mannes durchgesagt, der in der HVA die Firma Gerlach betreut hat, über den die ominösen Geschäfte Wischnewskis liefen.

Heinz rief an, daß er mir etwas vorbeibringen möchte. Kurz und knapp ist er am Telefon.

Und Andreas war da. Zu den Akten über Mittag, die bei der HA 18 gesammelt und aufbewahrt wurden, weiß er einiges. Er habe mal in seiner Funktion als Kusch-Mann in den Räumen der HA 18 nachts etwas zu überprüfen gehabt. Bei dieser Gelegenheit hat er das Siegel zum Panzerschrank geöffnet und in den zahlreichen Mittag-Dossiers geblättert: Vor allem seit 1984 sei Mittag immer dreister geworden, immer unleidlicher und korrupter. Von den Personenschützern, die Mittag umgaben, und von inoffiziellen Mitarbeitern aus seiner unmittelbaren Nähe im ZK-Apparat gab es Hinweise über Erkenntnisse, daß Mittag bei der Vergabe von Aufträgen an ausländische Firmen Provision eingesteckt habe.

Mittag hielt die Hand auf. Beinahe anekdotisch hörten sich Berichte der Bodyguards von Mittag an. Mit sechzehn Koffern reiste er in die Welt, traf Geschäftspartner. Ein Koffer beinhaltete seine persönlichen Reise-Utensilien. Fünfzehn Koffer waren leer, das aber nur auf der Hinreise. Diese Berichte gab es bei fast jeder Reise. – Seit 1984 verhandelte Mittag generell allein. Kein Bodyguard, kein ZK-Mitarbeiter, wie es früher üblich war, keiner war dabei, wenn Mittag mit westlichen Geschäftspartnern verhandelte. Mittag habe die westliche Industrie und ihre Manager bewundert, solche wünschte er sich für die DDR. Aber er verhinderte durch seine Unfähigkeit und seinen Egoismus, daß die DDR eine Wirtschaft aufbauen konnte, in der sich Experten hätten profilieren können. Ein Wissenschaftler, dessen Know-how verscherbelt wird, hat keine Motivation mehr, Spitzenleistungen in der Forschung zu bringen.

Als Andreas weg ist, bringt mir Heinz die Liste. Bevor er kommt, lege ich den vergessenen Beutel zurecht. Ich traue meinen Augen kaum, als er durch das Gartentor schlendert, hat er wieder einen roten Faltbeutel dabei. Ich frage ihn, ob er davon eine Serie habe, er lacht, antwortet nicht weiter. Er hat keine Zeit, trinkt schnell Kaffee und gibt mir eine säuberlich angefertigte Liste mit Namen, Anschrift und jetzigem Aufenthalt der Geschäftsführer der Partei- und Staatsfirmen.

Morgen werde ich Zeit haben, mich damit zu beschäftigen. Heute will ich noch den Oberstleutnant der HVA besuchen, der die Firma Gerlach anleitete.

Freitag, 17. Mai 91

Das Pfingstfest steht bevor, und ich bekomme eine häßliche Grippe. Gestern abend schon bei Udo – so soll ich den HVA-Mann nennen – begann ich zu niesen. Den Besuch hätte ich mir ohnehin sparen können. Aber die Situation ist es wert, festgehalten zu werden.

In einer Mietskaserne wohnt er. Ein normales DDR-Bürger-Domizil. Die Frau, eine liebenswerte Frau in meinem Alter, erwartet mich, ist freundlich, hat Kaffee vorbereitet. Hinter der Tür hat ER sich versteckt. Vielleicht dachte er, das Enkelkind kommt und will Verstecken spielen. Ich bin verwirrt, der Frau ist das

Ganze peinlich. Schließlich zeigt er sich ganz locker. Klein ist er, zu klein für die Frau und für mich erst recht. Keine gute Ausgangsposition. Er ist ganz aufgekratzt, scherzt, macht Komplimente, verschwindet. Meine Verwirrung nimmt zu. Ich war auf ein ernsthaftes Gespräch vorbereitet. Ich sitze der Frau gegenüber. Das Wohnzimmer ist gemütlich, ich schütte aus Verlegenheit eine ganze Tasse Kaffee in mich hinein. Er kommt, habe sich ein wenig frisch gemacht, frisch frisiert. Er sieht noch genauso aus wie vorher. Er setzt sich neben mich und ist noch kleiner, er kuschelt sich fast an mich, der Blick der Frau entgeht mir nicht, sie tut mir leid. Noch einen Schluck Kaffee, dann werde ich energisch und frage ihn, ob er mir bitte mal zuhören wolle. Die Kasperei geht mir auf die Nerven, doch vielleicht ist das ein Vorspiel besonderer Art. Jetzt spielt er den braven Schüler. Ich sage ihm, was ich weiß, daß er die Firma Gerlach angeleitet habe und daß ich ein paar Fragen dazu habe. Er wird wieder betont lustig. Ich wisse Dinge, die er gar nicht weiß. Na so was. Wer habe mir denn das erzählt? Ich sage es ihm nicht und versuche, meine Wut zu unterdrücken. Ich unterhalte mich mit der Frau, erzähle von meiner Recherchenabsicht und meiner Motivation. Die Frau versteht mein Anliegen und ermahnt ihren Mann, er möge mir doch helfen. Er kaspert weiter, rutscht noch dichter an mich heran, macht mir Komplimente über meine angeblich schönen Augen und meinen Mund. In mir steigt unangenehme Hitze auf, ist es die beginnende Erkältung, oder ist es die Peinlichkeit der Situation, die mir die Schamröte ins Gesicht treibt? Was weiß er von mir, von Beschaffungsmeyer und anderen Personen, denen ich ein Dorn im Auge bin? Verhält er sich so, um sich zu schützen? Die Frau geht hinaus. Er wird ernst und sagt, er werde keine Quellen preisgeben. Nur über seine Leiche. Ich will keine Quellen. Ich will ein paar Hinweise zur Arbeitsweise der Firma Gerlach, er brauche nicht über Wischnewski zu berichten, darüber sei ich im Bilde. Es hat den Anschein, daß er reden will. Also leider sei der wichtigste Mann, was KoKo-Schalck und andere Machenschaften beträfe, tot, kürzlich erst gestorben: Hans Fruck. Ein Glück, daß es Tote gibt. Die können nicht reden, denke ich. Ich will das Umfeld von Fruck wissen. Er sagt wieder, daß er keine Quellen preisgeben werde. Dann sage ich ihm die „Quellen", nenne Beschaffungsmeyer, Tilo K., nenne Gerd N., Rudi G. und Carlssohn als graue Eminenz. Udo wird erst blaß, dann ungesund rot. Der Mann hat Angst. Nichts als Angst. Ich frage ihn, vor wem er Angst habe. Er ist entrüstet, er treffe niemanden mehr. Gottseidank! Er müsse heute um seinen Arbeitsplatz als Heizer kämpfen. Er beginnt wieder zu kuscheln. Der Frau, die sich inzwischen wieder zu uns gesetzt hat, platzt der Kragen, er solle doch mal vernünftig sein und was erzählen. Er nimmt den Gedanken auf und sagt, daß die Frauen sich immer einig wären. Ich habe meinen ersten Schweißausbruch. Ich glühe im Gesicht, und er lobt meine roten Bäckchen.

Ein letzter Versuch: ob er sich denn nicht ungerecht behandelt fühle. Während Schalck und Co. im warmen Nest säßen, müsse er als Heizer sein Dasein fristen und wisse nicht mal, ob er die Stelle behalten kann. Das sei ungerecht, ob er nicht etwas dagegen tun wolle. Er sackt wieder in sich zusammen, wird noch kleiner. Er hat meine Worte schon begriffen, aber er behält den Spaßvogelton bei. Später mal, vielleicht später mal werde er mir etwas erzählen, dann mit einem Grinsen, wenn wir allein seien.

Ich kann das der Frau nicht länger antun, ich gehe, verabschiede mich von ihr freundlich, von ihm forsch.

Es ist dunkel, als ich nach Hause fahre, mir ist elend. Morgen ist Pfingsten, und ich bin krank.

Montag, 20. Mai 91 (Pfingsten)

Eine Zumutung muß ich an den Feiertagen für meine Familie gewesen sein. Fieber und Müdigkeit. Nichts war mit mir zu unternehmen gewesen. Ich fühlte mich wie ein geprügelter Hund.

In zehn Tagen beginnen die Dreharbeiten zu meiner Reportage „Gefährliche Nächte" - Kriminalität in Leipzig, anschließend endfertige ich den Film in Köln. Drei Wochen wird die Arbeit ruhen. Bis dahin will ich noch einiges anschieben.

Die Liste von Heinz über In- und Auslandsfirmen des KoKo-Unternehmens verzeichnet die Stränge und Querverbindungen zum MfS, Heinz hat ganze Arbeit geleistet. Das Ganze war ein gut ausgeklügeltes Unternehmen. Die Mafia könnte Pate gestanden haben. Einige Firmenbesitzer - DKP-Mitglieder oder nicht - haben sich inzwischen nach Südafrika abgesetzt, einige nach Sizilien. Ich werde ihnen nicht hinterherreisen, die Manipulationen sind nicht mehr aufzuhalten.

Die Firmenaufstellung ist wichtig, weil sie sichtbar werden läßt, daß die DDR sich vor allem in den Nahen Osten ausbreitete. In den Ländern dort entwickelten sich Außenhandelsfirmen, Tarnfirmen, die die kriminellen Geschäfte blühen ließen. In Sachen Waffenhandel fällt immer wieder der Name eines PLO-Mannes, der nobel im Hochhaus am Bahnhof Friedrichstraße residierte, der im ZK bei den Genossen Scheibe (Sicherheit) und Schindler (Wirtschaft) ein und aus ging. Ein Mann, der DDR-Waffen vertrieb. Hat er auch spezielle Kampfstoffe in Auftrag gegeben? Loewe deutete so etwas an.

Montag, 27. Mai 91

Drei Tage vor meiner Abreise nach Leipzig treffe ich Michael noch einmal. Er ist ein wenig gehetzt, die neue Arbeit fordert ihn ganz und gar. Ich berichte von Udo, den er mir vermittelt hatte. Er schüttelt den Kopf. So kenne er ihn gar nicht. An Michaels Reaktion merke ich, daß ihm klar ist, weshalb Udo sich so merkwürdig verhielt. Er hat wieder den nach innen gerichteten Blick.

Er weiß zu berichten, daß Wolfs Adlatus diesen neulich in Moskau besucht habe. Meine Augen leuchten, ob ich den mal anrufen könnte? Michael zerstört mir die Illusion. Der Adlatus sei derzeit in Sizilien. - Urlaub? - Michael weiß es nicht.

Michael erzählt, daß sich auch unter den einstigen HVA-Leuten Resignation ausbreite, die Arbeitsbedingungen seien gleich Null, die Rentensituation sei beschissen, nur die Spitze der HVA habe ausgesorgt. Die Kleinen, die die Masse sind, trifft's wieder. - Bei Udo habe ich nichts davon gemerkt. Er will nicht reden. Michael sagt, daß das auch gefährlich ist. - Ganz schnell frage ich ihn nach B. Ob es da was Neues gäbe. Ebenso schnell antwortet Michael, daß B. ein HVA/15-Mann (Sektor Wissenschaft und Technik) gewesen sei. Er nennt mir seinen Führungsoffizier, der bis zuletzt mit ihm gearbeitet habe. Mir wird schlagartig alles klar. Er hätte es mir eher sagen können. Jetzt nützt das Ganze schon fast nichts mehr. Als hochkarätiger IM dürfte er vermutlich auch in der Sperrkartei gestanden haben, und man hat keinerlei Beweise in der Hand.

Im Gespräch zwischen Michael und mir gibt es Pausen. Jeder denkt gründlich nach, ehe er fragt beziehungsweise antwortet. Michael hat mich schrittweise der Wahrheit immer näher gebracht.

Wo kann Aspeck sein? Michael sinniert wieder vor sich hin. Er sei da, wo er die Fäden in der Hand halten könne.

Freitag, 7. Juli 91

Ich bin wieder zu Hause und ziemlich kaputt.

Die boomende Kriminalitätsentwicklung ist beängstigend. Vor allem die Gewaltbereitschaft vornehmlich junger Menschen erschreckt mich. Unvorhergesehen gab es einen Exkurs für mich in die Neonazi-Szene Leipzigs. Ich wollte einen Täter in der Justizvollzugsanstalt befragen, und mir wurde der einundzwanzigjährige Marc Z. vorgeführt. Es war ein langes Gespräch. Dabei und danach hatte ich eine Gänsehaut. Marc Z. gehört zu der jugendlichen Gruppierung mit dem Namen „Hitlerjugend Schönefeld", eine etwa einunddreißig Mann starke Bewegung, die seit 1987 existiert. Dreißig Jahre alt der Älteste, zwölf Jahre alt der Jüngste. Marc Z. kann sich nur schwer artikulieren, er gehört nicht zu den Pfiffigsten. Fünfzehnfacher Raub wird ihm vorgeworfen, mit drei Jahren Gefängnis muß er rechnen. Geraubt hat er, weil er Geld brauchte und Hunger hatte. Tätowiert ist er mit Hitler- und SS-Symbolen an allen sichtbaren Stellen. Hitler ist sein Vorbild. – Zehn Klassen hat Marc Z. besucht und absolviert. Wie war das möglich? Weiß Frau Honecker, daß sie mit ihrem Volksbildungssystem, dem überholten, schuld hat an der Entwicklung unserer Jugend? Ich bezweifle es.

Ich bin beunruhigt über die vielen neonazistischen Gruppierungen. Was die Hitlerjugend unter anderem fordert, ist „Zucht und Ordnung im blanken, reinen Deutschland". Was die Leipziger anläßlich einer Umfrage mir ins Mikrofon sprachen, ist die Forderung nicht nach der alten DDR – beileibe nicht –, aber sie wollen wieder Ordnung und Sicherheit, wie vor der Wende.

Mittwoch, 12. Juni 91

Meine Recherchen stagnieren. Es ist eine schlechte Woche, vielleicht habe ich einfach keinen Nerv, die Spuren wieder aufzunehmen, weil ich noch zu sehr in meiner Reportage stecke. Heute war der Büroleiter einer bekannten Wochenzeitschrift da. Nachdem ich einige Nummern gelesen habe, stelle ich fest, daß es ein Blatt ist, das die Probleme in den neuen Bundesländern offensiv angeht. Es gefällt mir. Der Büroleiter gefällt mir noch besser. Ein Mann, der versteht zuzuhören, der nicht Enthüllung pur will, sondern jede Geschichte auslotet. In der Vergangenheit hatte ich viele Kontakte zu Journalisten, die meisten nehmen sich zu wenig Zeit, ein Problem von mehreren Seiten zu betrachten. Aus dem Zusammenhang gegriffen, sind Enthüllungen nur Fragmente und bezeichnen mitunter nur die Spitze eines Eisberges. Diesem Journalisten werde ich Ergebnisse meiner Arbeit gern sagen, er hat auch selbst viel recherchiert und in Erfahrung gebracht. Gegenwärtig kommt die Charité wieder in die Schlagzeilen, das Gesundheitswesen und die Verstrickungen zur Stasi überhaupt. Dabei möchte ich ihm gern helfen. Doch wir verschieben den konkreten Arbeitsgegenstand und lassen es beim Schnuppergespräch, bis er aus dem Urlaub zurück ist und ich meinen Film über den Sender habe.

Ein Versuch bei dem Oberstleutnant für die NS-Akten, kurzfristig einen Treff zu vereinbaren, scheitert. Warum habe ich diese Spur nicht weiterverfolgt? Dr. S. hat erst nach dem 2. Juli Zeit.

Vielleicht hat auch alles gar keinen Sinn mehr. Die Tageszeitungen sind voll, und vermutlich wird in den nächsten Tagen Schalck unter Anklage gestellt werden können. Justizminister und Generalbundesanwalt sind in diesen Dingen jedenfalls zuversichtlich.

Ich weiß nicht mehr, was ich will, habe Depressionen, und das im Sommer! Ich, der Sommermensch, der nur bei mangelnder Sonne im Januar und Februar unter Tiefs zu leiden hat. Wenn ich aus Köln zurückkomme, haben die Söhne Ferien, und sie werden sicher erwarten, daß ich Zeit für sie habe.

Montag, 1. Juli 91

Wieder in Berlin. Die arbeitsreichen Tage in Köln haben meine Depressionen nur wenig verscheucht. Es war kalt und regnerisch. Die Zeit in der Endfertigung war hektisch. Die Abende verbrachte ich mit Freunden, manche auch allein mit meinen Aufzeichnungen zur Stasi-Thematik. Zeitungen las ich quer. Der Goldesel erfreut sich nach wie vor guter Gesundheit in Rottach-Egern.

Ich hatte keine Ruhe in Köln, war nicht bei der Sache. Seit ich mit Dr. S. telefoniert habe, weiß ich, daß ich die Spur in die Vergangenheit vernachlässigt habe. Leider.

Mittwoch, 3. Juli 91

Am Nachmittag kam, wie vereinbart, Dr. S. Schon an der Gartentür spürte ich seine innere Anspannung. – Er ist jetzt ohne Arbeit, bemüht sich aber unentwegt darum. Er war mit seiner Arbeit und seinen Akten verwachsen. Kaum daß er sitzt, sprudelt er los. Er dachte schon, ich hätte das Interesse verloren, sagt er unglücklich, wo er mir so viel Interessantes erzählt habe. – Ich rede mich heraus, entschuldige mich, daß ich soviel zu tun hatte.

Dr. S. faßt nochmal zusammen: Sie hätten viel Kundschaft gehabt. In der Freiwalder Straße lagen vor allem die Akten von Justiz und Polizei des Dritten Reiches, im Dokumentationsarchiv, da seien die Leute aus Wirtschaft, Industrie und Politik des Dritten Reiches archiviert. Und die HVA sei der häufigste Kunde gewesen. Die Aufklärung, speziell die Abteilung 10 (Desinformation), habe diese Kartei strapaziert.

Bei mir ist der Groschen gefallen.

Als Dr. S. gegangen ist – er hat mir noch viel Spannendes erzählt –, suche ich die Telefonnummer des ehemaligen Chefs des Dokumentationsarchivs heraus. Es meldet sich keiner. Ich muß vernagelt gewesen sein. Bis zum Abend habe ich Dr. N. stündlich angerufen. Er scheint verreist zu sein. Das ist die Strafe für meine Blindheit.

Donnerstag, 4. Juli 91

Dr. N. habe ich immer noch nicht erreicht. Es ist Urlaubszeit.

Am frühen Morgen kam Loewe. Er sieht schlecht aus. Er hat Arbeit und offensichtlich ein Problem. Am Telefon gestern druckste er. – Wie üblich am Anfang plaudern wir. Ich erfahre, daß er ein ominöses Angebot bekommen habe. Er erzählt es mir, und ich bekomme Gänsehaut. Niederschreiben darf ich es nicht, sonst wäre der Kontakt zu mir klar, und für ihn sei Schluß. Also nur in etwa: Loewe ist Experte auf einem ganz sensiblen Gebiet. Darüber hat er noch nie mit mir gesprochen. Und er wurde vor einer Woche angesprochen von einem Mann aus dem arabischen Raum, der hier eine Tarnfirma unterhält. Ein hochmilitärisches Angebot, das finanziell verlockend, moralisch aber im höchsten Maße unsauber sei. Wer will wen vernichten? Loewe ist unschlüssig, wie er sich verhalten soll. – Ich kann ihm helfen, indem ich ihm Öffentlichkeit verschaffe, und denke da an den sympathischen Büroleiter der Wochenzeitung, der zwar im Urlaub ist, aber sicher eine Vertretung hat. – Vorerst will Loewe das nicht. Was ihn beunruhigt ist, wie dieser Mann seinen Namen im Zusammenhang mit der Information über die besonderen Fähigkeiten erfuhr. Woher er Adresse und Telefonnumer gehabt habe. Letzteres herauszufinden ist inzwischen leicht, zumal für Profis. Ersteres bestimmt durch ehemalige aktive Kollegen. Loewe schüttelt den Kopf. Der Kreis derer, die darüber wissen könnten, sei nicht mal eine Hand voll. Und . . .

nein, er hält das für ausgeschlossen. Wie denn dann? – Er weiß es nicht. – Wäre ich wild auf Enthüllungen, wäre das die Story. Aber ich bin im Augenblick nur Ratgeber. Ein schlechter zwar, weil ich Angst habe, Mitwisser zu sein. Loewe geht mit hängenden Schultern, und in der nächsten Zeit sei er ohnehin unterwegs, vielleicht löse sich die Sache auf. Ich glaube nicht daran, doch ich sage ihm das nicht und wünsche ihm viel Glück.

Mittags war Andreas da. Viel Neues gibt es nicht, nur soviel, daß die Akten von Mittag, die aus dem Panzerschrank, nach dem 15. Januar 1990 vernichtet worden seien. – Ich verstehe das nicht. Die schlauen Ehemaligen müssen völlig kopflos gewesen sein. Das wäre doch für ein Teil ihres Tuns eine Entlastung gewesen. Andreas bestätigt das, aber man habe sich eben an Weisung und Befehl von Schwanitz gehalten. Modrow habe das unterstützt. – Er habe aber mal in Sachen Aspeck herumgehört, und ein Mann der Spionageabwehr, der ihn nach seiner Flucht (die ja von allen bezweifelt wird) oder seinem Weggang bearbeitet habe, würde vielleicht mit mir reden. Hoffentlich.

Martin, der Psychiater aus der Charité, kam einfach noch mal vorbei. Ob es etwas Neues gebe. Ich mag ihn gern, er hat ein unglaubliches Gedächtnis, und irgendeine Information fällt immer für mich ab. Martin geht weg, in eine andere Stadt, aber man dürfe sich nicht aus den Augen verlieren. Ich erzähle ihm querbeet von meinen neuen Erkenntnissen. Als ich von Aspeck erzähle, verändert sich sein Gesicht. Er denkt nach, ich solle aufhören zu reden! Martin erinnert sich erst düster, dann immer lebhafter:

Mitte der achtziger Jahre habe er Spätdienst gehabt, und eine völlig ausgeflippte, aufgelöste junge Frau – sie sei sehr hübsch gewesen – sei eingeliefert worden. Im Gespräch mit ihr habe sich herausgestellt, daß die junge Frau in tiefster Verwirrung war, keineswegs verrückt oder krank. Sie habe erzählt, daß sie einen

Freund gehabt habe, der nach Österreich gegangen sei, den sie aber in den letzten Jahren regelmäßig – Martin weiß nicht mehr wo – getroffen habe. Kürzlich habe sie die Nachricht erhalten, daß dieser Freund verschollen sei, das heißt, er soll auch beerdigt worden sein, habe sie von Freunden erfahren. Bei einem Segelunfall soll er ums Leben gekommen sein. Ja, und heute, heute, nach einem Jahr, so erzählt sie erregt, habe sich dieser Freund bei ihr gemeldet, wollte sie wiedersehen! Dieser Mann sei Günter Aspeck gewesen. Mich erschüttert inzwischen gar nichts mehr. Schließlich hat der griechische Waffenhändler Aspeck 1989 auch gesehen. Aspeck, den Zwei-Zentner-Riesen, der wirklich nicht zu verwechseln war. Martin kann sich nicht mehr an den Namen des Mädchens erinnern. Sie sei morgens, nach Verabreichung eines Beruhigungsmittels, wieder entlassen worden. Er habe damals gar nicht weiter nachgedacht und auch nie wieder etwas von dem Mädchen gehört.

Heute ist ein besonderer Tag. Ich erfahre nur abenteuerliche, gespenstische Geschichten.

Ein Anruf bei Dr. N. ist wieder ergebnislos. Vielleicht stimmt die Nummer nicht mehr? Wie komme ich in dieser Sache mit den NS-Akten weiter? Ich erfahre wieder einmal nur Dinge, die neue Spuren aufzeigen, doch meine Geschichte, die die große Verflechtung von KoKo und den Parteifirmen erzählen soll, stagniert.

Montag, 8. Juli 91

Noch immer keine Verbindung zu Dr. N. Ich habe mich erkundigt, er ist nicht verzogen, nur habe er ein Sommergrundstück, vielleicht ist er bei den hochsommerlichen Temperaturen dort. Sicher. Ich komme nicht weiter.

Heute hat eine Bekannte Geburtstag. Wir waren da. Die Stimmung war gedämpft. Ganz anders als sonst.

Nein, es ist nicht die Arbeit und nicht die Politik, die sie diesmal sorgenvoll blicken läßt, sie haben eine Beziehungskrise. Eine scheinbar unüberwindliche. Es ist ein freudloser und kurzer Abend. Noch vor wenigen Wochen schien alles harmonisch und intakt. Aber es schien eben nur. Nach solchen Gesprächen rücke ich immer näher an Bernd, habe Angst, daß er es irgendwann nicht mehr bei mir, mit mir aushält. Ich sage ihm das. Er will mir zwar kein Ultimatum stellen, aber lange hielte er meine Recherchen nicht mehr aus. Er scheint es ernst zu meinen, und ich schweige, weil ich ihm nichts mehr versprechen will.

Mittwoch, 10. Juli 91

Gregor ist schon ganz aufgeregt. Am Samstag bin ich mit ihm für eine Woche in Rom. Er denkt nur an die Reise. Ich an die Hitze. 38 Grad sollen in der Ewigen Stadt sein. Aber ich habe es ihm versprochen, und seine strapaziöse Art lenkt mich bestimmt ab.

Dr. N. ist nicht aufzutreiben. Wenn er nach meiner Rückkehr aus Rom nicht da ist, muß ich mir etwas anderes einfallen lassen.

Heute nachmittag kam Hans noch mal. Er hat mit einem ehemaligen Vorgesetzten gesprochen. Sein Gesicht wird immer ernster. Noch vor seinem Urlaub wolle er mir etwas sagen.

Hans setzt sich nachdenklich zurecht und sagt, daß die DDR vom ersten Tag ihres Bestehens an um ihr Überleben gekämpft habe. Und daß sie zwischen die Mühlsteine geraten sei. Das ist eine Behauptung, die schwer zu beweisen sein wird. Möglich ist es, doch wozu dann vierzig Jahre Kaspertheater? – Die beiden Großmächte haben sich erprobt, die eine Großmacht ist in sich zusammengebrochen, die andere hat gesiegt. – Nur, das ist doch ein langwieriger Prozeß gewesen. – Hans lehnt sich zurück. Sehr langwierig sei er gewesen.

In den achtziger Jahren bereits arbeitete die Außenhandelsbank mit Depositen, also mit Einlagen fremder Banken, und sie griff die Staatsreserven an. Sie arbeitete mit fremdem Kapital und griff ihre eigene Liquidität an. Füllte mal ein bißchen auf, bis das Loch immer größer wurde und nicht mehr zu stopfen war. – Ob das dem Politbüro bekannt war. – Hans bejaht. Mittag wußte genauestens Bescheid. Sie, die Hauptabteilung 18 des MfS, hatten besonders seit 1985 kein Quartal vergehen lassen, wo sie nicht mit Nachdruck auf den bevorstehenden Ruin hingewiesen hätten. – Haben Honecker und sein Hof die Gefahr nicht kommen sehen? – Hans meint, Honecker habe nur sehr wenig begriffen von all den finanziellen und wirtschaftlichen Schwierigkeiten. Ihn habe sein Ansehen in der Welt interessiert. Darauf habe er sich konzentriert. Mittag wußte es, ließ keinen reinreden und wirtschaftete die DDR weiter den Berg hinunter. Schalck wirtschaftete mit, auf seine Weise. Der Rest der Hofschranzen wartete auf irgendeine Lösung, ohne sich ernsthaft Gedanken zu machen, denn noch ging es ihnen gut, noch lebten sie wie die Maden im Speck. Noch konnten sie auf die anderen sozialistischen Länder verweisen, wo es den Leuten viel schlechter ging. Noch konnten sie sich hinter ihren Ismen verstecken, den Imperialismus als Wurzel des Übels bezichtigen. Das Volk hörte nicht mehr auf Ismen, das Volk wollte diese Regierung nicht mehr. Die dummen Politbürobonzen waren überrascht, räumten Fehler ein und versprachen Besserung. Die Schlauen, die längst wußten, daß die DDR nur noch am bundesdeutschen Tropf hing, brachten schon längst ihr Schäfchen ins trockene. – Was weiß Hans noch zur Arbeitsweise der Parteifirmen? Wir hatten nie darüber gesprochen, weil ich die Parteifirmen immer losgelöst von Schalck betrachtete, seit ich aber weiß, daß Mittag sie 1984 dem Schalck-Imperium anschloß, hat das Ganze für mich ein anderes Gewicht.

Hans weiß nur, daß die gut getarnten Parteifirmen fast ausschließlich von Westdeutschen, Österreichern, Schweizern, überhaupt von Mitgliedern der Kommunistischen Parteien Europas, geführt worden sind. Zum einen war das ein Beitrag, die Parteien finanziell zu unterstützen. Die Tarnfirmen arbeiteten in der Regel gut und erwirtschafteten mehr als ursprünglich angenommen, so daß immer ausreichend zurück in die Parteikassen auf entsprechende Konten fließen konnte. Die KPÖ, die Österreicher, sollte ich nicht vergessen, das war Honeckers und Mittags zweites Standbein neben der BRD. Und natürlich Frankreich. In Frankreich konnte man viele Informationen abschöpfen, was die Bundesrepublik betraf. Dorthin gab es beste Drähte! – Über den Nahen Osten weiß Hans nur wenig. Da hatten mehrere Abteilungen des MfS bessere Einsichten und Übersichten. Heute ist das Geld weg, nicht versickert, sondern gut angelegt.

Durch Zufall erfuhr ich, daß der kleine Rechtsanwalt Wulsch in einer Firma mit dem neuen und klangvollen Namen KOWIMEX Gesellschafter ist. Ich war dort, in Pankow, und habe ein Firmenschild entdeckt und ein paar nackte Büroräume. Die wenigen Leute, die aus dem Haus kamen, blickten auf das Auto mit mir drin. Ich sah die Leute unverwandt an. Telepathie? Was kann man ihnen nachweisen? Was haben sie vergessen beiseite zu räumen? Es ist heiß. Ich fahre in die Innenstadt zurück. In solchen Situationen ergreift mich ohnmächtige Wut.

Ich fahre nach Rom mit lauter ungelösten Problemen.

Donnerstag, 25. Juli 91

Rom ist atemberaubend. Gregor war wie aufgezogen, wir litten beide unter der Hitze, doch wir wollten alles sehen.

Ein Kartenspiel vor der Reise entschied, daß Gregor der Bestimmer ist, was ich zuweilen bereue, doch was hilft's? Wenn er schläft, hänge ich meinen Gedanken nach, kann nicht schlafen, woran die Hitze natürlich beteiligt ist. Wenn mich Gregor abwesend ertappte, hörte ich mir was an! Nur einmal im Jahr hätte ich Zeit für ihn allein, und da sollte ich gefälligst nicht an meine Arbeit denken. Außerdem sei ich nicht mehr so lustig wie früher.

Seit gestern sind wir wieder zu Hause, mit Papa allein. Georg fühlt sich erwachsen genug, sich Rom mit einem Freund zu erobern. Erfreulich war, daß ich beim ersten Versuch, gleich am Abend nach der Rückkehr, Dr. N. erwischt habe, er sagt einem Treffen zu, ist ein naßforscher Tatenmensch, so empfinde ich am Telefon. Morgen schon treffe ich ihn. Ich würde ruhiger in Urlaub fahren, wenn ich wüßte, daß meine Vermutung stimmt.

Freitag, 26. Juli 91

Ich hätte mir viel Arbeit und schlaflose Nächte sparen können. Dr. N. ist es, der mich anstrahlt, als ich ihm sage, wie es funktioniert hat, daß westliche Manager und Politiker bereitwillig Geschäfte mit der DDR, genauer gesagt, mit Schalck eingingen. Es ist genauso, wie ich vermute: die HVA/10 hat seit 1964 regelmäßig Suchaufträge an das Dokumentationsarchiv gegeben. Bedeutende und angesehene BRD-Politiker, Industrielle und Manager standen in den Gesuchen. Die Aufgabe der Archivare ist es gewesen, gründlich in den NS-Akten nach wunden Punkten dieser VIP zu suchen. Die erarbeiteten Dossiers gingen dann an die HVA/10 zurück. Sie enthielten exakte Angaben über die Beteiligung an Verbrechen während der Nazizeit. Strengste Geheimhaltung war angesagt. Nur der pfiffige Archivar Dr. N.

hat eine Kopie gefertigt und sie in Leitzordnern abgeheftet.

Mich interessiert der Umfang dieser „Gesuche". Dr. N. erinnert sich an mindestens dreitausend, höchstens viertausend Vorgänge. Waren denn alle Gesuche positiv? Dr. N. verneint, aber ich könne davon ausgehen, daß mehr als die Hälfte dunkle Flecken in ihrer Vergangenheit aufzuweisen hatten. - Viele von denen seien heute natürlich tot, aber die meisten würden noch leben. Außerdem, hat sich erst mal eine Zusammenarbeit zu beiderseitigem Nutzen ergeben, stieg keiner mehr aus dem Geschäft aus. Schalck sorgte schon dafür, daß die Leute bei der Stange blieben.

Gibt es denn einen Weg, schnell an die Namen heranzukommen? Dr. N. erklärt, wie ich vorgehen müßte: Ich sollte einen Antrag an das Bundesarchiv schicken mit der Bitte um Nutzung. Im Archiv selbst könnte ich konkret nach den dreitausend angelegten Leitzordnern fragen, auf deren Rücken in typisch DDR-Deutsch stünde: „Andere staatliche Organe". Die Nationale Volksarmee und die Volkspolizei haben auch Vorgänge darin. Doch die HVA und natürlich die HA IX/11, die Dr. S. leitete, seien die besten Kunden gewesen. Dr. N. verspricht mir, noch bei seinen Kolleginnen, die vom Bundesarchiv übernommen worden seien, anzurufen und nachzufragen, ob der von ihm genannte Weg der richtige sei, damit ich zum Ziel komme. Während ich in Urlaub gehe, kann das Schreiben von mir schon zum Bundesarchiv, Außenstelle Potsdam, gehen, damit ich erholt Ende August zur Tat schreiten kann.

Plötzlich bin ich total erschöpft. Das erste Mal zeichnet sich ein greifbarer Erfolg ab, das erste Mal habe ich die Bestätigung dafür, daß meine Vermutungen richtig sind: Die Bundesrepublik hat an der DDR gut verdient. Leute haben Geschäfte gemacht, obwohl man sie zu ihrem Glück „zwingen" mußte. Was mich viel mehr an der Sache bewegt, ist, daß durch Nichtaufarbeitung der Nazi-Zeit Möglichkeiten eingeräumt wurden, daß neue Mächte sich dieser Tatsache bedienen konnten. Ich will nicht, daß das so weitergeht.

Als Bernd nach Hause kam, war ich eingeschlafen. Die Hitze sei es, sagt er mir und verschwindet im Planschbecken des Gartens.

Am Wochenende fahren wir nach Grevinge in Dänemark, genau dorthin, wo wir im vorigen Jahr waren. Nur, diesmal fahren wir zu dritt. Georg will sich der Obhut seiner alten Eltern entziehen. – So wird es wenigstens ein ruhiger Urlaub.

Freitag, 9. August 91 (Grevinge)

Der erste Schlechtwettertag. – Ein ruhiger, harmonischer Urlaub, fern jeglicher Alltagsprobleme. Die Fernsehsendungen verstehen wir nicht, die „Bild-Zeitung“ und die „Welt“ erreichen uns immer einen Tag später am Kiosk. Schalck bestimmt die Schlagzeilen. Schalck und Strauß, Schalck und die CSU, Schalck und die Unternehmer Moksel und März. Der „Spiegel“ hatte schon vor einem halben Jahr darüber geschrieben. Erst jetzt scheint man in Bonn munter geworden zu sein. Immer wenn ich die Zeitungen lese, beobachtet mich Bernd. Vermutlich hat er Angst, daß ich vorzeitig zurück will. Bei der Abreise hat er mir sogar gestattet, meine Unterlagen und die Reiseschreibmaschine mitzunehmen. Ich war ganz überrascht. Heute hatte ich sie den ersten Tag auf dem Tisch und sortierte meine Ergebnisse. Aus losen Blättern versuchte ich Exzerpte herzustellen. Fragmente aus dem letzten halben Jahr sah ich durch und fügte sie zusammen. Bernd und Gregor spielten Federball, mir ging es gut. Sorgen machte ich mir um unseren Großen, der recht rüpelig am Telefon war und keine Sehnsucht nach uns zu haben schien. Das macht mich traurig, weil mir sein Erwachsenwerden zu schnell und zu plötzlich kam. Für mich ist der 1,93 Meter große junge Mann noch ein Kind.

Gestern waren wir bei unseren dänischen Freunden in Helsingör, den Besitzern des Sommerhäuschens. Erich ist aus Deutschland, Inge ist eine resolute, schicke fünfzigjährige Karrierefrau, die im Auftrag ihrer Kopenhagener Firma die Welt bereist. - Die Vorgänge in Deutschland sehen die beiden mit Unbehagen. Alle Dänen täten das. Inge interessiert das besonders, schließlich war sie mal den dänischen Kommunisten nahe. Was ist aus all den Träumen geworden? Sie weiß es nicht. Ich weiß es nicht. Vielleicht bleibt die Idee Utopie, vielleicht war alles zu früh? - Nur, daß sich die Geschichte wiederholen könnte, das macht uns Angst. Erste Anzeichen dafür sind spürbar.

Samstag, 17. August 91 (Grevinge)

Mir ist elend. Seit zwei Tagen versuchen wir, von einer Zelle unseren großen Sohn in Berlin zu erreichen. Drei Automaten in der Nähe vermitteln offensichtlich keine Ferngespräche. - Bernd meint, daß sicher alles in Ordnung sei. Doch mich hat eine innere Unruhe befallen, die mich nicht schlafen läßt. - So sind wir heute morgen in eine andere Kommune gefahren und erreichten Georg endlich. Unser großes Kind war ziemlich durcheinander. Zuerst spielte er mir einen bösartigen anonymen Anruf vor. Diesmal hat man sich nicht mal mehr vor dem Beantworter gescheut. Der Inhalt: „Solche wie Sie müßte man hängen und köpfen." - Letzteres war sehr berlinerisch ausgesprochen. Statt „köpfen" wurde „köppen" gesagt. Georg meinte, daß es eine Männerstimme sei, Bernd und ich hörten die Stimme einer älteren Frau. Aber es kam noch schlimmer: In der Nacht vor dem Anruf, also in der Nacht vom 14. zum 15. August, habe Georg nach einem langen Fernsehabend sein Fahrrad in den Keller stellen wollen und dabei einen fremden Mann auf dem hinteren Grundstück entdeckt. Dieser sei auf Ansprechen über den Zaun getürmt. Georg war noch immer durcheinander. Ich ebenfalls. Vielleicht war es auch nur jemand, der einbrechen wollte?

Die Art des anonymen Anrufes und die Dreistigkeit, eine Drohung auf Band zu sprechen, beendeten innerlich meine Urlaubsstimmung. Gregor hatte die Zusammenhänge nicht mitbekommen, nur so viel, daß meine Arbeit ihm den Rest der Ferien verdarb. Bernd und ich nahmen uns zusammen. Der Gedanke, daß unserem großen Sohn etwas zustoßen könnte, lähmte uns beide. Bernd erwartet von mir, daß ich sofort jegliches Tun in Sachen Schalck und Co. einstelle. Ich habe es ihm versprochen.

Montag, 19. August 91 (Grevinge)

Noch habe ich mich nicht von dem Schrecken erholt. Bernd ist fürsorglich, besteht aber auf Beendigung meiner Recherchen. Ich füge mich kleinlaut. Den ganzen Tag über haben uns die Meldungen aus Moskau vom Putsch der ewig Gestrigen erschüttert. Was wird werden? Das Land ist krisengeschüttelter denn je, 360 000 sowjetische Soldaten sind noch in Deutschland, dazu Truppenteile des KGB. Jelzin wird mir selbst durch sein mutiges Auftreten immer unsympathischer. Was ist mit Gorbatschow? – Immer meinte ich, daß Gorbi sich selbst einen Militärputsch wünschen konnte. Doch die Sachlage ist eine andere. Geahnt hatten wir es immer, daß die Umwälzungen in der Sowjetunion noch viel dramatischer werden würden. Aber so abrupt? – Das Ereignis hat mein Problem verdrängt, und ich bin froh, daß Bernd der Sinn nach vorzeitiger Abreise steht. Es ist ein stillschweigendes Abkommen. Das regnerische Wetter mißfällt auch Gregor, und die Aussicht auf seine Freunde in Berlin läßt ihn zustimmen, zwei Tage früher als geplant abzureisen.

Dienstag, 20. August 91

Wieder in Berlin. Georg empfängt uns herzlicher als erwartet. Er ist eben doch noch ein Kind. Er scheint froh zu sein, daß wir da sind. – Mein erster Weg zum Telefon. Ich suche den Anruf, finde ihn und bin noch erschütterter als in Dänemark. Ich spüre kalte Schauer. Die Stimme erinnert mich an jemanden. Aber nicht die Diktion. Es ist die Stimme einer Frau, etwa fünfzig Jahre alt, primitiv, eventuell angetrunken. Mittags sei der Anruf gekommen. Ich höre alle anderen Gespräche ab, das Band ist voll. Es ist nur wenig von Belang.

Ich rufe Andreas an, spiele ihm den Anruf vor: Er, von Kusch, kennt die Frau vielleicht. Er kennt sie nicht. Aber er wisse, daß man Leute, die an der Flasche hängen, gern benutze, um Psychoterror zu machen. – Wer ist man? Andreas erklärt, daß es eine Reihe von Leuten gebe, die mein Tun und Treiben störe. Das könne er sich schon vorstellen. Aber er weiß auch nichts Genaues. Ich solle die Sache aber auch nicht überbewerten. Unter den Ehemaligen sei Panik ausgebrochen. Einmal die Rentensituation, zum anderen die Tatsache, daß die Medien sichtbar gemacht haben, daß Schalck ein Doppelter war und die DDR verkauft habe, daß die Westparteien kräftig am Niedergang der DDR mitgemischt haben, doch daß jenen nichts passiere. Diese Tatsache würde einige aggressiv stimmen. – Ausgerechnet an mir wollen sie sich entladen, an ihre Generäle, an Mittag und Beil trauen sie sich nicht ran. Warum decken die Stasi-Offiziere ihr Wissen nicht auf? Andreas hat Neuigkeiten für mich. Nicht viel, aber er will in den nächsten Tagen vorbeikommen.

Nach dem Gespräch ist der Gedanke, alles seinzulassen, verflogen. Ich bin wieder mitten in meinen Arbeiten. Bernd muß Gedanken lesen können und sagt es mir. Ich sage gar nichts, was für ihn die Antwort ist.

Montag, 26. August 91

Langsam habe ich mich wieder in die Arbeit hineingefunden. Der Putsch in Moskau ist beendet. Wie weiter? – Alle rätseln, wie Jelzin, der für mich ein kleiner Stalin ist, das Land aus der Krise führen will. Und was macht das seine Blöße zeigende Deutschland jetzt, wo es offen zu erkennen gibt, daß es Ausländer gar nicht so gern mag? – Hunger und Not in der Sowjetunion werden zu einer Ost-West-Wanderung führen. Werden Europa aus den Nähten platzen lassen.

Am Freitag traf ich Franz K. vor der Karlshorster Sparkasse. Er hat noch immer keine Arbeit und hat Angst vor der Zukunft. Die Kinder seien einigermaßen untergekommen. Doch er hätte mich gern mal gesprochen. Es gehe um ein Problem, über das sich kaum einer Gedanken mache, um die „Schwarze Mafia". – Wir wollen uns verabreden, wenn ich ein bißchen klarer sehe, was aus meinem Archivbesuch wird.

Heute Nachmittag saß ich im Archiv in der Freiwalder Straße in Hohenschönhausen. Im jetzigen Bundesarchiv. Stundenlang habe ich die Honecker-Akte durchgeblättert. Vor allem habe ich gründlich seine Briefe und seine Vernehmungsprotokolle studiert. Ich wollte mir einfach nur ein Bild machen.

Das Dokumentationsarchiv zieht mit allen Akten in das ehemalige Objekt der Stasi nach Hoppegarten. Dort saß einst die Arbeitsgruppe des Ministers, jene mit den Sonderaufgaben.

Der Umzug wird dauern, Mitte September erst kann ich da hinein.

Mittwoch, 28. August 91

Ich sehe meine Tagebuchnotizen durch und weiß, daß alles von meinem Besuch im Dokumentationsarchiv abhängen wird. Dort muß ich die Leute aus Wirtschaft und Politik finden, die für Schalcks Geschäfte ob ihrer Vergangenheit erpreßt werden konnten. Der Schalck-Untersuchungsausschuß sucht auch. Markus Wolf ist aus der Sowjetunion weg. Markus Wolf kann sich das leisten. Er hat jene Sicherheitsfilme bei sich, die seinerzeit in der Roedernstraße von den Akten angefertigt wurden, die die HVA vernichten durfte. Mit diesem Material kann Markus Wolf getrost in die BRD einreisen. Ihm wird nichts passieren.

Dr. N. war noch kurz da, und ich bat ihn, sich an ein paar Namen zu erinnern. Einige hatte er parat, einige konnte ich nennen, die er bestätigte.

Dr. N. war inzwischen bei seinen einstigen Kolleginnen. Er weiß, daß die Leitz-Ordner noch da sind. Er gibt mir noch ein paar Hinweise, wie ich am schnellsten zum Ziel komme. Nun muß ich nur noch hinein dürfen.

Dienstag, 3. September 91

Der Mauerschützenprozeß gerät zum Medienspektakel, die Falschen sitzen auf der Anklagebank.

Der nette Büroleiter der Wochenzeitschrift sitzt bei mir zu Hause, und wir tauschen Neuigkeiten aus. Ich erzähle ihm von dem Archiv Hoppegarten. Er denkt, daß sich dabei auch der Bonner Untersuchungsausschuß hineinhängen müßte. Wir reden von der „Schwarzen Mafia“. Der Büroleiter sucht einen PLO-Mann. Eine illustre Figur im Waffenhandel.

Zum Glück gibt es keine weiteren bösen Anrufe.

Nur hin und wieder meldet sich niemand am anderen Ende.

Meine Zukunft ist noch unklar. Unklar deshalb, weil ich nicht weiß, welcher Sender meine Serien, die im Exposé fertig sind, übernehmen wird. Einige zeigen Interesse, doch sie haben kein Geld. Im Norden Deutschlands kommt möglicherweise etwas zustande und in einer neugegründeten Anstalt ebenfalls. Meine Kollegen sind, was die Zukunft betrifft, ratlos. Den Deutschen Fernsehfunk gibt es ab 1. Januar 1992 nicht mehr. Was wird aus uns? Jeder wird für sich allein etwas versuchen müssen. Doch wir versprechen uns gegenseitig, mit dem anderen weiterarbeiten zu wollen, und wissen doch genau, daß unser kleines, intaktes Team sich auflösen wird. Jeder wird in eine andere Himmelsrichtung gehen und versuchen, sich einen neuen Kreis zu schaffen. Nichts wird mehr so, wie es war.

Donnerstag, 12. September 91

Noch immer kein grünes Licht für Hoppegarten.

Ich trete auf dem Fleck. Heute war ich bei dem netten Büroleiter. Seine Kollegen sind sympathisch. Manchmal ertappe ich mich dabei, ein Team zu suchen, weil es meins nicht mehr gibt. Dabei bin ich Alleinarbeiter und könnte niemals mit jemandem zusammen etwas schreiben. Unmöglich. Aber ich muß irgendwo dazugehören. Immer war das so. In meiner ganzen Zeit freiberuflicher Arbeit gehörte ich immer in ein Kollektiv. Der Begriff ist eine Ostisme, und es heißt nun Team oder Crew.

Wir reden über die Dossiers in Hoppegarten und sind gespannt, wie die Sache ausgeht. Ich nenne ein paar Namen, die mir Dr. N. aus dem Gedächtnis aufzählte. Der Büroleiter kann sich das durchaus vorstellen.

Mittag hat ein Buch bei Aufbau herausgegeben. Ich weiß aus dem Verlag, daß es sein persönlicher Sekretär vorbeigebracht hat. Ich kann mich nicht erinnern, daß sich irgendein anderer ehemaliger Spitzenfunktionär noch einen Privatsekretär leisten kann. Ich erzähle, daß ich das Buch bereits im Verlag gesehen habe und daß der Schutzumschlag Mittag im besten Einvernehmen mit Birgit Breuel, der erfolgreichen Treuhandchefin, zeigt. Es soll viele Fotos von ihr und Mittag geben. Aber auch andere Manager und Politiker zeigten sich gern mit Mittag: Walther Leisler-Kiep, Dr. Berthold Beiz, Otto Wolf von Amerongen ...

Dienstag, 24. September 91

Wir waren in Hoppegarten. Mein Freund Klaus W. und ich. Angemeldet hatte ich mich bei der Sekretärin. Man war sehr freundlich zu uns. Der Zufall wollte es, daß die Sekretärin mich gut kennt. Sie wohnte in unserem Kiez, ein paar Häuser weiter, bis sie sich von ihrem Mann trennte. - Richtig, ich erkenne sie jetzt auch wieder, erinnere mich an ihren schönen Setter, den sie stolz spazieren führte. Die Situation hatte ihren Vorteil, wir waren nicht mehr fremd. Die Archivarin, eine junge Frau, sagte, daß sie noch keine Klarmeldung aus Potsdam vom neuen Chef habe, aber da ich einen Durchschlag zeigte, wollte sie das gelten lassen. Nur die Sachlage war gar nicht so einfach. Sie könne mir zwar Akten aus der NS-Zeit heraussuchen lassen, aber ich wolle ja von der Stasi gefertigte Dossiers. Das sei etwas anderes. Das müsse der Chef in Potsdam schon extra genehmigen. Wir redeten hin und her, telefonisch war keine Verbindung nach Potsdam herzustellen. Die Archivarin wollte sich aber vergewissern, ob die Leitz-Ordner mit entsprechender Signatur ausgestattet seien. Wir gingen zwei Treppen tiefer in einen versiegelten Raum. In einem der schweren Eisenregale standen sie ordentlich nebeneinander. Dreiundzwanzig dicke Ordner. Von 1964 - 1989. Auf dem Rücken die Aufschrift „Andere staatliche Organe“. Die Archivarin blätterte und bestätigte die Signatur. Doch weiter durften wir nicht. Das könne nur Dr. O. in Potsdam. Es half kein Überreden. Schließlich waren einige Archivare entlassen worden, und sie war froh, übernommen worden zu sein.

Klaus und ich fuhren nach Potsdam und trafen den neuen Mann aus Schleswig-Holstein. Groß, massiv, mit einem grauen Schopf. Derb und holprig war seine Art. Er machte einen vielbeschäftigten Eindruck. Was ich wolle, müsse ich exakter aufschreiben, dann könne er mit großfürstlicher Milde entscheiden, ob er mir helfen könne. Dann beendete er das Gespräch, welches ihm sichtlich unangenehm war. - Seine Sekretärin war um so freundlicher, als wolle sie den Chef entschuldigen. Klaus und ich fuhren schweigend zurück. Klaus schlug mir vor, das Schreiben persönlich zu überreichen und nochmal einen Vorstoß zu machen. Er würde mitkommen. Was ist, wenn wir jetzt die Pferde scheu gemacht haben und sich inzwischen andere Leute der Akten bedienen?

Ich bin wieder in einer Sackgasse. Einer Aufarbeitung steht alles im Wege, aber auch alles. Da, wo man zufassen könnte, hindern einen die neuen Gesetze. Klaus verweist noch auf den derzeit diskutierten Paragraphen 36 des „Gesetzes über die Unterlagen des Staatssicherheitsdienstes der ehemaligen Deutschen Demokratischen Republik“. Er zitiert aus der „Strafvorschrift“: „Wer unbefugt von diesem Gesetz geschützte personenbezogene Daten, die nicht offenkundig sind, speichert, verändert, übermittelt oder nutzt, insbesondere indem er sie veröffentlicht, wird mit Freiheitsstrafe bis zu drei Jahren oder mit Geldstrafe bestraft“. Ein neuer Maulkorb. Ich denke an mein Tagebuch und frage Klaus, ob das Gesetz durchkäme. Er glaubt schon, weil außer dem Bündnis 90/

Grüne keiner dagegenstimmen würde. Alle Parteien haben Angst vor Öffentlichkeit der Vergangenheit.

Das kann nicht sein.

Wir beschließen, den Büroleiter der Wochenzeitung einzubeziehen. Wenn wir nicht an die Dossiers dürfen, muß die Sache in die Presse, und der Untersuchungsausschuß muß Kenntnis davon erhalten.

Freitag, 27. September 91

Am kommenden Dienstag, 8.00 Uhr morgens, sollen wir wieder in Potsdam sein. Der Büroleiter steht hinter uns und würde im Falle eines Fehlschlages, was ich befürchte, einen entsprechenden Artikel in seiner Sonntagszeitung bringen.

Die Durchsicht der Grünen Listen hat einigen Aufschluß gegeben. Rückwirkend betrachtet, ist das schon komisch, wie gut man sich zu Messen mit unserer einstigen Politbüroprominenz verstanden hat. Die Großen näherten sich immer mehr an, verboten dem Volk, es ihnen nachzutun. Die kleinen Leute könnten ja erfahren, was sie alles versäumen.

Heute nachmittag war Franz K. da. Vielleicht hat er bald eine Arbeit. Er hofft sehr. - Die Stimmung unter den Leuten sei explosiv. Damit meint er nicht nur seine ehemaligen Kollegen. Da seien Entwicklungen im Gange! Und keiner würde sich darum kümmern! Das Asylantenproblem bekäme man nicht in den Griff, derweil bilden sich mafiose Strukturen heraus! Ja, darüber will ich mit ihm reden. Franz K. setzt sich zurecht: die „Schwarze Mafia“ gebe es schon lange. Sie seien im MfS bereits schon Anfang der achtziger Jahre darauf gestoßen. Eine von Moskau aus gesteuerte Organisation, die Schutzgelder erpresse und die vor Mord nicht zurückschrecke. Die beiden Toten im Töpchiner See seien erste sichtbare Opfer. Und nun gibt es ein kleines, nicht zu unterschätzendes Potential von

KGB-Offizieren, die wissen, daß sie bei Rückkehr in die Sowjetunion mit ihren Familien ohne Arbeit und Wohnung dastehen. Wenn sich diese mit der „Schwarzen Mafia" verbündeten, dann käme etwas auf uns zu! – Das kann ich mir vorstellen.

Mich bewegt dabei die Frage, welche Datenträger des MfS Ende 1989 vom KGB übernommen worden sind. Besteht die Möglichkeit, daß der KGB die Übersicht über wichtige inoffizielle Mitarbeiter besitzt? Oder haben sie nur die Kartei jener, die mit ihnen, dem KGB, zusammengearbeitet haben?

Franz K. glaubt nicht daran, daß der KGB die Liste der IM der ehemaligen DDR hat. Aber es ist auch nicht ausgeschlossen. Doch immerhin hat der KGB vom Territorium der DDR aus mannigfaltige Kontakte nach Westberlin und in die BRD gehabt. Das würde schon reichen. Franz K. könnte mir helfen, in dieser Sache eine Geschichte zu schreiben und aufzudecken, aufmerksam zu machen auf ein ungeheures Gewaltpotential.

Diese neue Information versetzt mich in eine desolate Wochenendstimmung. Manchmal denke ich, daß wir Deutschen im Sumpf unserer eigenen, nicht aufgearbeiteten Vergangenheit untergehen werden.

Sonntag, 29. September 91

Bald wird die große Bundesrepublik ein Jahr alt. Freude mag bei mir nicht aufkommen. Heute Vormittag war Fritz R. da. Der einstige Gewerkschaftsfunktionär, der heute aktiv in einem Sozialausschuß arbeitet und versucht, für die sozial Schwachen einzutreten. Er sieht so aus, als habe er sich entschlossen, mir etwas zu sagen.

Fritz lehnt sich im Sessel zurück. Für die Zukunft habe er keine gute Prognose. Wirklich nicht. Je mehr er nachdenke, desto einleuchtender werde für ihn, was ihm jemand schon vor Jahren gesagt habe. Jemand, der unmittelbar davon wissen mußte. Die Sowjetunion habe die DDR bereits Mitte der siebziger Jahre aufgegeben. Den Russen sei spätestens zur KSZE-Tagung das Ruder aus der Hand geglitten. Ja. Natürlich wußte über die bedenkliche wirtschaftliche Situation der SU kein anderer besser Bescheid als Juri Andropow, derjenige, der auch genau wußte, daß etwas passieren mußte, damit die Welt nicht in eine arme und reiche Hälfte gespalten würde. – Ein Deal also zwischen KGB und CIA? Fritz nickt. Die Sowjetunion hatte keine andere Wahl. Sie würde bereit sein, den Amerikanern in Europa die Vormachtstellung zu lassen, die Amerikaner würden ihrerseits die Sowjetunion aus der schwierigen wirtschaftlichen Situation befreien, indem diese zur Sanierung Osteuropas ihre schier unerschöpflichen Rohstoffquellen zur Verfügung stellen würde. Das würde ihr Devisen genug einbringen, um in einigen Jahrzehnten wieder Anschluß an den Weltmarkt zu bekommen. – Ich sage ihm, daß man das doch aber nicht so lange habe geheimhalten können. – Fritz meint, daß das zunächst ein unmerklicher Prozeß gewesen sei, bis Andropow Breshnew ablöste. Da sei bereits der neue Weg sichtbar geworden. Seine schwere Krankheit habe diesen Prozeß – durch das Dirigat Tschernenkows – unterbrochen, bis dann endlich Gorbatschow kam. Es war allerhöchste Zeit. Die Sowjetunion wurde immer mehr heruntergewirtschaftet, weil die alten – genauso wie in der DDR – an ihrer Macht festhielten.

Ich frage, wer denn in der DDR zuerst davon erfahren haben kann. Fritz weiß es nicht. Mir ist aber klar, daß, wenn es so gewesen sein sollte, der erste Mitwisser dieser Angelegenheit derjenige war, der der Sowjetunion am nächsten stand: Markus Wolf.

1981 war der Weg frei für die Umgestaltung der Welt. Das Volk durfte nicht mitbestimmen. Wozu auch? Es sollte genau nach Plan ablaufen, so daß die Obrigkeit keinen Schaden nahm. Man wartete auf eine biologische Lösung, und inzwischen sorgten Insider vor, für sich selbst natürlich. Das Volk in der DDR hatte stillzuhalten, es war diszipliniert, litt keinen Hunger, hatte seinen kleinen Wohlstand, nur einige waren aufmüpfig. Dazu hatte man die in großer Anzahl vertretenen Staatsschützer, die den Deckel über alles hielten. Sie standen unter Befehlsgewalt. Was hätten sie tun können? Als das Volk dann zu aufmüpfig wurde, versagten die Befehlsstrukturen. Der Abwehrapparat der Stasi war sich uneins. Man wußte beim MfS nur zu genau, daß es keinen Sinn mehr hatte: Das Volk wollte seine Regierung nicht mehr.

Die Parteifirmen retteten Parteikapital. Ich erzähle, was ich über die Parteifirmen in Erfahrung gebracht habe. Über die Hochburg in der BRD (alt), über Verflechtungen nach Österreich, in die Schweiz, nach Frankreich und in den Nahen Osten. Vor allem überall dorthin, wo die PLO mitmischte. Fritz denkt nach und sagt, daß aber die wichtigste, weil einträglichste Firma, nie genannt würde. Ich bin gespannt. Die DSR, die Deutsche Seereederei, hatte eine Schiffsmaklerei in Larnaca auf Zypern. Hundert DDR-Schiffe wurden von dort dirigiert. Zypern, das wie Beirut ein strategisch wichtiger Stützpunkt wurde. Zwei große Geschäftshäuser habe die SED dort unterhalten. Unter anderem Namen versteht sich. Damit habe man viel Geld eingenommen.

Mir geht durch den Kopf, daß Günter Aspeck dort sitzen könnte. Vielleicht.

Leute, die von den Plänen zwischen KGB- und CIA-Spitzen wußten, gab es nicht viel. Sie hatten aber in jedem Fall für sich vorgesorgt. Die Schiffsmaklerei war zuletzt Zentrum der Parteifirmen, von denen es viele nicht mehr gibt. Fritz kennt sich gut aus in Zypern. Mit seiner Hilfe würde ich dort entsprechende Leute finden können.

Ich werde darüber nachdenken. Doch dazu brauche ich eine Lobby. Vielleicht der Büroleiter der Wochenzeitung.

Ich habe das Gefühl, wieder ganz am Anfang meiner Recherchen zu sein.

Montag, 30. September 91

Morgen ist es soweit, morgen wird sich entscheiden, ob wir schnell zum Zuge kommen und die dreitausend Dossiers über Manager und Politiker aus den Altbundesländern, die von der HVA bearbeitet worden sind, finden werden. Beim Schreiben des Briefes, den ich morgen früh übergeben will, tue ich mich schwer. Im Kopf kreisen meine Gedanken über die Aussagen von Fritz R. Es ist alles logisch. Seit 1981 gab es im Schalck-Imperium Firmengründungen und Kapitalanlagen. Wieviel Geld wurde außer Landes gebracht? So viel, daß wir Ostdeutschen nach der Einheit nicht so arm dastünden? Nach Einsicht in Unterlagen, die die Höhe der Anlagen auf ausländischen Konten ausweisen, kann ich das nur bejahen. Die Partei- und KoKo-Firmen haben gut gewirtschaftet. Sie haben ein Vermögen erwirtschaftet. Leider nur für sich selbst.

Am Nachmittag war ich noch in Hohenschönhausen und halte mein Versprechen, Dr. Knorr in seiner neuen Praxis aufzusuchen. Er hat kaum Zeit, nur kurz, zwischen zwei Terminen, trinken wir einen Kaffee miteinander. Ich bestehe darauf, seinen Platz einzunehmen, und er möge sich auf die Couch setzen. Wieder irritiert mich seine Brille, obwohl es die neue ist. Ich will wissen, wie die Befindlichkeit der ehemaligen Kollegen von ihm sei. Und ob eine Gefahr von ihnen ausgehe.

Dr. Knorr möchte erst mal feststellen, daß die Befindlichkeit der Ehemaligen nicht anders sei als die der DDR-Bürger insgesamt. Die Konflikte haben zugenommen, besonders die sozialen. Die vierzig Jahre

SED-Herrschaft haben jeden geprägt, ob er angepaßt war oder nicht. Unter diesen sozialen Widersprüchen seien vor allem zwei Gruppen der Stasi-Mitarbeiter betroffen: die Abteilungsleiter, die auch altersbedingt kaum eine Arbeit mehr fänden, weil sie nichts Vernünftiges außer dem tschekistischen Handwerk gelernt hätten. Und dann die ganz unten, die Kleinen, die Erfüllungsgehilfen, die auch heute noch in ihrem Vorgesetzten den sehen, vor dem sie kuschen. Das ist über Jahrzehnte so anerzogen. Wenn die Alten etwas ausheckten, dann würden es die Untertanen ausführen. Das sei gefährlich. Am wenigsten habe er Sorgen mit jenen, die eine normale Hochschulausbildung genossen hätten, die Intelligenten, Drahtigen, Wendigen. Diese seien fast alle gut untergekommen. Soweit er das beurteilen könne. Ein Drittel sei das höchstens. Er habe alle Hände voll zu tun mit denen, die allein nicht mehr die Kraft haben, von der Flasche zu kommen. Er kümmere sich um eine Menge Suizidgefährdeter. Aber jene, die durch Hatz auf sie in aggressiver Habachtstellung verharren, die kämen nicht zu ihm. Leider. Für die gebe es keine therapeutischen Möglichkeiten. Das könne allein die Gesellschaft regeln. Vertraut er der Gesellschaft? Dr. Knorr zuckt die Schultern.

Er habe kein Vertrauen mehr in jedwede Politik. Er ist Arzt, und als solcher will er wirken.

Als ich von ihm weggehe, weiß ich, daß er eine Existenz hat, doch wie wird er mit dem sozialen Elend fertig, dem er tagtäglich gegenübersteht? Dr. Knorr trägt den Wackerstein seiner Vergangenheit im Rucksack. Durch die tägliche Konfrontation mit den gebrochenen, verkorksten Menschen wird er diesen Wackerstein schwer los.

Zu Hause las Bernd das Schreiben für den Oberarchivar in Potsdam und sah mich unglücklich an. Ich solle mir da mal keine Illusionen machen.

Dienstag, 1. Oktober 91

Ich fühle mich leer und ausgebrannt. - Mein Auftritt heute morgen ging daneben. Ich weiß nur, daß mich Klaus in Nähe des Kudamms abgesetzt hat und ich allein und ziellos durch die Straßen ging. Ich sah keinen und wollte keinen sehen. Eineinhalb Jahre Versuch einer Aufarbeitung sind gescheitert.

Wir kamen pünktlich und ausgefroren in Potsdam an. Die Sekretärin war eisig, als sie uns empfing. Dr. O., mit donnernder Stimme eines Operettenbuffos, gab mir erst gar nicht die Hand. Klaus wollte er nicht mit einlassen, doch Klaus bestand auf seiner Anwesenheit. Ich traute meinen Augen kaum. Zwei uns fremde Personen saßen, stumpf vor sich hin blickend, im Raum. Dr. O. überflog den Brief, schien schon zu wissen, was darin stand, und mir war klar, daß dieser Mann sich nach unserem ersten Besuch sachkundig gemacht hatte ob unseres Anliegens. Er brauchte stumme Zeugen, und er mußte uns wieder loswerden.

Was wir suchen, sei Stasi und nicht Nazis, da könne er mir nicht helfen. Ich versuchte einen Vorstoß, daß das beides zusammenhänge. Doch Dr. O., der inzwischen die Namensliste von Personen aus Wirtschaft und Politik der alten BRD überflog, geriet immer mehr in Harnisch und verlor die Kontrolle über sich. Choleriker haben das zuweilen an sich, wenn sie sich in die Enge getrieben sehen. Bei der Gauck-Behörde solle ich nachfragen. Und überhaupt, was ich da für Namen aufgeschrieben hätte! Er würde wirklich keine Nazis schützen! Nein! Bestimmt nicht! Er regte sich immer mehr auf. Der stumme Zeuge neben mir versuchte, in meinen Aufzeichnungen zu entziffern, was ich mitschrieb. Dr. O. hatte inzwischen eine ungesunde rote Farbe und wurde einem Vorstadtbuffo immer ähnlicher. Er hatte weder Manieren, noch zeigte er Größe. Klaus und ich gingen grußlos davon. War das der Erfolg der Wende? Klaus erinnerte sich an das bevorstehende Gesetz, speziell an den Paragraphen 36. Aufarbeitung sollte mit allen Mitteln unterbunden werden. Was jetzt half, war Öffentlichkeit, solange man sich deren noch bedienen durfte. Wir informierten den Büroleiter in Berlin.

In zwei Tagen jährt sich der Tag der Deutschen Einheit zum ersten Mal. Ich habe einen schalen Geschmack im Mund, ein banges Gefühl im Magen. Ich habe Angst vor der Zukunft. Aber ich habe gelernt, mich zu wehren.

Ich mache weiter.